Régimen Jurídico de las Instituciones Educativas de Gestión Privada

Miguel Sedoff

Sedoff, Miguel
　Régimen jurídico de las instituciones educativas de gestión privada.
- 1a ed. - Rosario: Homo Sapiens Ediciones, 2014.
　　376 p. ; 22x15 cm.

1. Educación Privada. 2. Derecho. I. Título
CDD 344.072

© 2014 · **Homo Sapiens Ediciones**
Sarmiento 825 (S2000CMM) Rosario | Santa Fe | Argentina
Telefax: 54 341 4406892 | 4253852
E-mail: editorial@homosapiens.com.ar
Página web: www.homosapiens.com.ar

Queda hecho el depósito que establece la ley 11.723
Prohibida su reproducción total o parcial

Este libro se terminó de imprimir en junio de 2014
en **ART** de Daniel Pesce y David Beresi SH. | San Lorenzo 3255
Tel: 0341 4391478 | 2000 Rosario | Santa Fe | Argentina

Para Marta. Para nuestros hijos.
Con ellos todo es posible.

Tabla de abreviaturas

CGEP. Consejo Gremial de la Enseñanza Privada.
CN. Constitución Nacional Argentina.
CNAT. Cámara Nacional de Apelaciones del Trabajo.
CC. Código Civil.
CSJN. Corte Suprema de Justicia de la Nación.
CSJSF. Corte Suprema de Justicia de la provincia de Santa Fe.
LAS. Ley de Asociaciones Sindicales 23.551.
LCT. Ley de Contrato de Trabajo.
LEN. Ley de Educación Nacional 26.206.
SPEP. Servicio Provincial de Enseñanza Privada.

Índice

Capítulo I
Conceptos jurídicos sobre la educación de gestión privada 17
Marco normativo vigente. La libertad de enseñanza. La educación como servicio público. Jurisprudencia.

Capítulo II
Los establecimientos educativos de gestión privada 25
Clasificación general. Propietarios. Personas de existencia visible. Inconstitucionalidad de la prohibición de parentesco entre propietarios, Representantes Legales y personal directivo. Personas jurídicas. Noción de persona jurídica. Clasificación. Características particulares. Autorización estatal para su funcionamiento. Características de las asociaciones civiles y fundaciones. Asociaciones civiles. Sociedades civiles. Características. Diferencias entre asociaciones y fundaciones y sociedades civiles. Organización interna. Responsabilidades de la entidad. Fin de la existencia de las personas jurídicas. Casuística. Sociedad civil formada por cónyuges. Propietarios únicos. Establecimientos autorizados. Naturaleza jurídica de la autorización. Requisitos generales. Requisitos particulares. Expediente para tramitar el reconocimiento como propietario. Efectos de la autorización. Recepción favorable. Recepción desfavorable. Establecimientos incorporados. Naturaleza jurídica de la incorporación. Fundamentos del aporte estatal. Medidas de fomento educativo. Características. Requisitos para su percepción. Reglamentación vigente en la provincia de Santa Fe. Requisitos generales. Requisitos particulares. Del establecimiento. De los alumnos. Cierre del establecimiento educativo. Obligaciones con respecto a los alumnos. Obligaciones con respecto al Estado. Obligaciones con respecto a los docentes.

Capítulo III
Beneficios impositivos para la educación 57
Principios generales. Jurisdicción nacional. Impuesto al Valor Agregado (IVA). Impuesto a las ganancias. Crédito Fiscal del INET (Instituto Nacional de Educación Tecnológica). Impuesto al cheque. Jurisdicción provincial. Impuesto inmobiliario. Impuesto de sellos. Impuesto a los ingresos brutos. Empresa Provincial de Energía. Aguas de Santa Fe. Ley 5110. Jurisdicción municipal. Derecho de registro e inspección. Tasa general de inmuebles. Donaciones. Requisitos formales para la deducción. Ley de Padrinazgo Escolar en la provincia de Santa Fe.

Capítulo IV
Relación familia y escuela 65
Principios generales. Patria potestad. Concepto. Ejercicio indistinto. Ejercicio por uno de los padres. Responsabilidad por los hechos ilícitos de los hijos. Tutela. Curatela. La guarda educativa. Concepto. La escuela y la violencia. Violencia escolar. Violencia familiar. Extensión de derechos a los alumnos. Alumnas embarazadas y alumnos padres. Instituto Becario Provincial. Participación estudiantil. Los Centros de Estudiantes en la legislación nacional. Ley 26.877. Concepto y ámbito de aplicación. Los Centros de Estudiantes en la legislación provincial. Normas anteriores. Ley 13.392. Concepto. Fines. Funcionamiento. Autoridad de aplicación. Nuestra opinión.

Capítulo V
El contrato de enseñanza 83
Concepto. Características particulares. Limitaciones en la contratación. Derecho de admisión. Concepto. Fuentes normativas. Ejercicio del derecho de admisión. Recursos y reclamos contra el ejercicio del derecho de admisión. Fallos judiciales sobre derecho de admisión. Previsiones para la aplicación del derecho de admisión. Reserva de vacante. Comienzo de ejecución del contrato. Matriculación. Cobro de aranceles. Reglamentación vigente. Deudores morosos. Cobro judicial de cuotas. Prescripción del reclamo por cobro de cuotas. Ley 24.086 de publicidad de la enseñanza privada. Ley 24.240 de Defensa del Consumidor. Su aplicabilidad a la educación de gestión privada.

Jurisprudencia. Defensoría del Pueblo de la Provincia de Santa Fe. Incompetencia.

Capítulo VI
Facultades disciplinarias de los establecimientos 109
Disciplina escolar y Acuerdos Escolares de Convivencia. Diferencia entre reglamentos de disciplina y acuerdos escolares de convivencia. Acerca de las sanciones. El sentido y las modalidades diversas de sanción en los AEC. Nuevos escenarios de conflicto social y escolar. Acoso escolar o bullying. Ley 26.892. Ley para la promoción de la convivencia y el abordaje de la conflictividad social en las instituciones educativas. Ámbito de aplicación. Principios orientadores. Objetivos. Nuevos lineamientos de las normas de convivencia. Sanciones. Fortalecimiento de las prácticas institucionales. Acuerdos Escolares de Convivencia escolar en la provincia de Santa Fe. Decreto 181/09. Concepto y antecedentes. Las normas de convivencia. Criterios para la aplicación de acciones reparadoras. Criterios para la aplicación de sanciones. Derecho de los establecimientos de gestión privada para el dictado de sus reglamentos internos. Ámbito de aplicación. Debido proceso y derecho de defensa. Facultades disciplinarias y derecho de aprender. Facultades disciplinarias arbitrarias, ilegítimas o ilegales. La gradualidad. La proporcionalidad. Jurisprudencia. Prevención disciplinaria por el "Día de la chupina", "Vueltas olímpicas", "Previas".

Capítulo VII
Relación entre el Estado y los establecimientos educativos privados 127
Introducción. La relación entre el Estado y los establecimientos privados. El acto administrativo. Elementos del acto administrativo. Perfección del acto administrativo. Presunción de legitimidad del acto administrativo. Retroactividad del acto administrativo. Tipos de actos administrativos. Sistema Educativo Provincial. Niveles. Modalidades. Autoridad de aplicación. Servicio Provincial de Enseñanza Privada. Constitución y organización. Competencias del Servicio Provincial de Enseñanza Privada. Competencias del Director General del servicio. Competencias del Supervisor General. Competencias de los

Supervisores. Características propias de las relaciones entre los Supervisores y los Representantes Legales. Competencias del Cuerpo Asesor. Competencias del Tribunal Disciplinario. Competencias del Tribunal de Apelaciones. Documentación reglamentaria obligatoria para establecimientos fiscalizados por el SPEP. Documentación necesaria para todos los niveles, autorizados o incorporados. Documentación necesaria para Nivel Inicial, Primario, Secundario y Educación Especial. Registros. Legajos. Libros de Actas. SARH Escuelas. Sistema de administración de recursos humanos. SIGAE WEB. Sistema de Gestión Administrativa Escolar. Consejo gremial de Enseñanza Privada. Naturaleza del organismo y limitaciones actuales. Constitución y funcionamiento. Procedimiento administrativo ante el Consejo Gremial de Enseñanza Privada.

Capítulo VIII
Las vías recursivas ante la autoridad administrativa 155
Los derechos subjetivos de los particulares. Derechos subjetivos de los establecimientos educativos de gestión privada. Obligaciones de los establecimientos educativos de gestión privada. Obligaciones del Estado. Las vías recursivas. Recurso de revocatoria. Recurso de apelación. Recurso jerárquico. Perención de la instancia administrativa.

Capítulo IX
Responsabilidad civil de los establecimientos educativos de gestión privada 163
Concepto de responsabilidad. Ámbitos de responsabilidad. Responsabilidad penal. Responsabilidad administrativa. Responsabilidad laboral. Responsabilidad civil. Guarda educacional. Sistema de responsabilidad civil vigente. Propietarios de establecimientos educativos. Hechos por los que se responde. Daños causados o sufridos por los alumnos. Daños ocasionados por los alumnos a terceros. Control de la autoridad educativa. Inicio y cese del control de la autoridad educativa. Eximentes de responsabilidad. Autorizaciones para excursiones o actividades externas escolares. Eventos dañosos y contratación de seguros. Seguro estatal. Responsabilidad ante casos de acoso escolar, "día de la

chupina", "previas", "vueltas olímpicas", consumo de drogas o estupefacientes. Acoso escolar o bullying. Higiene y Seguridad en instituciones educativas. Obligación objetiva complementaria al contrato de enseñanza. Las condiciones del edificio escolar. Normativa provincial sobre Higiene y Seguridad escolar. Normativa municipal sobre Higiene y Seguridad escolar.

Capítulo X
Relaciones laborales en los establecimientos educativos de gestión privada 181
Caracterización como estatuto especial. Normas laborales en la ley 13.047. Normas laborales de la ley 6.427. Principio de equiparación. Normas laborales del decreto 2.880/69. Normas laborales emanadas de la Comisión Negociadora de la Educación Privada. Definición de trabajador docente privado. Contratación típica. Suplencia. Contrato a plazo determinado. Actividades cuatrimestrales y semestrales. Descripción de los tipos de empleos docentes. Características propias del contrato docente. Situación de revista. Personal directivo de los establecimientos educativos. Funciones del Director. Deberes y atribuciones del Director. Con relación a la organización y funcionamiento del establecimiento educativo, y de las actividades técnico-administrativas. Con relación al personal. Funciones del Vicedirector. Personal docente y no docente (asistentes escolares). Modalidades especiales de la contratación laboral. Contrato de trabajo de temporada. Requisitos. Casos en que se recomienda su utilización. Contrato de trabajo a plazo fijo. Requisitos. Preaviso. Despido en el contrato de trabajo a plazo fijo. Despido por vencimiento del plazo. Despido antes del vencimiento del plazo o ante tempus. Casos en que se recomienda su utilización. Contrato de trabajo eventual. Preaviso. Improcedencia. Indemnización por antigüedad o despido. Distintos supuestos. Casos en que se recomienda su utilización. Voluntariado social. Religiosos profesos. Miembros de cooperativas de trabajo. Libro especial del art. 52 de la Ley de Contrato de Trabajo. Empleo no registrado. Procedimiento y sanciones

Capítulo XI
Designación del personal docente 215
Condiciones personales del postulante. Requisitos reglamentarios de ingreso a la docencia. Régimen de incompatibilidad docente. Aplicabilidad del decreto 3.029/12 a los docentes de instituciones educativas de gestión privada. Sistema de ponderación de antecedentes profesionales docentes. Reglamento general de suplencias para el personal docente. La formación del contrato de trabajo. Designación del personal. Procedimiento administrativo ante el SPEP para el nombramiento del personal. Rechazo del personal designado. Período de prueba. Derechos de los docentes enumerados en el decreto 2.880/69. Estabilidad. Retribución. Bonificaciones. Inamovilidad. Licencias. Derechos de los docentes reconocidos por la L.E.N. 26.206. Derecho a la dignificación y jerarquización de la profesión. Derecho a la capacitación, actualización y nueva formación en servicio. Derecho al cuidado de la salud y a la prevención de enfermedades laborales

Capítulo XII
La representación legal 235
Definición de Representante Legal. Naturaleza jurídica del cargo. Mandato. Características. Límites. Obligaciones del mandatario. Obligaciones del mandante. Cesación del mandato. Funciones y obligaciones del Representante Legal. Atribuciones y responsabilidades en particular. Con la propia institución. Con los alumnos y sus familias. Con el personal. Con el Estado. Ministerio de Educación, Servicio Provincial de Enseñanza Privada, Ministerio de Trabajo. Representante Legal y personal directivo. Diferencias conceptuales. Normativa provincial. Cuestiones conflictivas acerca de la Representación Legal. Ámbito de intervención. Obligación de información

Capítulo XIII
Régimen remuneratorio docente 249
Concepto de remuneración. Rubros integrativos de la remuneración de los docentes. Rubros remunerativos. Salario básico Antigüedad Bonificación por zona desfavorable. Estado Docente. Complemento al básico. Responsabilidad Jerárquica. Reconocimiento a la Función Docente. Suplemento Remunerativo

Transitorio. Actividad Específica Docente. Sueldo Anual Complementario. Rubros no remunerativos. Bonificación por material didáctico y compra de vestimenta. FONID. Asignaciones familiares. Asignaciones de pago mensual. Asignaciones de pago único. Adicionales voluntarios. Tutela remunerativa. Medios de pago. Período de pago. Adelantos y retenciones. Recibos de pago. Embargos. Certificación de servicios. Descuentos por inasistencias. Viáticos y gastos de gestión.

Capítulo XIV
Jornada de Trabajo. Suspensión de ciertos efectos del contrato de trabajo. Régimen disciplinario 263
Jornada de trabajo. Modalidad por cargos u horas cátedra. Régimen general de la ley 11.544. Régimen vigente para los docentes. Cambio de horario y ius variandi. Concepto. Acciones que puede ejercer el trabajador. Despido indirecto. Acción cautelar o de reposición. Suspensión de ciertos efectos del contrato de trabajo. Régimen disciplinario. Principio general de permanencia. Requisitos de validez. Justa causa. Plazo fijo. Notificación por escrito. Incumplimiento de los requisitos de validez. Plazo para impugnar una suspensión. Clasificación de las suspensiones. Suspensiones por causas disciplinarias en la Ley de Contrato de Trabajo. Tipos de sanciones. Cuestionamiento de la sanción. Requisitos formales. Régimen disciplinario de los docentes provinciales. Principios generales. Características principales. Estabilidad. Causas de las sanciones. Clases de sanciones. Aplicación de las sanciones. Sumario disciplinario. Órgano competente. Iniciación del trámite. Sustanciación del sumario. Plazos. Traslado de actuaciones. Recursos. Aplicabilidad a docentes de gestión privada. Tribunal Disciplinario. Suspensiones por causas económicas. Tipos de suspensiones previstas por ley. Suspensión por falta o disminución de trabajo no imputable al empleador. Suspensión por fuerza mayor debidamente comprobada. Interpretación restrictiva de la posibilidad de disponer suspensiones por causas económicas. Orden de antigüedad. Suspensión concertada. Suspensión por desempeño de cargos electivos. Suspensión por desempeño de cargos gremiales. Suspensión cautelar o precautoria. Concepto. Requisitos. Efectos. La disponibilidad en la enseñanza

privada. Concepto de disponibilidad. Reglamentación vigente. Duración. Orden de prelación del personal. Orden de prioridad en nombramientos y suplencias. Despido del personal en disponibilidad. La disponibilidad en la ley 6.427. Protección especial a la mujer trabajadora. Protección por embarazo. Concepto general. La notificación del estado de embarazo. La licencia por maternidad. La asistencia médica y la cobertura de salud. La remuneración y los ingresos de la mujer en el marco del embarazo y la maternidad. La protección frente al despido por causa de maternidad. El regreso de la mujer al trabajo y la lactancia. El período de excedencia. Protección especial por matrimonio. Concepto general. El despido por matrimonio de la mujer trabajadora. El despido por matrimonio del trabajador varón. Protección especial frente a los riesgos laborales. Concepto general.

Capítulo XV
Régimen de licencias 291
Licencias establecidas por la Ley de Contrato de Trabajo. Licencias establecidas por el decreto 4.597/83. Licencias para el personal no docente. Licencias establecidas por el convenio colectivo de SOEME

Capítulo XVI
Accidentes y enfermedades del trabajo 307
Accidentes y enfermedades de trabajo en la Ley de Contrato de Trabajo. Definición y plazos. Aviso al empleador. Control médico. Conservación del empleo. Reingreso del trabajador. Despido del trabajador. Sistema de Riesgos del Trabajo. Ámbito de aplicación. Accidente de trabajo. Enfermedad profesional. Funciones y características de las A.R.T. Superintendencia de Riesgos del Trabajo. Exámenes médicos de trabajadores. Incapacidades cubiertas. Incapacidad Laboral Temporaria (ILT). Incapacidad Laboral Permanente (ILP). Gran Invalidez. Prestación por Fallecimiento. Procedimiento en caso de accidente de un trabajador. Prevenciones sobre accidentes in itinere. Ley 12.913. Comités de salud y seguridad en el trabajo. Características del sistema. Comités de salud y seguridad en la provincia de Santa Fe. Funciones y atribuciones de los Comités. Constitución y funcionamiento de los comités. Derechos y deberes de los

miembros. Deberes del empleador. Aplicabilidad a establecimientos educativos de gestión privada.

Capítulo XVII
Derecho individual y derecho colectivo del trabajo 319
Conceptos generales. Representación sindical en los establecimientos educativos. Los delegados del personal. Requisitos para ocupar el cargo de delegado. Elecciones. Funciones. Mandato. Número de delegados por establecimiento. El empleador frente a los delegados. Tutela sindical. Concepto. Acción especial por prácticas antisindicales. Personas comprendidas en la tutela sindical. Delegados suplentes. El proceso de desafuero de la tutela. Huelga y medidas de acción directa. Concepto. Tipos de huelga. Pago de salarios durante la huelga. Efectos normales de la huelga. Efectos anormales de la huelga. Encuadramiento sindical en instituciones educativas de gestión privada. Inexistencia de Convenio Colectivo con el SADOP. Convenio Colectivo SOEME.

Capítulo XVIII
Extinción del contrato de trabajo 337
Concepto. Extinción del contrato de trabajo por renuncia. Concepto. Formas. Retractación de la renuncia. Extinción del contrato de trabajo por mutuo acuerdo. Concepto. Formalidades. Mutuo acuerdo expreso. Mutuo acuerdo tácito. Orden público. Extinción de la relación laboral por despido directo. Despido motivado e inmotivado. Forma del despido. Validez del despido. Despido por justa causa. Concepto. Injuria. Forma de la comunicación. Consecuencias del despido con justa causa. Sumario previo del art. 28 de la ley 6.427. Concepto. Causales. Inconducta. Mal desempeño en sus funciones. Crítica al sumario previo. Consecuencias de la falta de sumario previo. Para la relación laboral. Para el establecimiento educativo. Despido con justa causa por abandono de trabajo. Concepto. Despido sin justa causa. Concepto. Preaviso. Indemnización tarifada y tope indemnizatorio. Extinción del contrato de trabajo por cierre de secciones o del establecimiento. Aplicación del art. 247 de la LCT. Concepto. Supuestos comprendidos. Cambio de planes de estudio. Supresión de cursos, grados, divisiones o especialidades.

Cierre compulsivo decidido por la autoridad de aplicación. Extinción del contrato de trabajo por muerte del empleador. Extinción del contrato de trabajo por muerte del trabajador. Extinción del contrato de trabajo por quiebra o concurso del empleador. Extinción del contrato de trabajo por causa de embarazo. Indemnización agravada. Concepto. Requisitos para su aplicación. Extinción del contrato de trabajo por causa de matrimonio. Indemnización agravada.

Capítulo XIX
La seguridad social del personal de los establecimientos educativos 363
Conceptos generales. El régimen jubilatorio docente provincial. Concepto y alcances. Jubilaciones. Prestaciones de la ley 6915. Jubilación ordinaria. Jubilación ordinaria especial. Jubilación por invalidez. Jubilación por edad avanzada. Pensión. Jubilación especial. Intimaciones a gestionar la jubilación. Renuncia al fin de acogerse a los beneficios jubilatorios. Caja complementaria para la Actividad Docente. Sistema de Obras Sociales. Organización del sistema. Aportes y prestaciones. Beneficiarios. Plazos de coberturas. Obras sociales presentes en la provincia de Santa Fe. Libre elección de Obras Sociales. Titular del reclamo ante el incumplimiento de la Obra Social. Recursos ante el corte de servicios.

Capítulo I

Conceptos jurídicos sobre la educación de gestión privada

1. Marco normativo vigente

La Constitución Nacional en su art. 14 establece que todos los habitantes de la Nación gozan de los derechos de enseñar y aprender, mientras que el art. 5 obliga a las provincias a asegurar mínimamente la prestación de la educación primaria como requisito indispensable para reconocerles autonomía.

Al Congreso Nacional, en tanto, se le ha atribuido competencia para proveer todo lo conducente al progreso de la ilustración, pudiendo para ello dictar planes de instrucción general y universitaria (art. 75 inc. 18 CN) y también, entre otras disposiciones, *"sancionar leyes de organización y de base de la educación... que aseguren la responsabilidad indelegable del Estado... que garanticen los principios de gratuidad, equidad de la educación pública estatal y la autonomía y autarquía de las universidades nacionales"*.

De estas normas emerge un sistema educativo plural y diverso, y así lo ha reconocido la legislación dictada a través de los años.

Como antecedentes a la legislación actual podemos citar a las leyes 934 (1878), 1420 (1884) sobre escuelas particulares, que estableció el principio del laicismo en la enseñanza pública obligatoria y 13.047 (1947) que fijó el régimen básico vigente para las escuelas privadas a nivel nacional, y además introdujo el concepto del aporte financiero del Estado para la educación privada a los fines de equiparar los salarios de sus docentes con los de la enseñanza oficial.

También los tratados internacionales, de jerarquía constitucional, destacan el derecho a la libertad de enseñanza, derecho a la educación y acceso a la enseñanza superior.

La Constitución de la Provincia de Santa Fe, por su parte, en el art. 110 reconoce, y garantiza la educación de gestión privada al disponer que *"Los padres de familia e instituciones privadas pueden crear escuelas u otros institutos de educación en las condiciones que determine la ley. La educación que se imparta en los establecimientos privados desarrollará, como mínimo, el contenido de los planes de estudios oficiales y se identificará con los objetivos nacionales y los principios de esta Constitución. Queda garantido a los padres el derecho de elegir para sus hijos el establecimiento educativo de su preferencia".*

La educación de gestión privada en nuestra provincia se regula orgánicamente a partir del año 1969, con la sanción de la primera ley general, la 6.427 y su decreto reglamentario 2.880/69, que son las que se encuentran aún vigentes.

Con anterioridad a ese año, se había sancionado la ley 5501, que se limitaba a regular el funcionamiento del nivel primario y técnico, dejando sin sustento jurídico a los niveles medio, superior y especiales.

Con la ley 6.427 se derogó expresamente la ley 5501 y se estableció un marco regulatorio más amplio, comprensivo de los niveles inicial, primaria común, diferenciada, media, superior, técnica y de idiomas, que fue complementado a lo largo del tiempo con reglamentaciones específicas para cada uno de ellos.

A nivel nacional, luego de la fallida Ley Federal de Educación, primera ley general de educación que se dictó en el país, se sancionó la actual Ley de Educación Nacional 26.206 que establece los siguientes lineamientos generales para la educación de gestión pública y de gestión privada.

- La política educativa nacional es fijada por el Estado Nacional, el que controla su cumplimiento con la finalidad de consolidar la unidad nacional, respetando las particularidades provinciales y locales (art. 5 LEN).

- El Estado se ha obligado a garantizar el ejercicio el derecho constitucional de enseñar y aprender, como así también el acceso de todos los ciudadanos a la información y al conocimiento como instrumentos centrales de la participación en un proceso de desarrollo con crecimiento económico y justicia social (art. 6 LEN).

- Son responsables de las acciones educativas el Estado Nacional, las Provincias y la Ciudad Autónoma de Buenos Aires, quienes tienen la responsabilidad principal e indelegable de proveer una educación integral, permanente y de calidad para todos, y también lo son los municipios, las confesiones religiosas reconocidas oficialmente y las organizaciones de la sociedad; y la familia que se encuentra reconocida como agente natural y primario de la educación. (arts. 4 y 6 LEN)

- El Estado Nacional, las Provincias y la Ciudad Autónoma de Buenos Aires reconocen, autorizan y supervisan el funcionamiento de instituciones educativas de gestión privada, confesionales o no confesionales, de gestión cooperativa y de gestión social. (art. 13 LEN)

- Se reconoce el derecho originario a prestar el servicio de la educación de gestión privada a la Iglesia Católica, las confesiones religiosas inscriptas en el Registro Nacional de Cultos, las sociedades, cooperativas, organizaciones sociales, sindicatos, asociaciones, fundaciones y empresas con personería jurídica y las personas físicas.

- El Estado garantiza el financiamiento del sistema educativo nacional y el presupuesto consolidado del estado nacional, las provincias y la Ciudad Autónoma de Buenos Aires. El presupuesto consolidado destinado exclusivamente a educación no será inferior al 6% del Producto Bruto Interno (PBI) tal como lo establece la ley 26.075 de financiamiento educativo.

El Consejo Federal de Educación, formado por los ministros de educación de la Nación y de las jurisdicciones, es el organismo de carácter permanente destinado a la concertación, acuerdo y coordinación de la política educativa nacional. Asegura la unidad y articulación del sistema educativo nacional.

El gobierno y administración del sistema educativo asegurará el cumplimiento de los principios y objetivos de la educación, conforme a los criterios constitucionales de unidad nacional y federalismo.

La ley determina que los principales actores de la comunidad educativa son los docentes, alumnos, padres madres o tutores, ex alumnos, directivos, personal administrativo y auxiliar de la docencia, equipos de apoyo pedagógico, cooperadoras escolares y otras organizaciones vinculadas con la institución educativa.

2. La libertad de enseñanza

El maestro Bidart Campos decía que *"la libertad de enseñanza deriva del carácter íntimo de la educación como función reservada en primer término a la familia y a los grupos privados que con ella colaboran. El estado solo tiene competencia supletoria y coadyuvante, para ayudar y no para sustituir. No hay libertad de enseñanza efectiva donde el estado asume motu propio, y desplazando a la familia y los grupos naturales, la dirección total de las escuelas"* (cfr. Germán Bidart Campos, *Derecho Constitucional*, Ediar, Tomo II, 1966, pág. 232).

Esta posición es reconocida por la LEN en su art. 2 cuando dice que *"La educación y el conocimiento son un bien público y un derecho personal y social garantizados por el Estado"*, e implica que el Estado interviene en la educación del país, estableciendo de manera directa un tipo de educación estatal y ejerciendo funciones de supervisión y control sobre otro tipo de gestión educativa, la gestión privada, por eso decimos que el sistema educativo es uno solo, con dos gestiones, estatal y privada.

En la gestión estatal, el estado asume esa función en forma directa, estableciendo instituciones educativas en los distintos niveles, nombrando a los docentes y abonando sus remuneraciones y cargas sociales.

En la gestión privada son los particulares, organizaciones y personas de la sociedad civil, los que llevan adelante la gestión educativa, estableciendo las instituciones, contratando al personal docente y asumiendo la responsabilidad laboral y de la seguridad social como empleadores del sector privado.

Dentro de nuestro marco jurídico, los establecimientos educativos de gestión privada no son entendidos como entidades puras de derecho civil o comercial, ya que el objeto de su actividad incluye un interés social superior destinado a un tercero interesado que es el alumno. Su gestión y sus consecuencias comunitarias no son las mismas que las de cualquier emprendimiento de tipo puramente comercial.

Debemos recordar entonces que el centro y el destino de toda la gestión educativa es el alumno, para quien la libertad de enseñanza se manifiesta en la posibilidad de elegir el lugar en el cual llevará a cabo su aprendizaje pedagógico y exigir que ese aprendizaje se realice de la forma convenida.

Dado que el interés de ese tercero receptor es similar al que le importa al Estado, éste tiene la obligación de controlar y fiscalizar, dentro de los límites ya señalados, toda la actividad privada a fin de evitar fraudes y perjuicios a ese receptor.

3. La educación como servicio público

Existen opiniones recurrentes acerca del carácter de servicio público de la educación de gestión privada, basadas en el hecho de que existe control estatal en su apertura y funcionamiento, y en algunos casos incluso compromiso financiero por medio del envío de aportes en dinero para el pago de salarios al personal docente.

La naturaleza de servicio público de una actividad conlleva obligaciones extraordinarias para sus prestadores que no pueden evitarse porque todo interés particular estaría sometido al interés superior, denominado interés público.

El concepto de servicio público refiere a aquellas actividades en cuyo ejercicio existe el monopolio estatal. El Estado puede delegar ese ejercicio mediante concesiones o licitaciones a particulares, aunque esta concesión o delegación no importe pérdida del poder sobre el mismo, de manera tal de poder fiscalizar su gestión e intervenir discrecionalmente en caso de interrupción o prestación deficiente del servicio.

Si la educación de gestión privada fuera un servicio público, los servicios educativos estarían sometidos a la posibilidad de caducidad de los mismos o a la intervención lisa y llana por el Estado en casos de que sus funcionarios entiendan que no se cumplen con los objetivos educativos que este pretende.

Nada más alejado de la historia y realidad legislativa de nuestro país, que siempre consideró a la educación de gestión privada un derecho inherente a la sociedad civil (personas individuales y organizaciones civiles) a las cuales el Estado fiscalizaba mediante un marco jurídico de respeto mínimo a reglas básicas de funcionamiento.

No debemos olvidar que las primeras escuelas que existieron en nuestro país y en América fueron las escuelas de los conventos de franciscanos, mercedarios, dominicos y luego jesuitas. También en las parroquias había escuelas desde sus inicios y que el Estado comienza recién a preocuparse por la educación a fines del siglo XVIII concretando su tarea en el siglo XIX con la creación y organización de los primeros sistemas educativos.

Desde este reconocimiento, nuestra Constitución Nacional de 1853 reconoce en el art. 14 la libertad de enseñar y de aprender y a la educación como responsabilidad del Estado en concepto de garante, pero como derecho de todos, tanto para ofrecerla como para recibir sus beneficios.

Esta concepción equivocada de servicio público llegó incluso a una definición normativa con la emisión por parte del Poder Ejecutivo Nacional del decreto 365/93 que definió al servicio educativo como *"servicio público impropio sujeto a la tutela estatal"*, colocando a los particulares en el lugar de simples prestadores del servicio por cuenta y orden del Estado.

Este decreto estableció otras definiciones, por demás de erróneas, como por ejemplo, otorgarle facultad a la Secretaría de Industria y Comercio en el análisis de las innovaciones educativas que significaran aumento de aranceles, la determinación del contrato educativo como plurianual y el otorgamiento de facultades a los padres para que por mayoría determinaran los valores de los aranceles, incurriendo de esa manera en una intromisión indebida en las administraciones de los particulares.

El desconocimiento de las disposiciones constitucionales, reglamentarias y jurisprudenciales, motivó el rechazo de todo el sector educativo privado, como así también de entidades intermedias relacionadas con la educación, consiguiendo que en definitiva, el mismo fuera derogado por el decreto 2417 del mismo año que, si bien dejó de lado la definición dogmática del servicio público, puso a los establecimientos educativos bajo la órbita del Ministerio de Economía y de Obras y Servicios Públicos en lo relativo al cobro de aranceles, pero esos cambios nunca fueron llevados a la realidad, quedando obsoletos por el paso del tiempo y el cambio que trajeron tanto la Ley Federal de Educación del año 1995 y la Ley de Educación Nacional del año 2006.

4. Jurisprudencia

En los autos "Asociación Civil Escuela Escocesa San Andres y Otros c./ Buenos Aires, Provincia de y otra s/ declarativa" (Fallos, 312:418) la Corte Suprema de Justicia de la Nación, con relación a la naturaleza jurídica de la educación privada dijo *"(...) Que, en tales condiciones, la participación de los particulares se enmarca en el ejercicio privado de la función pública toda vez que, aunque medie un interés del Estado, se realiza a nombre propio y los prestatarios no integran, por tal razón, la organización administrativa estatal aunque en el desempeño de esas tareas están sujetos al control de los órganos de gobierno.(..)*

En nuestra provincia hay pocos antecedentes jurisprudenciales o doctrinarios, pero es importante recordar un fallo recaído en un Recurso de Amparo contra un establecimiento privado. Me refiero a los autos caratulados "Huerta R.S. c/Escuela Técnica 60 s/Amparo" (C.Apel. Civ. Com. Rosario, Sala 1, 22.10.93, publicado en J.S. 6, pág. 62/66).

Allí la Cámara reconoció que *"La actividad educativa brindada por los particulares es ejercida por éstos en uso de su "competencia originaria" no por delegación, concesión o transferencia del Estado (Barra Rodolfo c. "Hacia una interpretación restrictiva del concepto jurídico del servicio público" L.L. 1982-B-363 y ss). El Estado también –concurrentemente– brinda enseñanza en sus propios establecimientos educativos, pero ello no convierte esa actividad en servicio público ni cambia la naturaleza de la prestación privada en una (pretendida) "función pública". (...) La naturaleza privada de la actividad de enseñar y el vínculo de derecho privado existente entre educandos y establecimientos educativos particulares no habilita la violación de las estipulaciones contractuales o reglamentarias que fueran aplicables, ni la utilización abusiva de los derechos de las partes, la violación de la buena fe ni la ruptura de otros "standars" jurídicos imperantes en el campo de las relaciones privadas".*

De los antecedentes doctrinarios enumerados y de la aplicación de los mismos por el Poder Judicial podemos concluir que la enseñanza privada es una actividad en la cual hay un marcado interés social o público, y ello queda demostrado por la existencia de extensas y exhaustivas reglamentaciones que deben ser cumplidas por los establecimientos, y, también, la existencia de una ley general de educación privada con un organismo específico de aplicación, situación que de a poco se replica en otras provincias del país.

Pero este interés y su consiguiente regulación, existe en otros ámbitos de similar importancia económica como ser la actividad financiera o aseguradora por ejemplo, sin por ello transformarlos en servicio público.

Tampoco la existencia de un aporte estatal para el pago de sueldos al personal docente trae aparejada esa consecuencia, ya que este aporte es un tipo de subsidio estatal, como el que existe de diferentes modos en otras actividades (tasas de interés diferenciales, tipo de cambio favorable, exención impositiva, plazos de devolución extensos, etc.), sin que las mismas por ese hecho se transformen en servicio público.

En tal sentido se ha dicho que *"El subsidio estatal otorgado a favor de un instituto educacional de carácter privado no cambia la naturaleza contractual de la relación laboral existente entre éste y los profesores que allí se desempeñan, la que sigue siendo reglada por la LCT"* (C.T. Córdoba, Sala 7, Agüero Villar c/Instituto Secundario Yocsina y/o).

Podemos afirmar entonces que la enseñanza privada no es un servicio público, sino que es el ejercicio legítimo de un derecho propio y no concedido de los particulares dentro del marco de la libertad de enseñanza, con limitada y reglada injerencia del Estado.

Capítulo II

Los establecimientos educativos de gestión privada

1. Clasificación general

1. 1. La ley 13.047 de educación privada estableció por primera vez las categorías de establecimientos educativos de gestión privada.

El art. 2 expresa: *"A los efectos de la aplicación de esta Ley, el Poder Ejecutivo llevará un registro de todos los establecimientos privados de enseñanza y de su personal, y clasificará a los establecimientos en:*

a) Adscriptos a la enseñanza oficial: establecimientos privados de enseñanza primaria fiscalizados por el Consejo Nacional de Educación y de enseñanza secundaria, normal o especial, incorporados a la enseñanza oficial dependiente del Ministerio de Justicia e Instrucción Pública;

b) Libres: establecimientos privados de enseñanza secundaria, normal o especial que, siguiendo los planes y programas oficiales, no estén comprendidos en el apartado anterior;

c) Establecimientos privados de enseñanza en general: establecimientos privados de enseñanza, directa o por correspondencia, no incluidos en los incisos a) y b)".

Esta clasificación es del año 1947 y se refiere a entes oficiales que ya no existen (Consejo Nacional de Educación o Ministerio de Justicia e Instrucción Pública) y tampoco existen escuelas bajo dependencia directa y supervisión del gobierno nacional ya que todas fueron transferidas a las provincias y a la Ciudad Autónoma de Buenos Aires por la ley 24.049.

Con respecto a las categorías, en la actualidad la designación de "adscriptos" se refiere a todos aquellos establecimientos oficiales de gestión privada, o establecimientos "autorizados" en el léxico de nuestra ley 6.427, es decir, aquellos que forman parte del sistema educativo formal de la jurisdicción en la que se encuentran, tal como si se tratare de instituciones educativas de gestión estatal.

Estos establecimientos integran el sistema educativo formal de la jurisdicción, imparten enseñanza de acuerdo con los programas y planes oficiales, otorgan títulos oficiales y se encuentran bajo la supervisión de los organismos de contralor respectivos para la educación oficial de gestión privada de cada nivel (inicial, primario, secundario y terciario).

En cuanto a los establecimientos "libres" han quedado subsumidos en la categoría anterior.

Por último, los establecimientos incluidos en el inc. c) son los que no se encuentran comprendidos en los incisos anteriores: los institutos de enseñanza general y no oficial, que no integran del sistema educativo formal, y que no otorgan títulos oficiales, a los que normalmente se los designa como academias o institutos ya que no son parte del sistema educativo, prestan el servicio educativo sin seguir planes oficiales, no otorgan títulos oficiales ni están sometidos al contralor administrativo y docente del organismo competente. Generalmente dictan cursos de idiomas, computación, manualidades, etc. En esta clasificación se incluyen los Jardines de Infantes Maternales, los que son regulados por Ordenanzas de cada Municipalidad en cuanto a su habilitación y funcionamiento.

1. 2. En la provincia de Santa Fe, la ley 6.427, a diferencia de la ley 13.047, estableció una clasificación propia y única en el país, al determinar la existencia de un solo tipo de establecimientos educativos, los "autorizados" que son aquellos que pueden otorgar títulos oficiales. Esos establecimientos "autorizados" cambian de denominación a "incorporados" si además reciben aporte estatal para el pago de salarios de su personal.

Para nuestra ley, entonces, los establecimientos de enseñanza privada se clasifican en:

a) Autorizados: Aquellos que, habiendo cumplimentado con los requisitos legales establecidos por la autoridad de aplicación, cuenten con la facultad de emitir certificados de estudios, es decir todos los establecimientos incluidos en el sistema.

b) Incorporados: Aquellos que, además de la autorización ya descripta, gozan del beneficio del aporte estatal para el pago de sueldos al personal docente.

El Ministerio de Educación, a través del Servicio Provincial de Enseñanza Privada lleva un Registro de los establecimientos y su personal.

2. Propietarios

La ley 6.427 en su art. 11 enumera quiénes pueden ser propietarios de establecimientos educativos, estableciendo una división entre propietarios visibles y personas jurídicas.

2.1. Personas de existencia visible

Las personas de existencia visible que soliciten la apertura de establecimientos educativos deberán acreditar antecedentes vinculados a la educación.

La interpretación de estos antecedentes debe ser efectuada por el Servicio Provincial de Enseñanza Privada, en base al tipo de enseñanza que propone el establecimiento tomando en cuenta los parámetros fijados por la disposición SPEP 350/94, que establece los *"Requisitos de Apertura de establecimientos Educativos"*.

De acuerdo a la norma, el solicitante debe acreditar antecedentes vinculados a la educación sistemática, con una antigüedad mínima equivalente al ciclo completo del nivel del establecimiento cuya autorización pretende, es decir, 7 años en nivel primario, 5 años en nivel secundario y 4 o 5 años en nivel terciario.

Esta acreditación debe ser realizada mediante certificaciones formales del nivel educativo que se presenta (por ejemplo, una escuela técnica por medio de un egresado técnico, o un ingeniero o semejante, un instituto de idioma por un traductor o profesor de idioma, etc.) y tiene como objeto demostrar prima facie la idoneidad de esa persona para la conducción de un establecimiento educativo de las características propuestas.

2.1.1. Inconstitucionalidad de la prohibición de parentesco entre propietarios, Representantes Legales y personal directivo

El decreto 2.880/69, reglamentario de la ley 6.427, incluyó en el año 1979 una reforma del punto 64, en este sentido: *"De igual modo no podrán desempeñarse como representantes legales de los colegios cuya representación ejercen quienes estén unidos por vínculos conyugales o por relación de parentesco hasta el 4to. grado de consanguinidad y 2do. de afinidad con personal directivo del mismo establecimiento".*

Esta norma es una limitación sin fundamento en el ámbito de la educación de gestión privada y es una rémora de la búsqueda de evitar el nepotismo en la administración pública, lo que resulta un notorio desconocimiento de las características de los establecimientos educativos de gestión privada.

El nepotismo es la desmedida preferencia que dan algunos funcionarios públicos para la concesión de servicios o empleos a familiares. En nuestro sistema administrativo basado en la idoneidad, este sistema es altamente perjudicial, pero lamentablemente muy arraigado.

De allí que se han planteado limitaciones formales para la aplicación de esta práctica, tendientes a igualar las oportunidades de acceso al empleo público para todos los habitantes del país, incluyendo los que quieren ingresar o crecer en una carrera docente.

Este sistema se corresponde con la existencia de requisitos de ingreso generales, concursos de oposición y antecedentes y acceso a un escalafón del cual serán designados los docentes, lo que no es de aplicación a la educación de gestión privada.

Desde este punto de vista se puede evaluar que esta limitación tiene sentido solamente cuando se trata del empleo público, es decir, del acceso o permanencia en la carrera docente oficial, pero su existencia como limitante en la designación de personal en establecimientos de gestión privada carece de sustento lógico y fáctico, porque la ley le otorga discrecionalidad al propietario para el nombramiento del personal.

Asimismo se agrega un requisito adicional no determinado por la ley al nombramiento del docente, lo que es inconstitucional, ya que la ley solamente establece como requisitos de acceso edad, título y aptitud física, siendo indistinto las relaciones familiares de las personas.

No existe fundamento lógico para prohibir a personas relacionadas por un vínculo de parentesco trabajar en un mismo proyecto educativo en los lugares estratégicos de su conducción, prohibición que viola todos los principios generales de protección de la familia y no discriminación por sexo, estado civil o religión.

Además, se afecta las libertades reconocidas por la LEN a los agentes de educación de gestión privada, cuando les reconoce la facultad de crear, organizar y sostener escuelas y de participar del planeamiento educativo.

Resulta clara la inconstitucionalidad de estas limitaciones, ya que claramente nos encontramos con normas que discriminan a las personas por su sexo y por su condición social (matrimonio), lo que está en contra no sólo del texto constitucional, sino de los numerosos tratados internacionales con protección constitucional suscriptos por nuestro país en defensa de la familia, los niños, las mujeres, las prácticas religiosas, etc. Estas tienen una protección constitucional en el art. 19 que dice que *"Las acciones privadas de los hombres que de ningún modo ofendan al orden y a la moral pública, ni perjudiquen a un tercero, están sólo reservadas a Dios, y exentas de la autoridad de los magistrados"*.

2.2. Personas jurídicas

En cuanto a las personas jurídicas, la ley 6.427 enumera las siguientes:

- Sociedades comerciales y entes cooperativos inscriptos legalmente, sociedades civiles, asociaciones civiles y fundaciones con personería jurídica cuyos fines sean la promoción de actividades culturales, educativas o científicas y cuyos integrantes sean docentes o personas vinculadas a la educación.

- La Iglesia Católica como persona de derecho público por medio de sus curias y parroquias.

- Las órdenes, congregaciones o corporaciones religiosas e institutos seculares reconocidos o admitidos.

Para las personas jurídicas se establecen otros requisitos, que se verán a continuación.

2.2.1. Noción de persona jurídica

Todos los entes susceptibles de adquirir derechos, o contraer obligaciones, que no son personas de existencia visible, son personas de existencia ideal, o personas jurídicas (art. 32 CC).

La persona jurídica se define por exclusión de los rasgos de humanidad exigidos por el Código Civil a las personas físicas.

Las personas jurídicas tienen existencia desde su creación, pero hay algunos casos en que además del acto fundacional, necesitan la autorización de la autoridad administrativa para su funcionamiento.

Se trata de entidades formadas por dos o más individuos a las que se reconoce jurídicamente como una unidad, como un solo sujeto que puede ejercer derechos y adquirir obligaciones. Estos entes tienen una "personalidad" que es diferente de la de los individuos que los integran y por ello los derechos y obligaciones en cuestión corresponden a la entidad y no a cada uno de esos individuos.

2.2.2. Clasificación
Se clasifican en personas de carácter público o de carácter privado.
Tienen carácter público:
- El estado nacional, las provincias y los municipios.
- Las entidades autárquicas.
- La Iglesia Católica.
Tienen carácter privado:
- Las asociaciones civiles y fundaciones.
- Las sociedades civiles y sociedades comerciales u otras entidades.

2.2.3. Características particulares. Autorización estatal para su funcionamiento
Las personas jurídicas privadas se dividen en dos grandes grupos de acuerdo al principio de su existencia, y a la necesidad de autorización estatal para su funcionamiento:
Las que necesitan la autorización estatal para funcionar están enumeradas en el art. 33, apartado 2, inciso primero, y son:
- las asociaciones, también llamadas corporaciones, que pueden tener fines científicos, artísticos, deportivos, culturales, etc., como clubes, mutuales, sociedades de fomento, etc.;
- las fundaciones, entidades cuyo patrimonio está afectado a fines altruistas (que profesa el altruismo, sentimiento o tendencia de hacer el bien a los demás, aun a costa del propio provecho) que fueron tenidos en mira al tiempo de su creación. Su régimen legal se ha completado con la ley 19.836.
- ciertas sociedades comerciales, como sociedades de economía mixta, cooperativas, compañías de seguros, entidades financieras, etc.
- otras entidades, contándose entre ellas las universidades privadas, que requieren para su creación un decreto del Poder Ejecutivo que las autorice; asociaciones profesionales (Colegios Públicos de Abogados, Traductores, Ingenieros, etc.) y academias nacionales (Academia Nacional de Medicina, de Derecho y Ciencias Sociales, etc.).

Las que no requieren la autorización estatal para funcionar están enumeradas en el apartado 2, inciso 2, del art. 33, y son:
- sociedades civiles, legisladas en los arts. 1648 y siguientes del CC;
- sociedades comerciales regularmente constituidas;
- sociedades de hecho e irregulares con objeto comercial; (ambas se encuentran legisladas en el art. 2 de la Ley de Sociedades Comerciales.)
- otras entidades (consorcio de propiedad horizontal).

Por su parte, el art. 46 CC legisla sobre las simples asociaciones civiles o religiosas formalmente constituidas, las que no se consideran personas jurídicas como las detalladas, pero tienen el carácter de sujeto de derechos si reúnen las condiciones exigidas por la ley para la actividad que desarrollarán.

En cuanto a los organismos estatales que intervienen en la autorización para el funcionamiento de las personas jurídicas, se dan distintas intervenciones.

- Las sociedades comerciales deben estar inscriptas en el Registro Público de Comercio de su jurisdicción y cumplimentar con los requisitos específicos de cada tipo societario para poder funcionar de acuerdo a las normas legales.

- Las asociaciones y fundaciones necesitan el reconocimiento estatal mediante el otorgamiento de la personería jurídica por el órgano respectivo (en nuestra provincia, la Inspección General de Personas Jurídicas dependiente de la Fiscalía de Estado). Las asociaciones civiles y fundaciones están regidas a nivel nacional por la ley 19.836 y en nuestra provincia los requisitos de inscripción y funcionamiento están determinados por la ley 6926 de creación de la Inspección General de Personas Jurídicas. Dicha Inspección General ha emitido disposiciones y resoluciones estableciendo el trámite y los requisitos para la obtención de la personería jurídica, haciendo hincapié especialmente en el contenido de los estatutos y en la organización interna de la entidad.

- Las cooperativas se deben inscribir en el Registro Nacional de Cooperativas que regula el INAES (Instituto Nacional de Asociativismo y Economía Social) dependiente del Ministerio de Desarrollo Social, todo ello regido por la ley 20.337 de Cooperativas.

- Las sociedades civiles o simples asociaciones civiles tienen vigencia desde el momento de su creación sin necesidad de inscripción o control estatal.

2.2.4. Características de las asociaciones civiles y fundaciones
De acuerdo al art. 33 segunda parte del Código Civil, deben tener:
- Objetivo de bien común: Está dado por el interés social que posee la actividad desarrollada, el más idóneo de ellos sería la educación.
- Poseer patrimonio propio: Se exige este patrimonio, dado que el Estado al autorizar el funcionamiento de estas entidades las transforma en personas jurídicas con todas las aptitudes de ejercer derechos y contraer obligaciones. Por ello la existencia de patrimonio propio es fundamental para el logro del objeto social propuesto.
- Ser capaces por sus estatutos de adquirir bienes: Se desprende del requisito anterior, que con patrimonio propio y para ejercer todos los negocios y actos jurídicos, debe haber capacidad estatutaria de adquisición y disposición de bienes.
- No subsistir exclusivamente de asignaciones del Estado: Se relaciona con el requisito número dos, ya que subsistir de subvenciones del Estado los transformaría en entes estatales o paraestatales, alejados de la categoría de persona jurídica de carácter privado.
- Obtener autorización para funcionar: Se relaciona con el control de legalidad que ejerce el Estado, dado el objetivo de bien común que deben poseer las entidades.

2.2.5. Asociaciones civiles
Es una figura jurídica que parte del derecho de asociarse con fines útiles, que consagra la Constitución Nacional, y se basa en dos características fundamentales: la carencia de fin de lucro, entendida como el reparto de ganancia entre sus miembros y la organización colegiada y democrática, en la cual la Asamblea es el órgano máximo administrativo.

No se prohíbe a las asociaciones obtener ganancias, sino que están obligadas a reinvertirlas en su propia actividad o en actividades no lucrativas de terceros.

2.2.6. Sociedades civiles
Es una figura jurídica compleja que comparte las características de los contratos y de la sociedad.

El acto que vincula a los socios entre sí y da nacimiento a la entidad es un contrato, con todas las características propias de las obligaciones, pero la distinción se manifiesta en que ese contrato da origen a un nuevo sujeto de derecho, a una institución distinta a los socios, otra persona, con todas las consecuencias jurídicas que ello implica.

Así, vemos que la sociedad es un contrato, pero también es una institución.

2.2.6.1. Características

Es un contrato:

- Consensual. Se perfecciona por el solo consentimiento de las partes sin ser necesaria la justificación de aportes.
- Bilateral. Son necesarias más de dos personas para su existencia.
- A título oneroso. Se hace hincapié en que el objeto es una utilidad apreciable en dinero, en la cual se ha de participar. No existe sociedad civil que no tenga fin de lucro.
- Conmutativo. Hay compromisos mutuos asumidos por cada uno de los socios, sin conocer el destino final de la empresa.
- No formal. Taxativamente el Código Civil reconoce a la sociedad civil que su contrato puede ser hecho verbalmente o por escrito, por instrumento público, privado o por correspondencia.
- De tracto sucesivo. La situación jurídica creada es duradera.
- De gestión colectiva. Sentido de colaboración y coordinación de esfuerzos.
- Intuito personae. Los socios deben cumplir con sus obligaciones personalmente, sin poder delegarlas en terceras personas.

A diferencia de las asociaciones y fundaciones, las sociedades civiles no necesitan la inscripción en la Inspección General de Personas Jurídicas, porque el Estado no ejerce sobre las mismas ningún control de legalidad, ya que se encuentran dentro del ámbito de lo privado (no se necesita personería jurídica).

Tampoco deben inscribirse en el Registro Público de Comercio porque su naturaleza no es comercial, en los términos del Código de Comercio.

La contabilidad que debe llevar esta sociedad tampoco será rubricada debido a lo expresado en el punto anterior.

Los únicos requerimientos contables exigidos por el Ministerio de Educación son los estados contables a los fines de su autorización y por otra parte, para aquellos establecimientos que gozan del aporte estatal, se exige la rendición anual de los mismos.

2.2.7. Diferencias entre asociaciones y fundaciones y sociedades civiles

- En cuanto al fin que persiguen, lucrativo en la sociedad y desinteresado en las asociaciones y fundaciones.

- En cuanto a la persistencia del grupo inicial, es un rasgo característico de la sociedad, mientras que en las asociaciones es típica la renovación de sus integrantes.

- En cuanto a su estructura orgánica, la asociación posee órganos de gobierno determinados, con soberanía total de la asamblea, mientras que en la sociedad la administración es ejecutada por el socio administrador, requiriéndose mayoría para la aprobación de las acciones comunes de administración y unanimidad para casos especiales, como ser la modificación del contrato social.

- En cuanto a la duración, la asociación es por lo general indefinida y no se ve afectada por muerte, interdicción o falencia de alguno de sus miembros, mientras que la sociedad dura un período determinado y puede verse afectada por la muerte, quiebra o interdicción de alguno de sus miembros cuando sus herederos decidan no continuarla.

- En cuanto al retiro de los socios, en la asociación se produce dejando su aporte inicial y en la sociedad llevándose su parte social.

2.2.8. Organización interna

Debemos distinguir los supuestos de asociaciones y fundaciones del de las sociedades civiles.

- *Asociaciones y fundaciones*

Estas entidades exigen un tipo de organización completa y compleja, con órganos de gobierno y administración. Se constituye generalmente una Comisión Directiva, en la que se distribuyen los cargos, una Comisión Revisora de Cuentas (colegiada) o Sindicatura (única), y el órgano máximo de gobierno de la entidad que son las asambleas de asociados. Generalmente tienen un número mínimo de 11 integrantes (1 Presidente, 1 Secretario, 1 Tesorero, 3 Vocales titulares, 3 Vocales suplentes, 1 Síndico titular y 1 Síndico suplente).

En estas entidades la función de representación legal la ejerce el presidente en ejercicio, y en caso de vacancia, enfermedad o renuncia, la ejercerá el vicepresidente.

Se puede, no obstante nombrar a otra persona distinta como representante legal porque está dentro de las atribuciones de la Comisión Directiva.

- Sociedades civiles

Al ser entidades eminentemente privadas, sin control estatal (virtualmente son sociedades de hecho), no necesitan el tipo de organización anterior, sino que el principio fundamental es el de gestión colectiva.

Esa gestión se basa en la decisión de la mayoría para llevar adelante su objeto, salvo en casos de reformas esenciales para el funcionamiento (objeto, tipo social, normas de funcionamiento) en que se requiere la unanimidad.

2.2.9. Responsabilidades de la entidad

Las personas jurídicas son plenamente responsables de los actos de sus administradores o representantes mientras éstos actúen dentro de los límites del mandato (art. 36 CC).

Las funciones deben emanar del estatuto o disposiciones especiales de la asamblea. No hay duda de ello en los términos del art. 42 CC: *"Las personas jurídicas pueden ser demandadas por acciones civiles, y puede hacerse ejecución de sus bienes"*.

Cuando el representante actúe fuera de los límites del mandato, es responsable personalmente de sus actos frente a los terceros que contrataron con él, salvo que el tercero hubiera tenido conocimiento de que actuaba fuera de los límites del poder y hubiera consentido tal comportamiento.

En el caso de actos que excedan el mandato, la entidad es responsable hasta el monto del beneficio que hubiesen obtenido por ellos.

También tienen responsabilidad por hechos ilícitos e incluso se les reconoce responsabilidad penal, por aplicación de la teoría del órgano, esto es, que su representante actúan como órganos componentes del todo social, por lo que su actuación genera responsabilidad.

La mayor diferencia en cuanto a la responsabilidad entre las asociaciones civiles y las sociedades civiles está dada en que los asociados de las asociaciones civiles tienen una responsabilidad limitada a la parte en que contribuyeron a la asociación. Es decir, que si hay deudas, se debe accionar contra la asociación y cobrarse de los bienes de la misma, no pudiendo ir contra los de los socios.

En cambio, en las sociedades civiles, los socios tienen una responsabilidad subsidiaria a la de la sociedad, ya que en caso de la que sociedad carezca de bienes suficientes para hacer pago a sus deudas, deben responder con su patrimonio personal. Esta responsabilidad es absoluta, ilimitada y solidaria entre todos los socios, pudiendo estipularse limitaciones a la responsabilidad, pero de validez exclusiva entre los socios y no oponibles a terceros.

2.2.10. Fin de la existencia de las personas jurídicas

Debe distinguirse entre aquellas que necesitan autorización estatal para funcionar y aquellas que no lo necesitan.

Es claro que en el caso de aquellas que necesiten dicha autorización, el Estado debe intervenir también en su disolución, lo que no sucede con las sociedades civiles.

En aquellas que necesitan autorización para funcionar, la disolución se produce en tres casos:

- Por voluntad de sus miembros, aprobada por la autoridad competente.

- Por decisión de la autoridad competente, con independencia de la voluntad de sus miembros. Puede ser por voluntad de la ley, como sanción por incumplimiento de condiciones o cláusulas de la autorización, porque sea imposible el cumplimiento de sus estatutos, o porque su disolución fuere necesaria o conveniente a los intereses públicos.

- Por la conclusión de los bienes destinados a sostenerla. Esta causal se relaciona con la exigencia para la autorización que es la no subsistencia por subsidio estatal. Se entiende disuelta la sociedad porque sería de imposible cumplimiento su objeto en razón de insuficiencia económica.

En aquellos casos donde no es necesaria la autorización para funcionar (sociedades civiles, por ejemplo), la disolución se produce:

- Por fallecimiento de un socio en caso de sociedades de dos socios.

- Por solicitud de un socio ante el fallecimiento del administrador nombrado en la fundación, o de algún socio de gran importancia que no permita continuar con el funcionamiento normal de la misma.

- Por el cumplimiento de la condición o el plazo que se hubiera fijado.

- En caso de no haberse fijado plazo, concluye cuando cualquiera de los socios lo solicite, si los demás no quieren continuarla.

- Por exclusión, renuncia, abandono de hecho o incapacidad sobreviniente de alguno de los socios.

- Pérdida total o parcial del capital social que no permita conseguir el objeto para la cual fue formada.

- Por pérdida de la cosa o lugar donde desarrollaba su actividad, en el caso de que sea de importancia principal.

- Cuando por un socio o causa extraña (por ejemplo, guerra) no pudiese continuar con la gestión de los negocios para los cuales fue formada.
- Por sentencia judicial firme de disolución.

2.2.11. Casuística

2.2.11.1. Sociedad civil formada por cónyuges
Podrían ser propietarias de establecimientos educativos siempre que el patrimonio de esa sociedad civil sea distinto al patrimonio de la sociedad conyugal en sí.

Debe ser así porque en la enseñanza privada el Estado tiene interés directo en defensa de los derechos del alumno que puede ser perjudicado por el accionar culposo o doloso del propietario.

Distinto sería el caso de que dos cónyuges se asociaran para la explotación de cualquier negocio (venta de ropa, por ejemplo); allí el Estado no tiene interés y los cónyuges pueden incluir todo el patrimonio de la sociedad conyugal en el destino del negocio.

2.2.11.2. Propietarios únicos
Aquí el problema del patrimonio se complica y la aplicación del principio general del patrimonio distinto no puede usarse, dado que al ser una sola persona está en juego la totalidad de su patrimonio, sin posibilidad de limitación de responsabilidad.

La ley no es clara al respecto, y es por ello que se plantean grandes problemas cuando este propietario único fallece y se debe continuar con el establecimiento. Si asumen sus herederos, son personas distintas del fallecido, al igual que si se transfiere a un tercero el establecimiento. Para esta situación, la ley prevé una sanción, que es la quita del aporte estatal si el establecimiento es incorporado. Pero si se aplica la letra estricta de la ley, sería imposible la continuidad del establecimiento, lo que es absurdo y podría ser motivo de acciones judiciales ante la administración por atacar derechos constitucionales como los del derecho de enseñanza y ejercer toda actividad lícita, ya que esa interpretación de la norma sería irrazonable y arbitraria.

3. Establecimientos autorizados

3.1. Naturaleza jurídica de la autorización

La autorización es un acto administrativo que emana del Director del Servicio Provincial de Enseñanza Privada, mediante el cual el Estado permite la apertura y funcionamiento del establecimiento y le reconoce la facultad de emitir certificados de estudios.

Este reconocimiento implica otorgarle la misma validez a los certificados emitidos por los establecimientos oficiales, lo que significa que el egresado cuenta con un título habilitante para el ejercicio de un oficio o profesión o para continuar sus estudios en niveles superiores de la enseñanza.

Es una delegación de facultades que efectúa el Estado a los particulares, en mérito del cumplimiento de los requisitos reglamentarios existentes.

Es el acto jurídico de mayor importancia para el desarrollo de un establecimiento educativo, ya que es la admisión del establecimiento en el sistema educativo de la jurisdicción, y una aceptación expresa por parte del Estado de la propuesta educativa presentada.

El control que realiza el Estado previo a la producción del acto tiene por objetivo evaluar si las condiciones de prestación del servicio educativo propuestas por los particulares son similares a la de los establecimientos oficiales, especialmente en el tipo de enseñanza que se imparte, las capacidades de quienes lo hacen, y la solvencia moral y económica del titular del establecimiento educativo.

3.2. Requisitos generales

La ley 6.427 en su art. 9 y su decreto 2.880/69 establecen los requisitos necesarios para la autorización:

- Personal escolar con título habilitante, debidamente registrado.
- Local adecuado para el tipo de enseñanza a impartir.
- Muebles y material didáctico acorde a la propuesta educativa.
- Régimen de ingreso y promoción de alumnos, y planes de estudios iguales a la enseñanza oficial, como mínimo.
- En localidades o zonas donde existen otros establecimientos educacionales del mismo nivel o grado del que se pretende autorizar, la formación de los cursos o grados deberá responder al mínimo de alumnos requeridos para el orden oficial, lo que no sucederá si el establecimiento es único en la localidad o zona.

Se faculta también a los establecimientos privados a proponer proyectos educativos experimentales que pueden contener modificaciones en el sistema de calificaciones, promociones, regímenes disciplinarios y de asistencia, planes y programas, previa autorización del Servicio Provincial.

La inclusión de este párrafo en la ley abre la puerta a los proyectos educativos propios de cada establecimiento, y permite, acertadamente, la aparición de distintos proyectos pedagógicos y educativos, que con sus experiencias han ido conformando con el correr del tiempo la amplia y variada oferta educativa existente.

3.3. Requisitos particulares

La disposición 350/94 reglamenta en particular el trámite administrativo para otorgar las autorizaciones para el funcionamiento de nuevos establecimientos educativos, y la disposición 351/94 reglamenta el trámite de presentación de las experiencias educativas.

La disposición 350/94 establece que las solicitudes deberán ser presentadas antes del 31 de julio del año anterior a aquel en que el establecimiento comenzaría a funcionar y como los requisitos establecidos son taxativos, su cumplimiento deberá ser completado en la primera presentación, de lo contrario, se rechazará la misma "in limine".

La documentación debe ser presentada en forma completa y en un solo acto en las Mesas de Entrada de Zona Norte o Zona Sur, según la localización geográfica del peticionante, en dos expedientes. Uno de ellos contendrá la información y documentación atinente a la entidad propietaria y el otro contendrá el proyecto educativo o plan de estudios experimental, en su caso.

3.3.1. Expediente para tramitar el reconocimiento como propietario
Deberá contener:

a. Nota de solicitud de autorización, suscripta por el solicitante, con el nivel del establecimiento cuya apertura pretende y domicilio del mismo, tipo de enseñanza, turno y sexo de los alumnos.

b. Determinación del propietario, que puede ser:

- Persona de existencia visible, que acredite antecedentes vinculados a la educación sistemática, con una antigüedad mínima equivalente al ciclo completo del nivel del establecimiento cuya autorización pretende, y declaración jurada de los fines y propósitos que se persiguen con tal solicitud.

- Sociedad civil con instrumento de constitución de acuerdo al Código Civil hecho por Escritura Pública, cuyos fines sean la promoción de actividades culturales, educativas o científicas y cuyos integrantes sean docentes o personas vinculadas a la educación.

- Asociación civil o mutual con estatuto, personería jurídica otorgada o inscripción en el Registro Nacional de Acción Mutual, en cuanto a los fines e integrantes, ídem al punto b).

- Sociedad comercial, con contrato constitutivo, inscripto en el Registro Público de Comercio, en cuanto a los fines e integrantes, ídem al punto b).

- Fundaciones con estatuto y personería jurídica otorgada, en cuanto a los fines e integrantes, ídem al punto b).

- Iglesia Católica, por medio de los obispos o personas que éstos deleguen.

- Ordenes, congregaciones e Institutos Seculares reconocidos, con instrumento de constitución.

c. Acreditación de los fines de la entidad para las de los puntos a, b, c, d, e y g.

d. Acreditación de antecedentes en la docencia o vinculación de los solicitantes con actividades educativas, culturales o científicas. (Se refiere a la experiencia pedagógica y educativa.)

Ello se hará mediante certificados o constancias de actuación docente en el nivel del establecimiento cuya apertura se solicita, expedido por autoridad competente, certificaciones, publicaciones y libros.

e. Acreditación de solvencia moral para todos los solicitantes, salvo los puntos f y g, mediante testimonio de personas de prestigio o instituciones vinculadas al medio en el cual el establecimiento educativo desarrollará sus actividades, agregándose también Certificado de Conducta individual expedido por la Policía de la Provincia. Cumplimentados tales extremos, el Servicio Provincial de Enseñanza Privada procederá a verificar la inexistencia de proceso concursal iniciado o pedido de quiebra.

f. Acreditación de solvencia económica para todos los solicitantes salvo la Iglesia Católica, mediante título de propiedad inmueble escriturado a nombre del solicitante o de la persona jurídica, fianza constituida por escritura pública a favor de la entidad o del solicitante unipersonal con expresa indicación de los bienes inmuebles de propiedad del fiador, seguro de caución por un monto equivalente a un año de sueldos del personal, incluidas las cargas sociales.

En mi opinión, la norma establece tres formas de acreditación de la solvencia económica, de manera disyuntiva y no acumulativa, por lo que el cumplimiento de cualquiera de ellas es suficiente para tener este punto por cumplimentado.

g. Justificación del servicio educativo que se quiere implementar mediante:
- Manifestación de razones y motivos de la iniciativa.
- La nómina de establecimientos de igual tipo, oficiales y privados, de la zona.
- Estructura de la planta funcional, con determinación de cargos.

h. Plano del local escolar.

i. Justificación del derecho de uso del local escolar mediante título de propiedad, contrato de comodato o de locación por un plazo no inferior a los 3 años.

j. Inventario de muebles y material didáctico necesario para la enseñanza a impartir.

k. Presupuesto para un año de funcionamiento.

l. Designación del representante legal mediante escritura pública, salvo la Iglesia Católica.

Conjuntamente con este expediente se debe presentar otro con la propuesta pedagógica y el Proyecto Educativo Institucional del establecimiento que se pretende abrir.

Las experiencias educativas se rigen, de acuerdo a lo dispuesto por la disposición 351/94, por el decreto 5799/91.

4. Efectos de la autorización

Una vez presentado el expediente en tiempo y forma, el Servicio Provincial de Enseñanza Privada gira el mismo al Cuerpo Asesor, el que deberá emitir su opinión sobre la conveniencia o no de su aprobación, decisión que será suscripta por el Director del Servicio.

Es importante recordar que el trámite administrativo si bien establece una fecha límite a la presentación de los proyectos, (al 31 de julio de cada año) no lo hace para que el Estado conteste sobre el pedido, lo que en muchos casos trae inconvenientes en la planificación del proyecto educativo, ya que los peticionantes llegan a fin del ciclo lectivo sin saber si podrán abrir el establecimiento el ciclo lectivo siguiente.

A ello se suma la prohibición de hacer publicidad de su proyecto, como así también de producir una preinscripción de alumnos hasta tanto no se expida el Servicio, lo que debería ser subsanado con una contestación rápida y expeditiva en un plazo no mayor de 90 días de presentado el pedido a fin de que los particulares puedan poner en marcha adecuadamente el proyecto educativo.

4.1. Recepción favorable

La disposición que resuelva favorablemente la solicitud de autorización, otorgará:

- La autorización para el funcionamiento del establecimiento educativo, acordándole el número que corresponda en el Registro del SPEP.

- El reconocimiento de la enseñanza que imparta en las secciones y divisiones autorizadas y los certificados que se expidan en conformidad a las normas vigentes.

- La aprobación del personal propuesto por el propietario.

- El reconocimiento de la matriculación definitiva de los alumnos que concurran a los grados, secciones y divisiones autorizadas.

Como muchas veces esta autorización se produce a fin de año o a comienzos del ciclo lectivo, la misma se hace en forma condicional, exigiendo el Servicio Provincial a los peticionantes que días antes del inicio del ciclo lectivo notifiquen contar con la matrícula escolar básica para el funcionamiento (20 alumnos inscriptos por sección) acompañando nómina de alumnos inscriptos.

4.2. Recepción desfavorable

El efecto más importante es que en caso de denegación del pedido de autorización, no se convalidarán los estudios cursados en esos establecimientos, por lo que si el mismo abrió sus puertas y dictó clases sin autorización, y luego su pedido fue rechazado, debe cerrar y los alumnos no pueden pedir el reconocimiento de los estudios cursados.

Asimismo, el cierre del establecimiento ocasionará el despido del personal contratado al efecto, ya que no sería posible la continuidad del mismo en las condiciones de contratación.

Se configuraría una especie de "trabajo prohibido" contemplado por la LCT. Las consecuencias del contrato prohibido no son oponibles a los trabajadores, por lo que la extinción de la relación laboral por tal causa, no obsta a su derecho a cobrar salarios e indemnizaciones contra el establecimiento, que tiene responsabilidad absoluta, ilimitada y solidaria por aplicación del art. 13 de la ley 6.427.

Dicha norma dice que *"Las obligaciones contraídas por los propietarios con su personal o terceros no responsabiliza ni obliga en modo alguno al Estado",* por lo que se estableció como principio general la responsabilidad absoluta de los propietarios de los establecimientos por las obligaciones laborales o con cualquier otro tercero.

Estas situaciones se han planteado con regularidad en diferentes ciclos lectivos, con el consiguiente perjuicio para los alumnos que no ven reconocidos sus estudios, a pesar de haberlos cursado.

El motivo que aparece más claro es la excesiva morosidad en el tratamiento de las solicitudes por parte del Servicio Provincial de Enseñanza Privada, que en ocasiones ha dilatado las autorizaciones hasta un ciclo lectivo completo.

Para evitar los problemas señalados, sería una buena medida de la administración, el tratamiento expeditivo de las solicitudes, a fin de que se tengan los resultados antes de fin del año de la presentación, y también la publicación en los medios de la lista de los establecimientos autorizados para funcionar, como una forma eficaz de proteger la fe pública, como se está haciendo en la página web del SPEP.

Contra esta negativa, el peticionante puede interponer todos los recursos administrativos vigentes o incluso presentar un Recurso de Amparo si considera que la misma lo afecta en las condiciones exigidas por dicho remedio procesal.

No obstante lo dicho, tampoco existe impedimento para que la entidad propietaria que ha sido objeto del rechazo de su proyecto presente el mismo u otro en el ciclo lectivo siguiente, lo que sería en mi opinión, una decisión razonable y adecuada para la obtención del objetivo de apertura, porque el nuevo proyecto puede contener las correcciones necesarias para superar las objeciones planteadas por el Servicio y obtener de una manera legítima el reconocimiento legal a su servicio educativo.

5. Establecimientos incorporados

5.1. Naturaleza jurídica de la incorporación

La incorporación, a diferencia de la autorización, es un acto administrativo complejo que emana del Poder Ejecutivo (el Gobernador de la Provincia) mediante el cual el Estado otorga a los establecimientos incorporados que cumplan con los requisitos legales y reglamentarios, el beneficio del aporte estatal para el pago de las retribuciones del personal docente.

La incorporación es posterior a la autorización y no es automática, ni todos los establecimientos educativos la tienen per se, ya que supone un compromiso mayor del Estado en su funcionamiento. No es un derecho que adquieren los establecimientos autorizados por el mero transcurso del tiempo o por el cumplimiento de determinados requisitos, sino que es una facultad estatal discrecional y por ello es el Poder Ejecutivo y no el SPEP o el Ministerio de Educación, el que lo otorga.

La importancia de este acto administrativo radica en que la incorporación es una carga financiera futura y permanente para el Estado, la que debe ser incluida en el presupuesto general, lo que no ocurre con la mera autorización para funcionar, por ello su tratamiento es más complejo y exigente.

No obstante, resulta paradójico que la autorización, que es el acto administrativo de mayor relevancia jurídica para cualquier establecimiento, pueda ser concedida y retirada por la sola decisión de un funcionario de rango medio como lo es el Director Provincial de Enseñanza Privada, mientras que la incorporación, que carece de efectos pedagógicos y de cuya existencia no depende de ninguna manera el servicio educativo per se, requiera de la intervención del Poder Ejecutivo a través de un decreto.

Resulta evidente con ello la importancia que se le otorga dentro del sistema a las cuestiones educativas y a las económico-financieras.

5.2. Fundamentos del aporte estatal. Medidas de fomento educativo
5.2.1. La observancia del principio de libertad de enseñanza obliga al Estado a garantizar no solo la libre elección de los establecimientos educativos a los que concurrirán las familias, sino también proveer los medios necesarios para facilitar y favorecer a los particulares que emprendan proyectos educativos destinados a cubrir esa demanda.

El sostenimiento de los establecimientos educativos cada año resulta más oneroso, ya que se deben hacer inversiones en el edificio escolar, material didáctico, pago de sueldos y cargas sociales, pago de impuestos y demás servicios, etc.

Si no se contara con una asistencia financiera del Estado, año a año sería necesario un aumento en la cuota escolar que restringiría el acceso a la educación de gestión privada no ya a sectores humildes de la sociedad, sino también a grandes franjas de la clase media, por lo que la libertad de enseñanza quedaría restringida solamente a aquellas familias de mayor poder adquisitivo.

5.2.2. La incorporación es un beneficio que otorga el Estado a los fines de colaborar con aquellos establecimientos privados que no puedan hacerse cargo del pago de los sueldos del personal escolar.

No se trata de dádivas ni de prebendas. Ya en este sentido, el doctor Juan Cafferata presentó en el año 1925 en la Cámara de Diputados de la Nación el proyecto de Ley de Repartición Proporcional Escolar. Según su texto, se acordaría a las escuelas libres de enseñanza primaria *"un subsidio mensual a cargo del Estado"* siempre que cumplieran las condiciones de ajustarse a la enseñanza mínima establecida por la Ley 1.420 y contar con maestros con título expedido por escuelas normales reconocidas.

En los fundamentos del proyecto, Cafferata indicó que la libertad de enseñanza era una de las conquistas de la república que había permitido la participación conjunta de la iniciativa privada con el Estado en la *"obra de la educación común"*, señalando que en ese momento 100 mil niños de todo el país asistían a las *"escuelas libres"*. Decía también que estas escuelas se encontraban en graves dificultades para cumplir sus funciones sin contar con subsidios regulares que implicaran la *"distribución equitativa del presupuesto de instrucción pública entre la escuela oficial y la escuela privada"*, considerando que no se trata de un privilegio sino de un derecho común, de un beneficio para todas las familias, de justicia e igualdad para todos, ya que quienes sostienen las escuelas privadas pagan dos veces las cargas escolares. Esta repartición proporcional, señala Martínez Paz, tenía antecedentes importantes en Holanda, Inglaterra y Francia.

Fue en el año 1947 cuando la ley 13.047 estableció por primera vez la contribución del Estado a la educación de gestión privada. En esa época los establecimientos privados eran pocos y los sueldos docentes no se encontraban regulados, por lo que los docentes privados tenían diferencias con el salario de los docentes oficiales.

Cuando se sancionó la ley, se equipararon los sueldos de los docentes privados a los de los docentes oficiales, y a los fines de no producir un quebranto económico a los propietarios de colegios privados que no pudieran hacer frente a esa equiparación, se instauró el aporte, tal como luego se replicó en nuestra provincia en el año 1968 con la ley

6.427 y luego el sistema se transfirió a las provincias que aún no lo tenían por medio de la aplicación de la ley 24.049 de Transferencia de Servicios Educativos.

Desde su creación, el aporte estatal se orientó a los propietarios de los establecimientos, es decir a la "oferta" educativa y no a los alumnos o a los padres de éstos, la "demanda" con la expresa imputación para el pago de sueldos al personal, criterio que continúa en la actualidad.

5.2.3. En nuestro país no se ha aplicado la otra forma del aporte estatal, y es la que orienta el aporte del Estado a los padres de los alumnos, mediante exenciones impositivas o cheques escolares, como una forma de distribución equitativa de la carga pública.

Este sistema entiende que la persona que manda a sus hijos a una escuela privada, no utiliza el porcentaje de sus impuestos generales destinados a la educación, por lo que si no se le devolviera esa parte proporcional de esos impuestos no utilizados, se produciría una doble imposición al estar abonando las cuotas por la enseñanza en el orden privado.

Esta interpretación se utiliza con éxito por ejemplo en Holanda, Bélgica y Chile, donde existe el cheque escolar como una forma de mitigar el principio de neutralidad religiosa del Estado, pero nunca se aplicó en nuestro país, donde se orientó siempre el aporte estatal a los establecimientos y al pago de sueldos del personal escolar.

5.2.4. La LEN 26.206 en su art. 65 ratifica el derecho de los particulares a percibir el aporte estatal, cuando dice: *"La asignación de aportes financieros por parte del Estado destinados a los salarios docentes de los establecimientos de gestión privada reconocidos y autorizados por las autoridades jurisdiccionales competentes, estará basada en criterios objetivos de justicia social, teniendo en cuenta la función social que cumple en su zona de influencia, el tipo de establecimiento, el proyecto educativo o propuesta experimental y el arancel que se establezca".*

A su vez, el Acta Acuerdo De La Educación Pública De Gestión Privada - CONEP de fecha 01 de julio de 2013, aprobada por la Resolución 8/13 del CGEP establece pautas de ratificación del principio del aporte estatal, en el punto denominado "Financiamiento" cuando dice que *"La Ley de Educación Nacional consagra que la educación y el Conocimiento son un bien público y un derecho personal y social, garantizados por el Estado. Otorga la responsabilidad principal e indelegable de proveer educación al Estado Nacional, las Provincias y la CABA; y reconoce el derecho de los padres a elegir el tipo de educación para sus hijos conforme sus convicciones, como agente natural y primario (1).*

En tal sentido, prescribe que "el Estado Nacional, las Provincias y la Ciudad Autónoma de Buenos Aires reconocen, autorizan y supervisan el funcionamiento de instituciones educativas de gestión privada, confesionales o no confesionales, de gestión cooperativa y de gestión social" en plena armonía con el derecho de enseñar y aprender consagrados en nuestra Carta Magna (2). La planificación, organización, supervisión y financiación del Sistema Educativo es responsabilidad del Estado Nacional, las Provincias y la Ciudad Autónoma de Buenos Aires (3).

La transferencia de fondos al sector de la educación pública de gestión privada se realiza mediante la liquidación de aportes que tanto la Nación como las provincias destinan a atender el pago parcial o total de las retribuciones de los docentes curriculares que trabajan en establecimientos de gestión privada de todos los niveles alcanzados por la Ley de Educación Nacional. El aporte estatal así concebido es la asistencia financiera que hace el Estado y que tiene como fundamento substancial el de asegurar el derecho inalienable de los padres de elegir el tipo de educación para sus hijos y así poder llevar a la práctica el derecho constitucional de aprender y su correlativo de enseñar, evitando que el mismo sea meramente declarativo o solamente practicable por aquellos con mayores posibilidades económicas y así, asegurar una educación de calidad con igualdad de oportunidades y posibilidades, sin desequilibrios regionales ni inequidades sociales y garantizar una educación integral que desarrolle todas las dimensiones de la persona... (4).

El financiamiento de los institutos de educación de gestión privada, se conforma con los aportes estatales por parte de los gobiernos de las distintas jurisdicciones y los aranceles que afrontan las familias. En el caso de los aportes estatales, su asignación estará basada en criterios objetivos de justicia social, teniendo en cuenta la función social que cumple en su zona de influencia, el tipo de establecimiento, el proyecto educativo o propuesta experimental y el arancel que se establezca (5). De allí la importancia del sostenido aporte estatal como una de las herramientas que garantizan la inclusión educativa, la diversidad de proyectos educativos, la implementación de estrategias pedagógicas y la asignación de recursos que otorguen prioridad a los sectores más desfavorecidos de la sociedad, para así asegurar, el derecho y libertad de enseñar y aprender, asegurando la opción de los padres de elegir la escuela para sus hijos (6).

La educación es una prioridad nacional y se constituye en política de Estado para construir una sociedad justa, reafirmar la soberanía e identidad nacional, profundizar el ejercicio de la ciudadanía democrática, respetar los derechos humanos y libertades fundamentales y fortalecer el desarrollo económico-social de la Nación. (7) Por lo cual vemos en consonancia con ello la importancia y trascendencia de la sostenida inversión para la educación de manera justa y equitativa, tal como lo consagra la ley de financiamiento educativo.

En consonancia y armonía con lo mencionado las partes ratifican: la plena vigencia de la Resolución 199/99 del Consejo Federal de Educación (Acuerdo Marco para la Educación Pública de Gestión Privada) y comparten la voluntad de alentar la recomposición progresiva de los salarios de todos los docentes. La no obtención del aporte estatal o la demora en su percepción no exime al propietario de su obligación de pagar los sueldos, conforme a la ley, cualquiera sea el carácter del Instituto. Sin perjuicio de ello las partes trabajarán conjuntamente para atender los casos en que los aportes estatales destinados al pago de los salarios se vean restringidos o suspendidos por la autoridad de aplicación.

(1) Arts. 2, 4, 6, 128 inc. a) de Ley de Educación Nacional.

(2) Art. 13 de la Ley de Educación Nacional y art. 14 de la Constitución Nacional.

(3) Art. 12 de la Ley de Educación Nacional.

(4) Art. 11 de la Ley de Educación Nacional y art. 2, 13 y 18 del Pacto Internacional de Derechos Civiles y Políticos ONU (Ley 23.313; ratificación 8 de agosto de 1986).

(5) Art. 65 de la Ley de Educación Nacional.

(6) Art. 11 inc. e) de la Ley Nacional de Educación y art. 12 de la Convención Americana sobre Derechos Humanos Pacto de San José de Costa Rica (Ratificación 5 de Septiembre de 1984) y art. 14 de la Convención de los Derechos del Niño. ONU. (Ley 23.849). Art. 1 decreto 2542/91.

(7) Art. 3 de la Ley de Educación Nacional.

Estas manifestaciones fueron ratificadas en el Acta Acuerdo de la CONEP de fecha 16.12.13 en la cual se ratificó la estabilidad del aporte estatal para los establecimientos educativos que lo perciben, y se acordó que, para el caso de que alguna jurisdicción educativa decida disminuír o eliminar o limitar de manera arbitraria el derecho reconocido al aporte estatal por las instituciones, se emprenderán acciones conjuntas entre las entidades patronales y los gremios docentes ante las autoridades provinciales a los fines de obtener el restablecimiento del mismo como una forma de *"garantizar el derecho constitucional a la libertad de enseñanza y el derecho inalienable de los padres de elegir el tipo de educación para sus hijos"*.

5.2.5. Junto con esa orientación, en nuestra provincia se estableció también una relación directa entre los aranceles educativos y el monto del aporte, que sucintamente es la de *"a mayor aporte estatal, menor monto de aranceles"*, como una forma de igualar situaciones educativas distintas.

Lo que no se ha hecho todavía, es relacionar el aporte con el resto de los costos operativos de un establecimiento, que no se agotan solamente en los sueldos docentes.

Estos costos están dados, por ejemplo, por el alquiler del inmueble en el que funciona el establecimiento, los impuestos, tasas y contribuciones, la inversión en material escolar, la contratación de personal adicional fuera de planta pero que es necesario para lograr los fines técnico-pedagógicos del establecimiento, etc.

Tampoco se toma en cuenta las diferencias en la necesidad de recursos didácticos y edilicios por el tipo de enseñanza que imparten. Por ejemplo, un instituto de computación tiene grandes costos de hardware y software que no lo tiene un instituto con una carrera de marketing, ni tampoco un instituto que imparte enseñanza de educación física, que tiene otros gastos, como por ejemplo, contratar piletas, canchas de básquet, fútbol o voley y reponer los elementos para la práctica.

Este criterio rígido y puramente financiero, debe ser superado con el aporte de todos los actores sociales, que deben colaborar en la redacción de un nuevo sistema de aportes que exprese y reconozca esas diferencias y con ello beneficie a todos por igual.

5.2.6. Una última reflexión merecen aquellos que se oponen a que el estado efectúe aportes a los establecimientos educativos privados, sosteniendo que es dinero desperdiciado en privilegios mal concedidos. Nada más alejado de la realidad.

Los costos comprobados para el Estado por alumno que se educa en un establecimiento privado son casi un 40% inferiores a los costos por alumno en el sistema oficial.

Existen estudios que establecen que el costo por alumno en el sistema oficial es de U$S 72,50. –por alumno por mes, mientras que en el sistema privado es de U$S 39,50.–, diferencia que surge obviamente por la inversión racional que los establecimientos educativos hacen de sus recursos.

La rebaja o quita del aporte estatal a los establecimientos educativos privados que pretenden algunos sectores, traería aparejado el cierre de muchos de ellos, con el consiguiente problema de superpoblación escolar en los demás establecimientos privados y oficiales, para lo cual el sistema no está preparado, y la consiguiente pérdida de fuentes laborales de los docentes que deberán buscar trabajo en la gestión pública.

No es una solución razonable para el Estado el cierre de ningún establecimiento educativo privado, a menos que no le interese la desaparición de la educación, porque le costaría más abrir una escuela para absorber esa cantidad de alumnos, con la inversión que ello supone en construcción de aulas, contratación de personal, compra de material didáctico, gastos de mantenimiento, etc., que otorgar los aportes estatales, clara y racionalmente, para que el sistema funcione armónicamente.

Ya en 1878 la Comisión de Instrucción Pública designada por la Cámara de Diputados de la Nación, manifestaba que era necesario que el gobierno comience a ser aligerado de la inmensa carga que la educación pública le impone, y creía que para conseguirlo debería estimularse por todos los medios la iniciativa de los particulares, asociaciones, etc., para elevar el nivel intelectual del pueblo argentino (Ver Legón Faustino, T. 1, Ediar, Bs. As. 1959, pág. 622, nota 17, citado por Jorge H. Sarmiento García en *Ley Federal de Educación*, Edit. Depalma, págs. 1 a 34).

Este principio tiene protección constitucional ya que surge del art. 14 bis de nuestra Constitución, que ha dispuesto que *"la ley asegurará... la protección integral de la familia... y la compensación económica familiar con lo que se ha reforzado la garantía de aprender.*

Sólo con establecimientos educativos de gestión privada con aranceles accesibles para la mayor parte de la sociedad podrían cumplirse con los preceptos de la Declaración Universal de los Derechos del Hombre *"elegir el tipo de educación más conveniente para sus hijos"* u *"optar por una educación religiosa"* del Pacto de San José de Costa Rica o incluso, como dice la Convención de los Derechos del Niño, *"escoger el colegio que más le agradase como consecuencia de la libertad de los particulares y de las entidades para establecer y dirigir instituciones de enseñanza"*.

5.3. Características del aporte estatal a los establecimientos educativos de gestión privada

El aporte establecido por las normas vigentes en nuestra provincia, es una suma de dinero mensual destinada al pago exclusivo de los sueldos del personal y, de acuerdo a la categoría del establecimiento, puede ser del 40% hasta el 100% del total de los sueldos del personal incorporado durante 10 meses del año, según la situación económica de los establecimientos, y en casos especiales durante los demás meses.

Es necesario aclarar que el sueldo del personal no incorporado, es decir, aquel personal que excede la planta funcional incorporada, pero que es necesario para el funcionamiento del establecimiento, no se toma en cuenta para el cálculo del aporte.

Tampoco se toman en cuenta, como se ha dicho anteriormente, los gastos de inversión en material didáctico, mantenimiento, muebles y útiles, alquiler, impuestos, y todos los gastos que supone una escuela.

Los mismos se afrontan con el cobro de los aranceles mensuales y con otros ingresos que pueda tener el establecimiento.

Según un estudio divulgado por la Conferencia Episcopal Argentina en el año 2005, podría mensurarse el efecto del aporte estatal sobre los costos totales de los establecimientos educativos de la siguiente manera:

Si el establecimiento educativo recibe:

40 % de aporte estatal, cubre el 14,50 % de los costos totales.
60 % de aporte estatal, cubre el 23,65 % de los costos totales.
80 % de aporte estatal, cubre el 32,75 % de los costos totales.
100 % de aporte estatal, cubre el 41,40 % de los costos totales.

Podemos ver que, aun cuando se habla de establecimientos educativos con el "100% de aporte", en realidad dicho aporte sólo alcanza a cubrir como máximo el 41,40 % del costo educativo total, el resto del cual debe ser cubierto con las cuotas que se perciben y con otros ingresos que pueda obtener el establecimiento.

Sin embargo, aún con sus falencias y limitaciones, este sistema es muy conveniente para todos:

- Para las familias, porque les permite acceder al tipo de educación que ellos elijan, de acuerdo a sus propias convicciones, a un costo razonable.

- Para el Estado, porque le resulta mucho menos oneroso abonar un porcentaje de sueldos docentes, que mantener la estructura edilicia y salarial de todo un establecimiento educativo. Según el mismo estudio, educar un alumno en la escuela estatal le cuesta al Estado, en promedio, 4 veces más de lo que aporta en la enseñanza privada, porque los padres de los alumnos aportan con sus cuotas el resto del dinero necesario. Pero puede apreciarse también que el costo total por alumno (sumando aportes del estado y de los padres) representa menos de la mitad en la gestión privada que en la estatal.

Por lo tanto, en términos de inversión, el aporte estatal por alumno, sumado a las cuotas de los padres, en la educación de gestión privada tiene el doble de eficacia que la misma suma invertida en un alumno de gestión oficial.

5.4. Requisitos para su percepción. Reglamentación vigente en la provincia de Santa Fe

Los establecimientos deberán demostrar fehacientemente que no pueden abonar a su personal escolar las retribuciones fijadas en el orden oficial.

Una vez percibido el beneficio, deberán probar anualmente tal estado ante el SPEP. En el caso de haber variado su situación, puede elevarse o disminuirse el monto del aporte.

Hay que dejar en claro que el aporte no es una obligación para el Estado, sino que se otorga si se han cumplido los requisitos y si tiene los fondos para ello, por lo que no es posible para los establecimientos que cumplieron los requisitos, intimar al Estado para que le otorgue el aporte, ya que tanto su otorgamiento, cuanto su mantenimiento, conlleva un compromiso financiero que debe ser cubierto, justificado, aceptado y consentido por la autoridad de aplicación.

Tampoco aquellos establecimientos que gozan del beneficio de la incorporación pueden considerar al mismo como un derecho adquirido, ya que si han cambiado las condiciones desde el momento de su otorgamiento, el Estado tiene todo el derecho de disminuir o eliminar el aporte, decisión que deberá ser efectuada después de un trámite administrativo serio y completo que respete los derechos de los administrados a probar la situación económica del establecimiento.

Se han dado casos de quite de aporte estatal sin causa, o con causas que no eran suficientes, a pesar de que los establecimientos demostraron haber cumplido con sus obligaciones.

Esta actitud solamente lleva al cierre de tales establecimientos educativos que han construido su ecuación económico-financiera tomando en cuenta la existencia del aporte estatal.

5.5. Requisitos generales

La ley 6.427 y su decreto reglamentario determinan que el establecimiento debe contar con por lo menos 1 año de funcionamiento desde la fecha de la autorización y debe contar además con un informe favorable de la inspección (a cargo de los Supervisores del nivel que se trate el pedido), teniendo en cuenta la necesidad de nuevos establecimientos en la zona.

5.6. Requisitos particulares

El decreto 1639/94 establece el *"Sistema de Ponderaciones para la fijación de prioridades para la incorporación de establecimientos privados"* que regula las solicitudes de nuevas incorporaciones de establecimientos privados.

Toma en cuenta dos parámetros, las características del establecimiento y las de los alumnos que concurren al mismo.

5.6.1. Del establecimiento

1- Zona donde se ubica el establecimiento:

1.1- Barrio Marginal: también llamado periférico, que normalmente cuenta con asentamientos humanos en el cordón de las ciudades, integrado por familias o personas que por razones económicas se instalan y construyen sus viviendas en forma precaria. Centros de condición social de regular a deficiente, que no cuentan con escuelas oficiales cercanas ni posibilidad de trasladarse con medios de transporte y en los que la escuela privada puede llegar a ser paliativo de carencias de conocimientos, socialización y cultura.

1.2- Área Suburbana: límite inmediato a los barrios correctamente dimensionados de una ciudad con menor densidad de edificios. De condición social "de buena a regular". Zonas donde el crecimiento demográfico desborda lo existente y previsto por el orden oficial y la creación de escuelas privadas con sus ofertas educativas pasa a complementar la tarea del Gobierno en la atención a los más necesitados y a los únicos que se pueden privilegiar: los niños.

1.3- Área Rural: zona alejada de los centros poblados (más de 5 km); poblada con familias que se dedican a tareas agrícolas-ganaderas y que viven a una distancia promedio de 1 km entre sí.

2- Existencia en el radio de otros establecimientos con iguales características:

- Oficial de otro nivel. Privado de otro nivel. Privado que brinda otra terminalidad.

3- Fecha de autorización del establecimiento:

3.1- Se ponderará la mayor antigüedad existente en la autorización otorgada, una vez satisfecho el recaudo legal prescripto por el art. 10 de la ley 6.427.

4- Nivel que atiende: pre-primario, primario, especial.

5- Ingresos de la institución: cuota voluntaria, gratuito.

Lo dispuesto por ambos incisos lo es sin perjuicio de los parámetros establecidos en el art. 16 de la ley 6.427, en cuanto a la gratuidad de la enseñanza y su incidencia en el porcentaje admitido de subvención estatal susceptible de otorgamiento.

6- Edificio: alquilado o en comodato.

7- Otros servicios que brinda: servicio médico asistencial, comedor escolar, copa de leche.

8- Si posee posibilidad de inserción laboral en la región de los títulos que expide.

5.6.2. De los alumnos

9- Zona de procedencia de los alumnos: barrio marginal, área suburbana, área rural

10- Evolución de la matrícula total: en crecimiento

11- Evolución de la matrícula en 1er grado: en crecimiento

12- Porcentaje de alumnos becados: mayor al 20%

Asimismo establece que el Ministerio de Educación, previa intervención del SPEP, y a los fines de mejor resolver por parte del Poder Ejecutivo, será la autoridad encargada de interpretar y aclarar los aspectos relacionados con el sistema de ponderaciones establecido, el que se aplicará considerando los factores enunciados como concurrentes y prevaleciendo uno sobre otro de acuerdo al orden numérico impuesto.

6. Cierre del establecimiento educativo

Puede ocurrir que en el transcurso de la gestión educativa la institución se encuentre con impedimentos imposibles de superar y deba cerrar un turno, un nivel o una carrera.

El cierre es una medida extrema, cuando se agotan todas las instancias administrativas y financieras y tiene formalidades y consecuencias para los propietarios, tanto como si el cierre fue dispuesto por la Administración, cuanto como si fue dispuesto voluntariamente.

6.1. Obligaciones con respecto a los alumnos

La obligación principal del establecimiento con sus alumnos es la de certificar los estudios efectuados hasta el momento del cierre a fin de no perjudicar el proceso de aprendizaje del mismo.

La disposición 884/10 permite al Director del SPEP la emisión de los títulos correspondientes a alumnos que cursaron en establecimientos que se encuentran cerrados. Para ello el interesado deberá completar el Formulario para solicitud de *"Extensión de Títulos y Certificados de Estudio Escuelas Cerradas de Gestión Privada"*, disponible en el Portal de la Provincia, y remitirlo a la siguiente dirección de e-mail: titulos_escerradas@santafe.gov.ar.

La supervisión evaluará la procedencia de acuerdo al Libro Matriz, Libro de promociones y Libros de Acta de Exámenes y si corresponde se lo enviará por correo postal.

6.2. Obligaciones con respecto al Estado

La institución educativa puede notificar el cierre por propia decisión o aceptar el cierre dispuesto por el Estado como consecuencia de una actividad en violación de la normativa vigente.

Deberá entregar a la Supervisión correspondiente toda la documentación oficial que certifique su actividad educativa (Libro matriz, Libro de Promociones, Libro de Actas de Exámenes, Libro de Inasistencias, Legajos de alumnos, Legajos de docentes, etc.).

6.3. Obligaciones con respecto a los docentes

Es obligación del establecimiento abonar las indemnizaciones de ley, los salarios y SAC devengados y los aportes previsionales y sociales.

También se debe certificar al personal el tiempo trabajado, como una consecuencia de la obligación del art. 80 de la LCT Si el propio establecimiento no emite las correspondientes certificaciones de servicio, el SPEP puede emitir el mismo, por medio de la solicitud de *"Extensión de Certificaciones de Servicios Escuelas Cerradas de Gestión Privada"*, formulario que deberá enviarse a la siguiente dirección de correo electrónico: constancias_escerradas@santafe.gov.ar y el Departamento Despacho enviará por correo postal la Constancia solicitada.

Capítulo III

Beneficios impositivos para la educación

1. Principios generales

Los establecimientos educativos son generalmente considerados de manera diferencial por el poder público en lo que hace al cobro de impuestos, tasas y contribuciones, aunque hay casos en que ello depende del tipo de patronal de que se trate. Por ejemplo, si se trata de una fundación, o asociación sin fines de lucro, la propia naturaleza de la entidad patronal hace efectivos los beneficios impositivos en razón de la inexistencia de fin de lucro, más allá de que el objeto de su actividad sea la gestión de un establecimiento educativo.

En cambio, si se trata de sociedades civiles o sociedades comerciales, al ser uno de sus objetivos el obtener una ganancia, los requisitos para obtener las exenciones y/o beneficios impositivos dependerán de la naturaleza del servicio educativo, el lugar del asentamiento y/o la posibilidad de contacto con empresas que puedan hacerlas destinatarias de su crédito fiscal. En estos casos hay que hacer la gestión tomando en cuenta la actividad que se efectúa como establecimiento y no el tipo de entidad propietaria.

Esta situación está en proceso de cambio, con tendencia a limitar las exenciones, más que a extenderlas.

Con esa salvedad, es posible efectuar una breve reseña de las exenciones y beneficios existentes para establecimientos educativos:

2. Jurisdicción nacional

2.1. Impuesto al Valor Agregado (IVA)

El art. 3 de la ley 23.349 no incluye al servicio educativo en la categoría de hechos imponibles, y el art. 7 inc.h.3 dispone que estarán exentos del pago de este impuesto a los servicios prestados por establecimientos educacionales privados incorporados a los planes de enseñanza oficial y reconocidos como tales por las respectivas jurisdicciones, referidos a la enseñanza en todos los niveles y grados contemplados en dichos planes, y de postgrado para egresados de los niveles secundario, terciario o universitario, así como a los de alojamiento y transporte accesorios a los anteriores, prestados directamente por dichos establecimientos con medios propios o ajenos.

La exención dispuesta en este punto, también comprende: a) a las clases dadas a título particular sobre materias incluidas en los referidos planes de enseñanza oficial y cuyo desarrollo responda a los mismos, impartidas fuera de los establecimientos educacionales aludidos en el párrafo anterior y con independencia de éstos y, b) a las guarderías y jardines materno-infantiles.

También están exentos los servicios de enseñanza prestados a discapacitados por establecimientos privados reconocidos por las respectivas jurisdicciones a efectos del ejercicio de dicha actividad, así como los de alojamiento y transporte accesorios a los anteriores prestados directamente por los mismos, con medios propios o ajenos, y los servicios relativos al culto o que tengan por objeto el fomento del mismo, prestados por instituciones religiosas comprendidas en el inciso e) del art. 20 de la Ley de Impuesto a las Ganancias.

2.2. Impuesto a las ganancias

La exención se aplica a aquellas entidades sin fines de lucro, es decir los establecimientos que obtengan ganancias pero que destinen las mismas a los fines de su creación y en ningún caso se distribuyan, directa o indirectamente, entre los socios (art. 20 inc. f ley 20.628 de Impuesto a las Ganancias).

Por medio de la R.G. 2681/09, la AFIP ha establecido como requisito para obtener este beneficio, la emisión de un *"Certificado de Exención en el Impuesto a las Ganancias"* que implicará el reconocimiento por parte del fisco de las exenciones incluidas en la norma.

Cabe hacer notar que el nuevo régimen introduce mayores requisitos para solicitar el reconocimiento y mantenimiento de la exención, como por ejemplo, el cumplimiento estricto de los deberes formales de presentación de declaraciones juradas impositivas y previsionales que correspondan en cada caso, bajo la amenaza de rechazar, denegar la emisión del Certificado o disponer la caducidad del mismo. Dichos controles serán "sistémicos", es decir, en forma automática sobre la base de datos que dispone la AFIP.

La consulta de la vigencia del Certificado de exención es de vital importancia para los terceros intervinientes, en especial los agentes de retención y percepción de impuestos, dada la responsabilidad (y sanciones pertinentes) que pudiera caberles por brindar un tratamiento exentivo a un sujeto que no revistiera como tal según las constancias del sitio web de la AFIP; estando obligados los mismos a informar tales situaciones.

2.3. Crédito fiscal del INET (Instituto Nacional de Educación Tecnológica)

El Crédito Fiscal es un instrumento destinado a financiar proyectos de capacitación en recursos humanos y adquisición de equipamiento para establecimientos educativos, a través de proyectos que vinculen educación y trabajo.

Las instituciones educativas deberán elaborar un proyecto patrocinado por una empresa acorde a las pautas establecidas en la reglamentación vigente, y presentarlo al Programa de Crédito Fiscal del INET, donde será evaluado formal y técnicamente por especialistas quienes otorgarán una calificación a cada presentación evaluada. En función del resultado obtenido, el INET aprobará el financiamiento de los proyectos mejor posicionados, procurando una distribución federal equitativa del cupo a ejecutar, mediante la asignación de un monto mínimo a cada jurisdicción.

Dicha aprobación se formalizará mediante una resolución, la cual habilitará el comienzo de la ejecución del proyecto. Una vez realizado, en su totalidad o por etapas, se efectuará la rendición del mismo, la que una vez verificada dará lugar a la emisión de un certificado de Crédito Fiscal.

El certificado que se emite a nombre de la empresa patrocinante del proyecto es entregado a la AFIP cancelando, por el monto del mismo, cualquier tributo cuya aplicación, percepción y fiscalización se encuentre a cargo de la AFIP (IVA, ganancias, etc.). Los certificados son endosables y están exentos de impuestos nacionales que ya existan o a crearse.

Los proyectos pueden ser presentados por establecimientos del sistema educativo, de gestión pública o privada, educación media, técnica y agrotécnica, educación de adultos, formación profesional y/o equivalentes, reconocidos por la autoridad educativa competente, y tecnicaturas de nivel superior no universitario comprendidas en el capítulo V, arts. 18 y 20, de la ley 24.521 de Educación Superior.

Pueden participar establecimientos del sistema educativo, empresas, ONGs, sindicatos, asociaciones empresarias, centros de formación profesional, universidades, entre otros. Según el caso podrán participar como beneficiarias de la capacitación, patrocinantes del proyecto o bien como entidades capacitadoras.

Las MiPyMEs podrán patrocinar proyectos hasta el ocho por ciento y las grandes empresas hasta el ocho por mil, de su masa salarial anual.

2.4. Impuesto al cheque

Las instituciones religiosas están exentas de tributar este impuesto, según el inciso v) del art. 10 del anexo del decreto 380/01 y sus modificatorios de la ley 25.413.

Las parroquias, colegios y entes dependientes, para el goce de la exención, deben solicitar al Arzobispado la documentación correspondiente.

Los Arzobispados están comprendidos en el art. 20 inc. e) de la Ley de Impuesto a las Ganancias; por lo tanto, ellos y todas sus unidades dependientes están exentos del Impuesto a los Débitos y Créditos en cuenta corriente bancaria.

Para acreditar la exención, se debe cumplimentar lo dispuesto en la resolución general de la AFIP 2111/06, art. 34, inc. c) modificada por resolución general de la AFIP 2622/09, del 8 de junio de 2009.

3. Jurisdicción provincial

3.1. Impuesto inmobiliario

El art. 101 inc. c) del Código Fiscal de la provincia exime del pago de este impuesto a los inmuebles de propiedad de colegios o escuelas que presten servicios absolutamente gratuitos y destinados al público en general. En cuanto a aquellos que no sean absolutamente gratuitos, gozarán de eximición aquellos que otorguen un mínimo de 25% de becas a su alumnado.

La eximición se otorgará a pedido de parte en cualquier tiempo y subsistirán mientras que las condiciones que le dieron origen no varíen y la norma impositiva no sufra modificaciones.

3.2. Impuesto de sellos

Por todos los actos, contratos y operaciones de carácter oneroso que se realicen en territorio de la provincia, se pagará este impuesto.

El Código Fiscal establece la exención del Impuesto de Sellos en los siguientes casos:
- Asociaciones Cooperadoras (art. 182 inc. 3)
- Instituciones Religiosas (art. 182 inc. 4)
- Instituciones de Educación e Instrucción, Científicas, Artísticas, Culturales y Deportivas (art. 182 inc. 6)
- Asociaciones Cooperadoras (art. 182 inc. 3)

3.3. Impuesto a los ingresos brutos

El Código Fiscal, en su art. 139 inc. j) establece que están exentos los establecimientos educacionales privados, incorporados a los planes de enseñanza oficial y reconocidos como tales por las respectivas jurisdicciones.

3.4. Empresa Provincial de Energía

No hay exención total, sino que las entidades de bien público o establecimientos educativos pueden solicitar su inclusión en la tarifa de grandes contribuyentes.

3.5. Aguas de Santa Fe

De acuerdo al decreto 644/82 y resolución 777/82 hay exención del pago de este servicio para los inmuebles pertenecientes a establecimientos educativos privados, con estos requisitos:
- Acreditación del dominio mediante presentación del título de propiedad.
- Certificado de inscripción en los registros de la Dirección Provincial de Enseñanza Privada.
- Presentación de la declaración jurada respecto al compromiso de comunicar cualquier circunstancia que haga variar la ocupación o dominio del inmueble.

3.6. Ley 5110
Hay exención para el pago de aportes patronales sobre el personal incorporado.

4. Jurisdicción municipal

4.1. Derecho de registro e inspección
Es el servicio que brinda la Municipalidad tendiente a: registrar y controlar las actividades comerciales, industriales, científicas, de investigación y toda actividad lucrativa, preservar la salubridad, seguridad e higiene, fiscalizar la fidelidad de pesas y medidas, inspeccionar y controlar las instalaciones eléctricas, motores, máquinas en general y generadores a vapor y eléctricos y supervisar vidrieras y publicidad propia.

Este derecho se determinará sobre el total de Ingresos Brutos devengados en la jurisdicción del Municipio.

El Código Fiscal de la Municipalidad de Rosario, considera exentos a los establecimientos educativos incorporados a la enseñanza oficial.

Se ha planteado un problema de interpretación con este artículo, ya que la Dirección de Finanzas de la Municipalidad entiende que la exención solamente se las daría a los establecimientos incorporados y no a los autorizados, lo que, obviamente, es erróneo, ya que la "*incorporación a los planes oficiales*" se refiere al reconocimiento de sus planes de estudio, esto es, a la autorización, y no a los que perciben además el aporte estatal, los incorporados.

Es necesario aclarar también que en el Código Fiscal de la Provincia de Santa Fe, se exime del impuesto inmobiliario e Ingresos Brutos con el mismo texto con que está redactado el Código Fiscal Municipal.

Otro argumento a favor de la exención es el hecho de que esta Tasa está relacionada para su pago con la determinación del monto de los Ingresos Brutos, impuesto del cual los establecimientos privados están exentos, por lo cual resultaría materialmente imposible efectuar el cálculo del monto del impuesto a abonar.

4.2. Tasa general de inmuebles
El Código Tributario Municipal, creado por la ley 8173, establece en su art. 68 que ésta consiste en la contraprestación pecuniaria que

anualmente debe efectuarse al Municipio por la prestación de los servicios de asistencia pública, alumbrado, barrido, riego, recolección de residuos, arreglo de calles y caminos rurales y conservación de plazas, paseos, red vial municipal, desagües, alcantarillas, realización y conservación de las obras públicas necesarias para la prestación de servicios municipales y los restantes servicios prestados.

El art. 75 declara exentos a los establecimientos privados de enseñanza gratuita, por los inmuebles que se destinen a tal fin.

Para aquellos establecimientos que no brindan servicios gratuitos, es factible la exención si se prueba que se otorga un 10% de la matrícula como beca.

4.3. Donaciones

El art. 81, inciso c) de la Ley del Impuesto a las Ganancias, establece la posibilidad de deducir del pago del mismo donaciones efectuadas a los siguientes beneficiarios:

- Instituciones religiosa reconocidas como exentas por la AFIP según lo dispuesto en el art. 20, inc. e) de la Ley de Ganancias.

- Asociaciones, fundaciones y entidades civiles reconocidas como exentas por la AFIP según lo dispuesto en el art. 20, inc. f) de la ley 20.628 de Impuesto a las Ganancias, cuyo objeto principal sea:

La actividad educativa sistemática y de grado para el otorgamiento de títulos reconocidos oficialmente por el Ministerio de Cultura y Educación, como asimismo la promoción de valores culturales, mediante el auspicio, subvención, dictado o mantenimiento de cursos gratuitos prestados en establecimientos educacionales públicos o privados reconocidos por los Ministerios de Educación o similares, de las respectivas jurisdicciones.

Las donaciones a deducir en la determinación del resultado impositivo del período fiscal no pueden superar el límite máximo del 5% de la ganancia neta del ejercicio de cada uno de los donantes. En el caso que las donaciones efectuadas superen el tope mencionado en el párrafo anterior, el excedente no computable no podrá deducirse en los próximos ejercicios.

4.3.1. Requisitos formales para la deducción

A través de la resolución general 2681/09 de la AFIP, se establecen los requisitos formales que deben cumplir las donaciones en dinero y en especie, a efectos de admitir su deducción impositiva.

5. Ley de Padrinazgo Escolar en la provincia de Santa Fe

La ley 8225 y sus modificatorias han establecido el sistema de Padrinazgo Escolar en la provincia de Santa Fe.

El Padrinazgo Escolar implica el deber de contribuir al desenvolvimiento de la labor educativa con aportes para el mantenimiento de la infraestructura escolar, material didáctico y bibliográfico, otorgamiento de becas o toda contribución de tipo económico, que guarden razonable proporcionalidad con las necesidades del establecimiento apadrinado sin perjuicio de la responsabilidad que le cabe al Estado Provincial en la atención de dichas necesidades.

Será concedido a personas físicas o jurídicas por un período de cinco (5) años, pudiendo renovarse a criterio del Ministerio de Educación y Cultura, siempre que no medie oposición de la parte interesada. Cuando razones graves y debidamente fundadas así lo justifiquen el organismo oficial podrá cancelar el reconocimiento otorgado antes del período establecido, sin derecho a ningún tipo de interpelación por parte del padrino involucrado.

Las personas a las que se les conceda el "Padrinazgo Escolar" tienen derecho a deducir de la base imponible del Impuesto a los Ingresos Brutos o el que sustituya al mismo, un monto equivalente al del valor de las contribuciones efectivamente realizadas.

La Administración Provincial de Impuestos emitirá un Certificado de Crédito Fiscal, con carácter de intransferible que podrá afectarse al Impuesto sobre los Ingresos Brutos o al que en el futuro lo sustituya.

Los contribuyentes deducirán dicho crédito, a partir de la recepción del certificado, de las Declaraciones Juradas mensuales devengadas hasta el 31 de diciembre del año por el cual se le extendió el mismo, en un monto que no podrá superar el 20% del tributo determinado. El excedente no se podrá trasladar a períodos fiscales posteriores.

Igual tratamiento aplicarán los contribuyentes del Convenio Multilateral, pero en la parte correspondiente a la Jurisdicción de la Provincia de Santa Fe.

Para poder tramitar este Certificado, previamente la empresa y la institución educativa deberán tramitar ante el Ministerio de Educación el reconocimiento de la condición de padrino escolar, lo que se hará por una Resolución en la cual además de su reconocimiento, se establecerá el monto hasta el cual se la autorizó como cupo fiscal anual.

Capítulo IV

Relación familia y escuela

1. Principios generales

El Estado regula los diversos aspectos de trascendencia pública de la familia en base a las normas del llamado Derecho de Familia.

Puede definirse el Derecho de Familia como el complejo de normas jurídicas que regulan las relaciones personales y patrimoniales de los pertenecientes a la familia entre sí y respecto a los terceros. Por tanto, será objeto del Derecho de Familia todo lo relativo a relaciones familiares, alimentos, matrimonio, régimen económico matrimonial, filiación, relaciones paterno filiales, e instituciones tutelares.

El art. 265 del CC establece como obligación básica de los padres la crianza, alimentación y educación de sus hijos conforme a su condición y fortuna.

Asimismo, la ley 26.618 ha introducido en nuestro sistema jurídico la posibilidad de matrimonio homosexual al hacer sexualmente neutras todas las disposiciones referentes a los contrayentes, permitiendo así la unión conyugal de dos personas sea cual fuere el sexo de una y de otra, lo que, juntamente con la ley 26.579 de nueva mayoría de edad, establecieron un giro copernicano en las relaciones familiares y las de los terceros que se vinculan con ellas, siendo de capital importancia tener en cuenta estos cambios para evaluar correctamente los derechos y deberes paterno filiales con relación a los establecimientos educativos.

2. Patria potestad

2.1. Concepto

Se denomina patria potestad al conjunto de derechos y deberes que corresponde a los padres sobre las personas y bienes de sus hijos, los que se confieren no sólo atendiendo a sus intereses paternales, sino considerando prioritariamente los del menor. Se inicia con el nacimiento o adopción del menor y cesa el día en el que el mismo cumple los 18 años de edad, de acuerdo a lo determinado por la ley 26.579.

2.2. Ejercicio indistinto

El régimen de Patria Potestad argentino tiene como fin que no sea uno solo sino ambos padres los que tomen las decisiones atinentes a la vida y al patrimonio de sus hijos.

Por ello otorga la titularidad al padre y a la madre, correspondiendo su ejercicio en el caso de los hijos matrimoniales, al padre y a la madre de manera conjunta en tanto no estén separados o divorciados o su matrimonio fuese anulado.

En estos casos regirá una presunción de que los actos realizados por uno de ellos cuenta con el consentimiento del otro, salvo en los supuestos expresamente previstos por el Código Civil.

2.3. Ejercicio por uno de los padres

Cuando los padres no conviven, la patria potestad se concentra en el progenitor con quien convive el menor, sin perjuicio del derecho del otro de tener adecuada comunicación con el hijo y de supervisar su educación. La presunción legal de consentimiento de un padre respecto de los actos que el otro realiza cede cuando mediare expresa oposición.

Este desmembramiento da origen al derecho de visitas, que surge como contrapartida al derecho de guarda del progenitor que convive con el niño. El derecho de visitas comprende la adecuada comunicación y la supervisión de la formación integral del niño, como lo es su asistencia a establecimientos educativos.

En caso de que reiteradamente existan desacuerdos entre los padres, el juez puede, o bien concentrar en uno de ellos el ejercicio de la patria potestad, si advierte que es el otro el que constantemente causa los desacuerdos, o distribuir las facultades entre ambos progenitores, teniendo en cuenta las características y mayores aptitudes de cada uno.

Para que la institución educativa tenga conocimiento de tal situación debe solicitar a los padres copia certificada de las actuaciones judiciales que indiquen los derechos de cada uno de ellos. Para el caso de que uno de los padres padezca de incapacidad o haya sido privado o suspendido en el ejercicio de la patria potestad, las facultades se concentran íntegramente en el cónyuge no afectado. Si esto sucede con ambos padres, al menor se le nombrará un tutor.

2.4. Responsabilidad por los hechos ilícitos de los hijos

Ambos padres son solidariamente responsables de los daños que causan sus hijos menores que habiten con ellos y sean menores de 18 años. Si los daños los causan menores de 10 años, la responsabilidad será directa y exclusiva de los padres. Si el menor tiene más de 10 años, éste también responderá personalmente y con sus bienes ante el tercero damnificado, y la responsabilidad de los padres es sólo indirecta o refleja, por lo cual podrán reclamar en contra del menor, si es que tiene patrimonio, resarcimiento por lo que tuvieron que pagar al tercero.

Si el hijo habita sólo con el progenitor que ejerce su tenencia, éste es el único responsable ante terceros, salvo que al producirse el evento dañoso el hijo estuviere al cuidado del otro progenitor.

Conforme a las normas del Código Civil, la responsabilidad de los padres queda desplazada por quienes se hallan al frente de un establecimiento de cualquier clase (clubes, sociedades de fomento, grupos parroquiales y religiosos, etc., art. 1115 CC) y al frente de un establecimiento educativo (art. 1117 CC), por lo que el deber de vigilancia permanente estará a cargo de quien detenta la autoridad en ellos,

Se exime de responsabilidad a los padres cuando prueban que les ha sido imposible impedir el hecho de su hijo. Esta imposibilidad no resultará de la mera circunstancia de haber sucedido el hecho fuera de su presencia, si apareciese que ellos no habían tenido una vigilancia activa sobre sus hijos.

3. utela

Es una institución destinada al cuidado y dirección de los menores de edad que no están sujetos a patria potestad, sea porque ambos padres han muerto, porque los menores son de filiación desconocida o porque aquellos han sido privados de la patria potestad.

La tutela es el derecho que la ley confiere para gobernar la persona y bienes del menor de edad, que no está sujeto a la patria potestad, y para representarlo en todos los actos de la vida civil. El tutor es el representante legítimo del menor y debe darle protección y cuidado y, administrar y cuidar sus bienes.

La tutela es una función supletoria, unipersonal, que no pasa a los herederos, y del cual nadie puede excusarse sin causa suficiente, debe ser ejercida personalmente y bajo control del juez y el patronato de menores.

La institución educativa para reconocer a un tutor debe exigir la documentación oficial que avale su nombramiento.

4. Curatela

La curatela es la representación legal que se da a los mayores de edad que son incapaces por demencia, por ser sordomudos que no saben darse a entender por escrito, o por ser condenados a pena privativa de la libertad por más de tres (3) años, a las personas por nacer en caso de incapacidad de los padres, y también es la función de asistencia de los inhabilitados y la administración de ciertos bienes abandonados o vacantes.

Los declarados incapaces son considerados como los menores de edad, de manera que se les aplican las leyes de la tutela.

Al igual que con la tutela, es necesario contar con la documentación oficial que avale la curatela para reconocer al curador como tal.

5. La guarda educativa

5.1. Concepto

Cuando los padres dejan a sus hijos en la institución educativa se produce una delegación o transferencia transitoria de la guarda sobre el menor, denominada "guarda educativa".

Esta guarda educativa no produce en modo alguno la privación del ejercicio de la patria potestad efectiva por parte de sus progenitores, sólo se produce una limitación a sus facultades de vigilancia activa y una transferencia transitoria del derecho de prestar educación al menor.

A los fines de evaluar correctamente las situaciones familiares, los establecimientos educativos para hacerse cargo debidamente de la guarda educativa, deben constatar:

- Si ambos padres están casados, porque en ese supuesto la autorización que un padre brinde respecto de su hijo la ley presume que es aceptada por el otro cónyuge.

- Si los padres están divorciados o separados de hecho y existe atribución judicial o extrajudicial de la tenencia, debe autorizar al menor el progenitor que detenta la tenencia.

- Si los padres están separados y no es posible contactarse con el otro progenitor, es suficiente la autorización de quien detenta la tenencia de hecho si ha efectuado el reconocimiento de la misma por información sumaria.

- Si uno de los padres es incapaz o está privado de la patria potestad, la responsabilidad se concentra en el otro progenitor.

- Si uno o ambos padres son menores de edad, no detentan el ejercicio de la patria potestad, por lo que para brindar autorizaciones o inscribir a los niños, hay distintas soluciones:

a) Si los menores no conviven debe brindarla el abuelo con quien convivan la menor y el niño (art. 264 bis CC).

b) Si los menores conviven entre si el Juez debe designar alguno de los cuatro abuelos como tutor (art. 390 CC).

- Suele ser común acuerdos de tenencia o ejercicio de la tenencia compartida; en estos supuestos se entiende que las decisiones de importancia respecto de los hijos deben aceptarlas ambos progenitores en conjunto.

Es importante que el establecimiento educativo tenga en cuenta esta nueva forma de ejercer la tenencia, porque requerirán que ambos padres suscriban los cuadernos de comunicaciones, los boletines, las autorizaciones para excursiones, etc.

. La escuela la violencia

6.1. iolencia escolar

En nuestra provincia la ley 12.178 creó el Programa Provincial de Prevención de Violencia Escolar en los Establecimientos Educativos, bajo la órbita del Ministerio de Educación, a los fines de:

- Disminuir todas las formas de violencia y/o riesgo de violencia escolar, identificando las causas que la originan.

- Estimular el valor del consenso y la actitud para realizar los esfuerzos necesarios para alcanzarlo.

- Transmitir el valor de la tolerancia, respetando la diversidad de opiniones y favoreciendo su intercambio.

- Promover el espíritu democrático, consolidando el Estado de Derecho y el cumplimiento de las normas.

- Concienciar sobre el problema de la violencia, propiciando la modificación de las pautas culturales que la sustentan.

Los destinatarios del Programa, como integrantes de la comunidad educativa, son los alumnos, docentes, directivos, administrativos, cooperadores, padres, tutores y otros familiares con alumnos a cargo y cualquiera otra persona vinculada a los establecimientos públicos o privados dependientes de Ministerio de Educación de la Provincia.

Las Direcciones Regionales procurarán desarrollar actividades de formación de mediadores escolares a seleccionar entre los alumnos de la escuela secundaria; con aptitudes para actuar ante la demanda espontánea y directa en aquellos conflictos que se puedan suscitar en el ámbito escolar.

La Autoridad de Aplicación será asistida por un Consejo Consultivo, en cada Dirección Regional, integrado por un representante del personal directivo, uno por el personal docente, uno por el personal no docente, uno por la asociación de padres y uno por los alumnos.

6.2. iolencia familiar

La ley 24.417 de Violencia Familiar estableció en su art. 2. la obligación de denunciar ante las autoridades correspondientes cualquier hecho de violencia familiar que tuvieran conocimiento docentes y directivos con relación a alguno de los alumnos que tengan a su cuidado.

Esta responsabilidad es indelegable y personal y la omisión denuncia podría ocasionar una responsabilidad personal del educador susceptible de producir una acción por daños sobrevinientes.

Lo que se requiere es un grado de certeza adecuado, indicios o situaciones que permitan creer o sospechar la existencia de una situación de violencia familiar y es importante saber también que su actuación se agota con la denuncia, siendo de la esfera judicial la investigación sobre el hecho.

El decreto 235/96 reglamentario de la ley, en su art. 4 establece un plazo de 72 horas para formalizar esta denuncia.

Quienes cumplan con esta obligación gozarán de inmunidad e indemnidad civil y penal, salvo en casos de mala fe. En cuanto a quienes no la cumplan, estarían incurriendo en un caso de responsabilidad profesional al existir una negligencia, impericia y/o inobservancia de los deberes a su cargo.

En la Provincia de Santa Fe, el art. 3. de la ley 11.529 sobre violencia familiar también le otorga legitimación a los servicios educativos públicos o privados para efectuar las denuncias sobre malos tratos sufridos por sus alumnos.

7. Extensión de derechos a los alumnos

7.1. Alumnas embarazadas y alumnos padres

La ley 25.808 establece una prohibición para directivos o responsables de los establecimientos oficiales y privados de educación pública de todo el país, en todos los niveles del sistema y de cualquier modalidad, en lo relacionado con la adopción de acciones institucionales que impidan o perturben el inicio o prosecución normal de sus estudios a las estudiantes en estado de gravidez o durante el período de lactancia y a los estudiantes en su carácter de progenitores.

En nuestra provincia, la ley 12.083 declaró la adhesión de la Provincia de Santa Fe a lo dispuesto por la ley nacional y además estableció que *"Queda prohibido en los establecimientos de educación oficial de la provincia, tanto de gestión pública como privada, toda acción institucional que impida el inicio o continuidad en el ciclo escolar a cualquier alumna embarazada o alumno que fuere padre o por cualquier otra circunstancia vinculada con lo anterior, que produzca efecto de marginación, estigmatización o humillación".*

El Ministerio de Educación dictará las normas reglamentarias pertinentes para hacer efectivas las previsiones de la ley, las que deberán contemplar:

- un régimen de justificación de inasistencias durante la gestación y el período post-parto
- franquicias horarias para que la alumna amamante a su hijo y concurra a los controles médicos
- un régimen especial de evaluación, con la implementación de clases de apoyo si fuere necesario.

La justificación de inasistencias y las franquicias establecidas no implicará la promoción automática del educando.

Por su parte, el decreto 181/09 que rige el sistema de ingreso y permanencia de alumnos en la escuela secundaria, establece lo siguiente con relación a las inasistencias:

" *I - Alumnas embarazadas o en período de lactancia:*

a) Por razones de maternidad a las alumnas se les otorgará un plazo de treinta (30) días hábiles por el cual no se computarán inasistencias, el que regirá durante los últimos días del embarazo y los posteriores al parto. En situaciones de nacimientos múltiples se otorgarán quince (15) inasistencias adicionales a usufructuar luego del nacimiento.

b) Se establece que por un plazo de un (1) año dichas alumnas podrán retirarse de la Escuela durante una (1) hora diaria, para amamantar a su hijo.

c) Las alumnas que hagan uso de estos beneficios, serán evaluadas conforme lo dispongan las autoridades escolares en aquellas asignaturas en las cuales se vea resentida su asistencia, por las causales expuestas."

7.2. Instituto Becario Provincial

La ley 12.187 creó el Instituto Becario bajo la dependencia del Ministerio de Educación cuya misión será la de proponer al Ministerio de Educación la concesión de becas a alumnos del nivel secundario y de Escuelas de Educación Especial, cuyos grupos familiares están radicados en la Provincia.

El beneficio alcanzará a los alumnos que cursan en los establecimientos pertenecientes a la enseñanza oficial o en los establecimientos de gestión privada que anualmente identifique la Subsecretaría de Educación a propuesta del Servicio Provincial de Enseñanza Privada a condición de que mantenga la regularidad en el ciclo lectivo por el cual se le otorga el beneficio.

Los montos de las becas se fijan anualmente tomando en cuenta la evolución de los costos educativos y los montos disponibles para el Instituto, que provendrán de partidas del presupuesto general y una alícuota del 2,5% de los honorarios percibidos por intermedio de Consejos, Colegios o Asociaciones Profesionales, personas públicas estatales o no estatales o privadas, que tengan por objeto centralizar honorarios, quienes actuarán como agentes de retención del gravamen.

. **Participación estudiantil. Los Centros de Estudiantes en la legislación nacional**

8.1. Ley 26.877. Concepto y ámbito de aplicación

La ley 26.877, sancionada el pasado 3 de julio de 2013, ha establecido la obligatoriedad del reconocimiento de los centros de estudiantes como órganos democráticos de representación estudiantil por parte de las autoridades jurisdiccionales y las instituciones educativas públicas de nivel secundario, los institutos de educación superior e instituciones de modalidad de adultos incluyendo formación profesional de gestión estatal y privada, gestión cooperativa y gestión social.

Esto no es sino la aplicación práctica del precepto establecido en el art. 126 inc. h) de la LEN cuando dice que *"Las/os alumnas/os tienen derecho a (...) integrar centros, asociaciones y clubes de estudiantes u otras organizaciones comunitarias para participar en el funcionamiento de las instituciones educativas, con responsabilidades progresivamente mayores, a medida que avancen en los niveles del sistema"*.

Según dispone la nueva legislación, a partir de ahora las autoridades educativas de todo el país *"deben reconocer los centros de estudiantes como órganos democráticos de representación estudiantil"*, además de *"promover la participación y garantizar las condiciones institucionales"* para su funcionamiento.

Dice la ley que los centros de estudiantes deben surgir como iniciativa de los estudiantes de cada establecimiento y que cada una de las instituciones educativas tendrá el suyo, en el cual participarán todos aquellos que acrediten la condición de estudiantes, sin otro tipo de requisito.

Por otra parte, señala que *"los centros de estudiantes elaborarán su propio estatuto en correspondencia con la legislación nacional y de cada jurisdicción"*, y además le otorga la posibilidad de reclamar a las autoridades provinciales o nacionales por el cumplimiento de la ley, al decir que *"en aquellos casos en que las disposiciones de esta ley se vieran incumplidas, los estudiantes y sus órganos de conducción podrán elevar su reclamo a la autoridad jurisdiccional o nacional, según corresponda"*.

Finalmente, destaca que *"el Ministerio de Educación y las autoridades educativas de cada jurisdicción diseñarán las campañas de difusión y promoción alentando la creación y funcionamiento de los centros de estudiantes"* en cada uno de los establecimientos.

Como puede verse, el texto de la ley es más propositivo que dispositivo, ya que, por ejemplo, no determina derechos y obligaciones de los alumnos, ni tampoco precisa su relación con la autoridad escolar, vías de comunicación y acción, resolución de conflictos, etc., lo que tal vez sea incluido en la futura reglamentación.

No obstante, al acotar su aplicabilidad al nivel terciario, de adultos o formación profesional de gestión privada efectúa un importante reconocimiento a la naturaleza propia de la educación de gestión privada, que tiene su fuerza y sentido dentro de un proyecto institucional y un Ideario que debe ser respetado por todos los participantes de la comunidad educativa.

. Los Centros de Estudiantes en la legislación provincial

9.1. Normas anteriores

En la provincia de Santa Fe hubo algunas particularidades sobre la regulación de los Centros de Estudiantes.

El decreto 817/81 que establece el Reglamento General para las Escuelas de Enseñanza Media y de Educación Técnica de la provincia de Santa Fe, todavía vigente en la actualidad salvo los arts. 55, 56, 57 y 60 derogados por el decreto 181/09, fijó en su art. 59 que la representación de los estudiantes menores de edad ante las autoridades de los establecimientos será ejercido en cada caso por los padres, tutores o encargado.

Sigue diciendo que los Directores, al igual que los profesores y el personal administrativo jerárquico del establecimiento, no atenderán bajo ningún concepto representaciones colectivas de los alumnos ni por sí ni por los llamados centros o entidades estudiantiles.

Cuando por razones emergentes de la función educadora, los directores entendieran conveniente la constitución de comisiones ocasionales o temporarias de los alumnos, orientadas a despertar en ellos , estímulos o actividades de exclusiva índole docente o cultural: celebraciones de fiesta, actos escolares o cursos de revisión, la autorizará y comunicará a la Superioridad especificando en cada resolución el motivo, objeto, modo y término de la comisión atribuida a los alumnos, debiendo cuidar que éstos sean elegidos entre los más caracterizados por su conducta, aplicación y buenos hábitos. Dicha comisiones así constituidas funcionarán bajo la atención y responsabilidad del Director, quien no autorizará el funcionamiento de otras comisiones, y las del Club Colegial, descripto como *"una organización constituida dentro de los establecimientos de enseñanza, creado con el objeto de que los alumnos puedan desarrollar, en forma libre y espontánea, pero bajo la supervisión del Departamento de educación física, actividades deportivas, recreativas y culturales, propendiendo a la vez a que se ejerciten funciones cívicas"*.

Por último, se prohíbe expresamente a los alumnos realizar peticiones colectivas.

En el año 1988 se sancionó la ley 10.195, que autorizó el funcionamiento de Centros de Estudiantes en establecimientos de nivel medio dependientes del Ministerio de Educación de la Provincia y encomendó a dicho Ministerio el dictado de las normas complementarias conducentes a la reglamentación y ejecución de lo dispuesto por la ley, lo que nunca se hizo y, en consecuencia, dicha norma nunca se aplicó.

Por último, en el mes de noviembre de 2013 se sancionó la ley 13.392 denominada *"De la constitución y funcionamiento de los centros de estudiantes secundarios y superior no universitario"* que deroga la ley 10.195 y cualquier norma que se le oponga, incluido por supuesto los artículos reseñados del decreto 817/81.

9.2. Ley 13.392. Concepto

La ley 13.392 autoriza la constitución y organización de Centros de Estudiantes únicos en establecimientos educativos, de gestión pública estatal y privada de nivel secundario y superior no universitario dependientes del Ministerio de Educación de la provincia de Santa Fe.

Se describe al Centro de Estudiantes como el órgano natural de representación, participación, discusión y organización de los estudiantes de un establecimiento educativo para la defensa y protección de sus derechos y se determina que el mismo estará integrado por la totalidad de los estudiantes que acrediten su carácter de regulares.

Asimismo, limita la existencia de los mismos a un único Centro de Estudiantes por establecimiento educativo, el que deberá mantener su total independencia de principios, de crítica, de resolución y de organización. No se aclara qué tipo de independencia exige, pero puede entenderse que debe ser independiente de partidos políticos, del gobierno o de cualquier otra institución u organización distinta al Centro de Estudiantes, no estando claro si esa independencia se extiende también, en el caso de los establecimientos educativos de gestión privada, a sus principios generales (religiosos, ideológicos, culturales, sociales), o lo que es lo mismo, a cualquier ideario institucional, lo que podría generar inconvenientes internos en cada institución y es un principio que deberá ser aplicado con tolerancia y respeto.

9.3. Fines

Entre los fines principales de la ley, se busca fomentar la creación de Centros de Estudiantes en los establecimientos educativos donde no los haya, regularizar la situación de aquellos Centros de Estudiantes que se hubiesen constituido y fomentar la participación de los estudiantes en actividades políticas y comunitarias, con la finalidad de que puedan mejorar el entorno en el que se desenvuelven.

Se reconoce a los adolescentes y jóvenes como sujetos de derecho, y a sus prácticas culturales, como parte constitutiva de las experiencias pedagógicas de la escolaridad, para fortalecer la identidad y la ciudadanía. Además se busca fomentar el diálogo entre los estudiantes como método para la resolución de conflictos alentando su responsabilidad y sus capacidades para darse libremente sus formas de representación.

9.4. Funcionamiento

La Comisión Directiva es el órgano ejecutivo de conducción y coordinación del Centro de Estudiantes. Sus miembros son elegidos por los alumnos y alumnas regulares del establecimiento, de acuerdo a lo que establecerá el estatuto del Centro y durarán en sus funciones un año.

Sus facultades son:

- Representar al Centro de Estudiantes en todas las actuaciones institucionales;
- Ejecutar las resoluciones emanadas de los órganos de gobierno;
- Presentar un programa anual de actividades y llevarlo adelante;
- Convocar a la reunión ordinaria y cuando temas de urgencia lo requieran, a reunión extraordinaria de la asamblea;
- Convocar a elección de autoridades;
- Convocar en forma consultiva a padres, docentes y no docentes.

Cada curso elige un representante titular y un suplente con el carácter de delegado con la función principal de llevar a conocimiento de la Comisión Directiva su opinión sobre los temas de interés de los estudiantes, siendo incompatible ser miembro de la Comisión Directiva y Delegado de Curso.

Asimismo se conforma la Federación de Centros de Estudiantes de la Provincia en cada uno de los niveles de acuerdo integrada por todos los centros de estudiantes.

9.5. Autoridad de aplicación

El Ministerio de Educación de la provincia de Santa Fe tendrá a su cargo velar por el cumplimiento y su difusión. Para ello, el texto de la ley, al igual que las normas que se dispongan en el futuro a efectos de reglamentarla, será exhibida adecuada y permanentemente en todos los establecimientos educativos.

La autoridad de aplicación recibirá las denuncias de parte de los miembros del centro de estudiantes sobre el incumplimiento de la ley, las tramitará y resolverá, además de llevar un Registro de Centros de Estudiantes.

9.6. Obligaciones de las autoridades escolares

Las autoridades de cada establecimiento, se comprometerán a garantizar la efectividad de la norma, y para ello deberán:

- Garantizar un espacio físico adecuado para el funcionamiento del Centro de Estudiantes;
- Difundir la ley y sus alcances a toda la comunidad educativa del establecimiento;
- Brindar el apoyo para el desarrollo de las actividades acordadas con el Centro;
- Confeccionar y facilitar el padrón de los alumnos y alumnas regulares del establecimiento con la antelación necesaria de acuerdo al proceso electoral establecido;
- Facilitar el día de las elecciones los medios adecuados para el mejor desarrollo del acto eleccionario.

1 . uestra opinión

Las leyes que comentamos demuestran un significativo avance en el reconocimiento de derechos políticos dentro de nuestro esquema democrático, especialmente por los antecedentes históricos negativos en el tema y es por ello que son bienvenidas porque amplían derechos reconocidos a los menores de edad, como lo ha hecho también la ley

26.774 con los derechos políticos al autorizar la posibilidad del voto optativo a partir de los 16 años.

Los derechos de asociación y agremiación de los estudiantes tienen un fuerte componente de compromiso político que excede a las aulas y se han orientado, históricamente, a canalizar reclamos ante las autoridades educativas estatales, sin haberse desarrollado de la misma manera y con la misma organización en establecimientos educativos de gestión privada, por una lógica cuestión de diferencias de gestión en cada uno de esos ámbitos educativos.

10.1. Ley 26.877

La ley nacional ha decidido diferenciar claramente los ámbitos de gestión pública y de gestión privada, al limitar solamente al nivel terciario de gestión privada la aplicabilidad del sistema, exceptuando taxativamente el nivel medio o secundario como una razonable elección de respeto por los establecimientos educativos que funcionan adhiriendo a un Ideario institucional dentro de un proyecto educativo que es aceptado voluntariamente por las familias que envían a sus hijos menores a ellos.

Resulta claro que se han evaluado y respetado las diferencias de gestión educativa en la gestión pública y gestión privada, los diferentes idearios institucionales, confesiones religiosas u orientaciones ideológicas, y el hecho de que los alumnos del nivel secundario son menores de edad sujetos aún a la tutela parental, para decidir que la obligatoriedad para las instituciones educativas de gestión privada de permitir la constitución de Centros de Estudiantes cede ante la existencia y el respeto de su ideario institucional.

Como todo derecho, la libertad de aprender tiene su correlato en la libertad de enseñar, es decir, que en el ámbito de la educación de gestión privada, las familias que no acuerdan con determinado proyecto educativo tienen la opción de enviar a sus hijos a otras instituciones de gestión privada o incluso tienen a su disposición numerosos establecimientos de educación pública, ya que sería una grave desviación de nuestros principios legales permitir a esas familias la posibilidad de cambiar, con la sola exteriorización de su desacuerdo, los principios rectores de cualquier institución.

Esta restricción parte entonces del reconocimiento de la naturaleza jurídica especial de la educación de gestión privada y del respeto del principio constitucional de libertad de enseñanza, como así también de la libertad que tienen las familias de enviar o no sus hijos a establecimientos de gestión privada. Por otra parte, el nivel terciario, de adultos o de formación profesional tiene otra dinámica educativa, ya que los alumnos en su mayoría son mayores de edad y sujetos propios de derecho, con lo cual esta ampliación de derechos resulta lógica.

No se trata de desvirtuar derechos políticos de los alumnos, ni la participación de los mismos en la dinámica institucional, sino de respetar la existencia de un Ideario institucional, un Proyecto Educativo Institucional, y sobre todo, la naturaleza contractual de la relación entre las partes, que es esencialmente diferente a la relación entre alumnos e instituciones oficiales en las cuales lo que hace el alumno es concurrir a ellas haciendo uso de un derecho y no existe un acuerdo entre la familia y la institución acerca del Ideario institucional y el tipo de educación que ésta ofrece y es aceptada por ellas.

10.2. Ley 13.392

La ley 13.392 de la provincia de Santa Fe, a diferencia de la ley nacional, extiende la autorización para la constitución de Centros de Estudiantes a establecimientos educativos de gestión privada de nivel secundario, lo que supondría una importante contradicción con lo dispuesto a nivel nacional, pero sería coherente con la posibilidad que tienen las jurisdicciones provinciales de ampliar derechos políticos reconocidos por la jurisdicción nacional mientras esta ampliación no constituya una violación de otros derechos del mismo o superior nivel de protección constitucional en detrimento de derechos de terceros.

Asimismo, al ser materia no sólo política, sino también educativa, se inscribe dentro de las facultades delegadas por el Estado Nacional a las provincias y por ello resulta un ejercicio adecuado de las mismas la sanción de esta ley, no pudiendo interpretarse que sus disposiciones estén en conflicto con las normas de la ley nacional 26.877 para impugnar su aplicabilidad en los establecimientos educativos de gestión privada de nivel secundario.

Otra diferencia es que la norma provincial es más dispositiva al establecer fines y funcionamiento de los Centros de Estudiantes y las obligaciones de las autoridades escolares y del Ministerio de Educación.

Si bien esta ley debe ser reglamentada, es al menos un error de concepto que en la misma se hable de autorizar la constitución y organización de Centros de Estudiantes únicos en establecimientos educativos, siendo que ello no se encontraba "desautorizado" ni "prohibido", por lo que hubiera sido suficiente con el reconocimiento legal de un derecho individual preexistente al legislador.

No obstante esta deficiente técnica legislativa, deberíamos evaluar de qué manera se implementará una ley tan detallada, sobre todo de qué manera se podrán conciliar los derechos reconocidos en la misma con los derechos de los establecimientos educativos de gestión privada de educar de acuerdo a un ideario institucional basado en creencias, ideologías u orientaciones particulares.

Porque la aplicabilidad en el ámbito oficial resulta claro, al ser el Estado la contraparte y al ser el derecho de los alumnos una expresión más del derecho a peticionar a las autoridades reconocido por la CN, pero en el ámbito de la gestión privada resulta más complicada su aplicación al existir notorias diferencias que surgen de que la relación entre el alumno y la institución en el orden oficial es el ejercicio de un derecho, mientras que en el orden privado es producto de un contrato de enseñanza.

Ese contrato de enseñanza es la base de los derechos de las partes, al cual se someten los firmantes y, más allá de las cláusulas dispositivas de cualquier contrato, tiene un fundamento moral en el ideario institucional.

Por ello no resulta claro de qué manera puede un Centro de Estudiantes remover los cimientos de ese ideario institucional, repudiarlo o desobedecerlo sin incumplir con el compromiso asumido al momento de la matriculación por las familias y evitar las consecuencias disciplinarias que puedan surgir por tales acciones.

Es en esa instancia donde deberá ser evaluada correctamente la noción de "independencia" que propugna la ley, para evitar que tan mentada independencia no se transforme en una oposición y/o impugnación con los principios generales del establecimiento educativo, máxime cuando los estudiantes, si bien son el objeto principal de todo el proceso educativo, forman parte también de una comunidad educativa conformada además de ellos, por docentes y otras familias cuyos hijos pueden no participar del Centro de Estudiantes.

En mi opinión, la aplicación de la ley deberá ser consensuada en cada establecimiento educativo de gestión privada a fin de que la constitución de un Centro de Estudiantes no conlleve el cuestionamiento y la afectación del ideario institucional que sustenta el ejercicio del derecho de enseñar de las instituciones y de elección por aquellas familias que no apoyen esos cuestionamientos.

De otra manera, podrían plantearse conflictos innecesarios dentro de cada institución que afectarían a la totalidad del alumnado y a la esencia de cada proyecto educativo, llevando a situaciones de crisis innecesarias con la consiguiente pérdida de armonía y de compromiso institucional con el destino colectivo que ha elegido el establecimiento.

Capítulo V

El contrato de enseñanza

1. Concepto

El contrato de enseñanza es el origen de la relación contractual del establecimiento privado con sus alumnos. Es un contrato sui generis, pero claramente de derecho privado sin relación con el derecho administrativo.

Se ha dicho que es un contrato de locación de obra, pero no es posible aceptar esa caracterización, ya que la locación de obra es un contrato de resultado en el cual el que contrata se obliga a entregar un trabajo terminado (una obra), lo que nunca puede suceder en la enseñanza.

Un establecimiento educativo no puede asumir la obligación de asegurar al padre que su hijo terminará el año lectivo sabiendo la totalidad de los conocimientos impartidos, porque influyen circunstancias ajenas al mismo, como ser el carácter del alumno y sus aptitudes para el estudio, lo que impide asegurar el resultado final. De otra manera se estaría haciendo videncia y no actividad docente. La voluntad y aptitudes del alumno son factores no mensurables para el cálculo del resultado porque son exógenos al establecimiento y, lógicamente, aleatorias.

Ya es una posición corriente en la doctrina definir al contrato de enseñanza como un tipo de locación de servicios, en la cual, como en cualquier otra, se debe determinar expresamente el tipo de servicio brindado por el establecimiento.

1.2. Características particulares
- *Es un contrato de medio*, es decir, que el establecimiento educativo se obliga a poner a disposición del alumno todos los medios necesarios para conseguir un resultado que es la finalización del ciclo lectivo.
- *Bilateral y conmutativo*. Hay compromisos básicos mutuos asumidos por cada una de las partes. El establecimiento se obliga a brindar un determinado servicio educativo, y las familias a abonar como contraprestación el monto del arancel vigente notificado al momento de la matriculación.
- *A título oneroso*. La generalidad de los establecimientos educativos perciben aranceles por el servicio brindado, de allí que aparezca como elemento necesario la implementación de una cuota para la prestación del servicio educativo.
- *No formal*. No es necesaria la suscripción de un contrato por escrito para probar su existencia. Basta con las actitudes de las partes, es decir la concurrencia del alumno al establecimiento y la inexistencia de un contrato escrito puede ser suplida por la solicitud de matriculación, que es el comienzo de ejecución del contrato.
- *De tracto sucesivo*. El contrato dura un ciclo lectivo, no toda la extensión del nivel que se trate, con pago de aranceles en forma mensual.
- *Intuito personae*. Se trata de una obligación personal para ambas partes, lo que supone que las familias han contratado un tipo de servicio que debe ser brindado por el establecimiento y no por un tercero ajeno a la relación contractual. Lo mismo sucede con el alumno inscripto, que es quien en forma personal debe concurrir a clases y efectuar las actividades educativas contratadas.

1.3. Limitaciones en la contratación
Debemos distinguir entre establecimientos no autorizados, autorizados e incorporados.

1.3.1. Los establecimientos no autorizados son aquellos que se encuentran en su totalidad en la esfera privada y no tienen injerencia alguna del Estado en su origen y funcionamiento. Sus títulos no tienen validez oficial y sus programas de estudios pueden ser distintos a los de la enseñanza oficial e incluso no sistemáticos (como por ejemplo, Jardines de Infantes maternales, cursos de peluquería, academias de corte y confección, determinados cursos de computación, etc). La relación contractual es de derecho privado y existe liberalidad de las partes en la contratación.

1.3.2. Los establecimientos autorizados tienen el reconocimiento estatal para la expedición de títulos oficiales. La liberalidad está ya más limitada y se referirá fundamentalmente a aquellas áreas donde el Estado no ha establecido su control.

El área de injerencia oficial es la relacionada con las condiciones académicas o técnicas de matriculación, los planes de estudios, los regímenes de promoción y calificación, el régimen disciplinario y de asistencia, los contenidos mínimos curriculares, etc., no así el régimen arancelario, que puede ser pactado libremente por las partes sin atenerse a máximos establecidos por el Estado.

1.3.3. En cuanto a los establecimientos incorporados, rigen las mismas regulaciones que para los autorizados, salvo en lo referido al cobro de aranceles, donde de acuerdo al porcentaje de aporte estatal, el Estado fija un tope arancelario de aplicación obligatoria.

2. erec o de admisión

2.1. Concepto

El derecho de admisión es la facultad que se reconoce a los propietarios de los establecimientos privados para decidir la celebración de un contrato de enseñanza con la persona que solicita la inscripción.

Si bien no es una facultad que surja de una expresa normativa de la ley, es sí una consecuencia del reconocimiento del derecho de gestionar los establecimientos educativos por parte de sus propietarios.

La controversia con este instituto surge porque colisionan dos derechos de raíz constitucional, como lo es el derecho a aprender por parte de las familias y el de la libertad de enseñanza de los establecimientos educativos.

El derecho de admisión ha sido entendido en general como un hecho jurídico en los términos de los arts. 896 y 897 CC (aquellos susceptibles de producir alguna adquisición, modificación, transferencia o extinción de derechos y obligaciones).

Asimismo, el art. 1071 CC establece que el ejercicio regular de un derecho propio (como sería el derecho de enseñar) o el cumplimiento de una obligación legal no puede constituir como ilícito ningún acto, aunque no ampara el ejercicio abusivo de los derechos, estableciendo como límites la buena fe, la moral y las buenas costumbres.

Quien ejecuta esta facultad es el establecimiento a requerimiento de parte, cuando se trata de la primera celebración del contrato con el responsable del alumno, o por impulso propio y unilateral cuando haya decidido no volver a celebrar el contrato con el requirente con quien ya ha contratado anteriormente.

El derecho de admisión es anterior a la celebración del contrato, es una manifestación de voluntad unilateral que habilita la celebración del contrato, que es un acto jurídico distinto del anterior y regulará las relaciones jurídicas entre las partes (art. 944 CC).

Este hecho puede producirse tantas veces sea necesario, por su propia naturaleza y porque no trae otra consecuencia jurídica que no sea la de habilitar o no la celebración del contrato de enseñanza.

Es una manifestación de voluntad unilateral ante una propuesta u oferta por parte del responsable del alumno. La aceptación de esa propuesta habilita sí la celebración del contrato, que es un acto jurídico bilateral que establece las reglas a las cuales deben ajustarse las partes (art. 1197 C.C.).

De un tiempo a esta parte se está cuestionando la posibilidad del ejercicio del derecho de admisión en razón de entender que el derecho del alumno a continuar con su educación en la institución educativa está por sobre el derecho de la institución de justificar la no inscripción, lo que ha dado lugar no solamente a algunas decisiones judiciales rechazando su aplicabilidad, sino también a la sanción de leyes especiales regulatorias del tema. Tanto en la teoría como en la práctica, el derecho de admisión de las instituciones educativas de gestión privada, fundamentalmente en los niveles inicial y primario, representa un problema jurídico que llega, en muchos casos, a entrar en conflicto con normas de protección y promoción de los derechos humanos, ya que la tensión de intereses que tiene lugar entre los distintos sujetos que integran una relación educativa de gestión privada obliga a encontrar el punto de equilibrio de los derechos y deberes que le asiste cada una de las partes.

2.2. Fuentes normativas

La Constitución Nacional en su art. 14 consagra el derecho a enseñar y aprender de todo habitante del país, lo que se complementa con declaraciones similares de Pactos Internacionales que tienen fuerza de ley.

La LEN 26.206 dice que el Estado Nacional garantiza el derecho constitucional de enseñar y aprender y fija la política educativa.

La ley 23.592 contra Actos Discriminatorios, establece una responsabilidad de tipo penal contra. *"Quien arbitrariamente impida, obstruya, restrinja o de algún modo menoscabe el pleno ejercicio sobre bases igualitarias de los derechos y garantías fundamentales reconocidos en la Constitución Nacional, será obligado, a pedido del damnificado, a dejar sin efecto el acto discriminatorio o cesar en su realización y a reparar el daño moral y material coaccionados. A los efectos del presente artículo se considerarán particularmente los actos u omisiones discriminatorios determinados por motivos tales como raza, religión, nacionalidad, ideología, opinión política o gremial, sexo, posición económica, condición social o caracteres físicos".*

La Ciudad Autónoma de Buenos Aires sancionó la ley 2681 en el año 2008 y la Provincia de Buenos Aires la ley 14.498 en el año 2013, ambas regulando el ejercicio del derecho de admisión.

Las mismas obligan a las instituciones educativas que nieguen la inscripción o reinscripción de alumnos, a exteriorizar las causas de tal decisión, pudiendo dejarse sin efecto dicha negativa e incluso ser sancionada la institución para el caso de que la causa sea insuficiente y/o inexistente.

No existe norma legal en la provincia de Santa Fe que regule expresamente esta cuestión, por lo cual la interpretación de la conveniencia y legitimidad de su aplicación será de arbitrio judicial para el caso de existir algún conflicto, aunque el decreto 181/09 que regula el Ingreso y Permanencia de alumnos del nivel secundario, en su Anexo II punto h) establece que *"Cada Escuela tendrá la obligación de reinscribir a sus alumnos repitentes",* lo que veda la aplicabilidad del derecho de admisión por tal causa en la provincia en ese nivel educativo.

2.3. Ejercicio del derecho de admisión

El derecho de admisión se ejerce al momento anterior a la matriculación y puede fundar en causas académicas (no alcanza los objetivos del establecimiento), personales (disciplina) o económicas (deudas por el servicio educativo).

Todas estas situaciones deben haber sido previstas y conocidas con anterioridad por parte de las familias de los alumnos, por lo cual es importante incluirlas dentro del texto del contrato de enseñanza que se suscribe al momento de la inscripción.

Existen también situaciones que tienen que ver con profundos desacuerdos con la institución, como puede ser el cuestionamiento constante a las decisiones administrativas, diferencias irreconciliables con el ideario, los criterios de enseñanza y los objetivos educativos de la institución, desconocimiento de la autoridad escolar, etc. En este caso la decisión será tomada por la institución afectará no solamente a uno de los alumnos sino a toda la familia, ya que el desacuerdo e general y la mejor solución es que la familia elija una institución que esté acorde a sus valores, ideas y objetivos.

En cuanto al ejercicio efectivo de este derecho, podemos enumerar diversas situaciones:

a. No puede ejercerse el derecho de admisión durante el transcurso del ciclo lectivo, debido a que el momento de su ejercicio es anterior a la celebración del contrato de enseñanza, y la duración de tal contrato es el ciclo lectivo completo.

El establecimiento debe esperar hasta la finalización para su ejercicio, salvo las situaciones de hecho contempladas en la reglamentación vigente relacionadas con casos de indisciplina o situaciones de alto riesgo que puedan afectar al alumno y a sus compañeros y que impidan por su gravedad la continuidad del servicio educativo. En este caso no sería técnicamente el ejercicio del derecho de admisión, sino la exteriorización de otra potestad reconocida por el Estado a los particulares, como lo es la potestad disciplinaria.

No obstante, si la institución decide unilateralmente ejercer el derecho de admisión durante el ciclo lectivo sin fundamento válido, deja abierta la puerta al reclamo administrativo y judicial de la familia del alumno afectado.

b. En el caso de alumnos repetidores, ello no puede ser tomado como causa para la no renovación del contrato de enseñanza en el nivel secundario de acuerdo a lo dispuesto por el decreto 181/09, aunque para el caso de que exista una notoria desventaja del alumno con el nivel educativo de los pares, esa situación debería ser planteada seriamente con los padres como para obtener una solución que beneficie al mismo y al resto de sus compañeros, pero la decisión sobre dicho planteo debería ser consensuada y no unilateral del establecimiento.

c. Se ha dado el caso de que los padres tienen la expectativa de que su hijo continúe en el establecimiento hasta que termine el ciclo correspondiente (primario o secundario), y pretenden que no pueda ser separado una vez aceptado.

Ello no es así, ya que se reconocería al alumno un derecho adquirido que no es tal, porque el contrato de enseñanza es anual y se renueva cada ciclo lectivo. De otra manera, el establecimiento solamente podría hacer uso del derecho de admisión cuando se inscriba al alumno por primera vez, lo que no se condice con la normativa y con la interpretación adecuada de la misma.

No obstante este principio general, los establecimientos educativos que deseen ejercer tal facultad, deberán respetar el principio de buena fe en las relaciones contractuales y justificar debidamente la decisión con fundamentos objetivos y comprobables a fin de que no se transforme en un ejercicio ilegítimo de derechos reconocidos

2.4. Recursos y reclamos contra el ejercicio del derecho de admisión

Cualquier decisión que tome el establecimiento y se relacione con el derecho de admisión puede ser rechazada por las familias afectadas que expresen su desacuerdo con la misma por cuestiones académicas, económicas o denunciándolo como acto discriminatorio.

Esos reclamos pueden efectuarse de diversas maneras, tanto por la vía administrativa con denuncias ante el SPEP, la Defensoría del Pueblo o incluso el INADI, y en el ámbito judicial mediante la presentación de Recursos de Amparo, Demanda ordinaria con medida cautelar de inscripción compulsiva e incluso Daños y Perjuicios.

En este sentido, el INADI ha destacado en su dictamen 78/07 que: (…) *una institución educativa de gestión privada tiene derechos y obligaciones, y así como tiene derecho a cobrar por sus servicios, tiene obligaciones correlativas, de las cuales no puede desligarse amparándose en el derecho de admisión ya que la presencia del interés público en la educación de los niños/as morigera otros principios en los que pretende ampararse la institución* (…).

Por lo tanto, en opinión de dicho organismo, se deben cumplimentar todas las exigencias que requiere el sistema de enseñanza argentino, entre ellas garantizar la equidad y respetar el interés superior del niño/a.

A ellas se le suma que bajo ningún concepto se puede menoscabar el ejercicio de los derechos de las personas por motivos tales como la religión, la nacionalidad, la ideología, la opinión política o gremial, el género, la orientación sexual, la identidad de género, la condición social o caracteres físicos, entre otros, ya que se estaría violando el principio de igualdad y no discriminación contemplado en la Ley 23.592 y los tratados internacionales de derechos humanos de jerarquía constitucional, como así también a la LEN cuando establece que *"la educación brindará las oportunidades necesarias para desarrollar y fortalecer la formación integral de las personas a lo largo de toda la vida y promover en cada educando/a la capacidad de definir su proyecto de vida, basado en los valores de libertad, paz, solidaridad, igualdad, respeto a la diversidad, justicia, responsabilidad y bien común"* (art. 8, ley N° 26.206).

Consecuentemente, en opinión del INADI, el derecho de admisión de los establecimientos educativos privados encuentra un límite en la normativa referenciada, en cuanto la educación requiere de diversidad en las aulas como condición para desarrollar la necesaria formación de personas autónomas y abiertas a la diferencia y el pluralismo.

2.5. Fallos judiciales sobre derecho de admisión

Existen algunos antecedentes jurisprudenciales sobre el ejercicio del derecho de admisión, aunque no se ha llegado a un consenso total sobre su aplicabilidad o no, lo que nos habla de la seriedad y conflictividad del tema, que exige la evaluación de cada caso de manera individual y no dogmática.

Como las opiniones jurisprudenciales son encontradas, reseñaremos fallos a favor y en contra.

A favor encontramos un fallo de la CN Fed. Contencioso administrativo, Sala IV (setiembre 15-981 "Cabello y/o c/Fundación San Martín de Tours s/Amparo", luego ratificado por la Suprema Corte de Justicia de la Nación) determinó que: *"La actividad educativa de los colegios privados se desarrolla previo reconocimiento y bajo el control del Estado, siendo la relación que une a ambos de naturaleza reglamentaria, regida por el derecho público, por tratarse de una actividad que desborda la esfera privada y se proyecta sobre intereses de la comunidad. Sin embargo, ello no impone a estos colegios la obligación de aceptar a todos los aspirantes que quieran ingresar, porque ello es ajeno a las facultades referidas, habida cuenta de que en este aspecto el vínculo que une al alumno con el establecimiento es de derecho privado y de naturaleza contractual, donde debe imperar, en principio, la libre elección de los contratantes dentro de los límites impuestos por sus propios estatutos".*

Más adelante en el tiempo, en el fallo dictado por la CNCiv. Sala G. en fecha 18/5/05 en autos "M. R. F. y otro c. Asociación Civil Colegio Villa Devoto- La Ley, 2005-F, 371, la Cámara no solamente avaló la no matriculación del alumno por parte de la institución, sino que además reconoció como válidos los fundamentos las actitudes agresivas y poco colaborativas de los padres que socavaron la relación de confianza entre la familia y el establecimiento, presupuesto necesario para una relación de servicio educativo óptima.

Además afirma que no son absolutos tanto el derecho de admisión del establecimiento como el derecho de permanencia del alumno en el mismo. *"Es de remarcar que no será válido afirmar que el derecho de permanencia de los alumnos en un establecimiento educativo sea absoluto, y así como el derecho constitucional a enseñar se encuentra limitado por las normas que reglamentan el ejercicio de la actividad educativa, es indiscutible que el derecho de aprender –de igual rango– no puede ejercerse en forma abusiva o indiscriminada, sin reconocer cortapisa de ninguna clase, y de ser entendido en sus justos términos".*

También se ha dicho que (…) *el derecho de enseñar implica la libertad de resolver cómo, qué y a quién enseñar, siempre y cuando se ajuste a la normativa legal vigente emergente del contralor estatal propio de la actividad. Máxime, tratándose de un establecimiento privado, donde contractualmente ambas partes (alumnos y Colegio) han convenido una matriculación anual, renovable en cada periodo, la que libremente el alumno puede peticionar y con igual libertad, el establecimiento denegar haciendo uso del derecho de admisión* (Cámara Primera de Apelaciones en lo Civil y Comercial de San Isidro, sala II "Mataresse, Patricia L. c. St. Andrew's Scots School", 03/03/2005). AR/JUR/517/2005.

En el mismo sentido se expidió la C. Civil y Comercial de Capital Federal en autos MUICEY, León Manuel y otro c/ INSTITUTO EDUCATIVO ALAS DEI.E.A.S.R.L. s/ AMPARO:

"La acción de amparo promovida por los progenitores contra un instituto de enseñanza privada en resguardo del derecho a la salud y la educación y tendiente a que permita a su hijo menor participar del ciclo lectivo ya iniciado, es improcedente cuando se encuentra acreditada la falta de pago de cuotas correspondientes al año escolar anterior. Ello, toda vez que la inscripción de un alumno en un colegio no estatal está lejos de significar un contrato que vincule a

las partes durante todo el ciclo de estudios ya que si hay una inscripción anual que puede renovarse en cada período, es indudable que el derecho de admisión o de rechazo en cada oportunidad no puede ser cohibido, a menos que la negativa aparezca como arbitraria. 2- Si bien no puede sostenerse en la actualidad que el derecho de admisión reconocido a los institutos de enseñanza privada puede ser ejercido por éstos en forma caprichosa o arbitraria, tampoco resulta válido afirmar que el derecho de permanencia de los alumnos en un establecimiento educativo es absoluto. Es que no existen derechos absolutos, ni aun los de rango constitucional y su ejercicio irregular o antifuncional no encuentra amparo en la legislación vigente –art. 1071 del Código Civil–. *Así como cuando el derecho constitucional a enseñar se encuentra limitado por las normas que reglamentan el ejercicio de la actividad, el derecho a aprender –de igual rango constitucional– no puede ejercerse en forma abusiva o indiscriminada, sin reconocer cortapisa de ninguna clase, y debe ser entendido en justos términos. 3- Aun cuando el art. 3 de la Convención de los Derechos del Niño –de rango constitucional– obligue al Estado a atender su primordial interés, no se observa que se encuentre afectado si no se probó que la falta de continuidad en el establecimiento perjudique la discapacidad que padece el menor, máxime si la institución es de enseñanza primaria lo que motivara que concurra a otra cuando concluya séptimo grado. 4- Pese a que la institución educativa no comunicase la situación a la Secretaría de Educación del Gobierno de la Ciudad de Buenos Aires –aún de comprobarse la omisión (art. 3 de la ley 400)– eventualmente podría sancionarse al establecimiento en sede administrativa, pero no es impedimento para que los padres traten de ubicar al niño en otro.*

En contra de su ejercicio, entendiendo que sólo puede aplicarse a quienes intentan iniciar la relación contractual y no a quien ya es alumno, se ha dictado una sentencia en el caso "L., M. I. y D. P., M. c/ I. C. M. s/ daños y perjuicios" por la Cámara Civil y Comercial de Junín en fecha 03 de julio de 2007, donde se ha dicho que: *"En esa tarea liminarmente conviene precisar que en relación a la libertad de contratar de los establecimientos educativos privados, sobre los denominados derechos de admisión y rematriculación, se ha expresado que "no puede negarse que el derecho de admisión guarda una estrecha vinculación con los derechos constitucionales de enseñar" y "aprender". Más aún, podríamos decir que generalmente se presenta una fuerte tensión entre ambos, toda vez que la prerrogativa del educando o su familia de hacer efectivo el derecho de aprender, colisiona con la pretensión del establecimiento o institución de elegir a quien enseñar. Si bien rechazamos la postura de quienes niegan enfáticamente la posibilidad de reconocer una obligación de enseñar, nos parece que su aceptación no puede ser genérica e indiferenciada de las particulares circunstancias del caso. Es que no es posible confundir el supuesto de quien intenta matricularse por primera vez en un establecimiento educativo, de aquel otro que sólo pretende proseguir los estudios iniciados anteriormente. La primera situación gira en torno al "acceso" al contrato, en tanto que la segunda concierne a la continuidad del servicio educativo. Aunque en ambos casos la "libertad de contratación" está comprometida, la misma requiere consideraciones diferenciadas. Por ello, resulta criticable que muchos de los planteos doctrinarios efectuados hasta la fecha hayan sustentado el "derecho de admisión" en una férrea concepción de la "autonomía de la voluntad" y sus libertades consiguientes. Nos parece que tal perspectiva no se compadece con los nuevos horizontes del Derecho contractual, que intenta construir respuestas de mayor justicia... Nos parece impropio hablar genéricamente de un "derecho de admisión" dado que sólo puede ejercerse esa facultad ante quien no se encuentra incorporado a la institución educativa. En ese entendimiento la práctica de la contratación anual de los servicios constituye un uso abusivo que sólo persigue falsear la realidad. Adviértase que los padres que eligen un establecimiento escolar lo hacen con el convencimiento de que –salvo situaciones excepcionales– su hijo transitar allí todas las etapas de los ciclos educativos. lo mismo sucede con la institución, que proyecta en sus educandos su propia historia. Lo expuesto no quiere decir que en tal caso el establecimiento no pueda extinguirlo, pero parece razonable que deba motivar su decisión. En ocasiones, la causa podrá ser invocada como pretensión resolutoria, tal como ocurriría si se fundara en la falta de ejecución a las obligaciones del contrato (vgr. falta de pago del arancel) o al deber de "colaboración" que pesa sobre los representantes o el propio educando (en nota se indica que la jurisprudencia "ha reconocido las facultades disciplinarias de los establecimientos dentro de los límites que imponen los principios de legalidad y razonabilidad"). En otras, vendrá a legitimar la denuncia del contrato, dando cuenta por las cuales se entiende que la preservación del vínculo afectar a ambas partes (vgr. la inconducta grave del educando observada durante el desarrollo del ciclo anterior, su rendimiento académico, la inadecuada integración del menor a su grupo de estudio o de los padres a la propia comunidad educativa) la noción de "colaboración" recíproca y permanente exige ese proceder (y aclara en la nota con cita de Lorenzetti, Tratado de los contratos I - 540 y ss., que así se distinguen las causales de resolución y de rescisión, lo que no resulta una tarea sencilla en los contratos de duración)... De ese modo el "derecho de admisión" queda circunscripto al supuesto en el cual el educando pretende ingresar a la institución educativa."*

2.6. Previsiones para la aplicación del derecho de admisión

Como hemos visto, el derecho de admisión se encuentra en discusión, lo que no obsta a que pueda reconocerse su ejercicio mientras sea oportuno, no arbitrario ni discriminatorio, ya que el derecho de aprender no puede ejercerse de manera ilimitada.

De todos modos, deberían cuidarse algunas pautas para su ejecución a los fines de justificar con la mayor razonabilidad posible la no matriculación.

- Incluir en el Proyecto Educativo Institucional y el Reglamento Interno de Convivencia las condiciones de ejercicio del derecho de admisión, entregar una copia por ciclo lectivo y archivar en el legajo del alumno una copia firmada por sus padres.

- Documentar y archivar las actas de entrevistas con los padres, con sus asistentes, fecha, y principales temas tratados, acuerdos, desacuerdos y decisiones, todo ello con la firma de las partes.

- Justificar la decisión de no matricular con el correspondiente asesoramiento letrado para no caer en la arbitrariedad.

- Comunicar por medio fehaciente, o por documentación entregada de manera personal a los padres si la causa de no matriculación es sensible.

- Ejercer el derecho con el plazo suficiente como para que las familias inscriban al alumno en otra institución.

3. eserva de vacante

Es el acto jurídico mediante el cual el establecimiento manifiesta una primera voluntad positiva en la celebración del contrato de enseñanza, pero todavía los elementos constitutivos del mismo no se encuentran en su totalidad, por lo que se extiende en el tiempo el momento de su inicio.

A diferencia del pago efectivo de la matrícula escolar, la reserva de vacante no es el principio de ejecución del contrato, sino que es solamente una manifestación positiva del derecho de admisión, y se da, por ejemplo, en casos de preinscripción o inscripción provisoria por falta de pago de la matrícula, o por existencia de deudas anteriores en concepto de aranceles. También se puede dar cuando hay requisitos formales que cumplimentar antes del inicio del contrato sin los cuales la relación no puede comenzar, como por ejemplo cumplimentar documentación faltante u otro elemento formal.

Es aconsejable establecer un límite temporal a esta situación, a los efectos de objetivar la responsabilidad de las partes.

En tal sentido, la responsabilidad de tipo civil de las partes existe como si fuera realmente una relación contractual, cuando por culpa de alguna de ellas se produce la frustración en la inscripción.

Puede darse cuando el establecimiento, frente a una reserva de vacante, se niega a la inscripción, causando de esa manera un daño al alumno que no puede concurrir al establecimiento elegido, o que no puede conseguir vacante en otro establecimiento, por el que debe responder civilmente.

Igualmente, cuando se efectúa una reserva de vacante que luego es desistida por el alumno inscripto, se puede dar lugar al reclamo del perjuicio sufrido por el establecimiento al no poder disponer temporáneamente de esa vacante.

No habría responsabilidad para ninguna de las partes cuando se venciera el plazo sin que se cumpla con la condición del contrato, el pago de la matrícula o la justificación del cumplimiento de los requisitos formales, porque esa condición era sabida por ambas desde el inicio.

Por último, cuando sí se cumplen las condiciones pactadas, se da inicio formalmente al contrato de enseñanza, convirtiendo la inscripción provisoria en definitiva.

4. Comienzo de e ecución del contrato. Matriculación

El pago de la matrícula es el principio de ejecución del contrato de enseñanza.

A partir de ese momento, se hacen efectivas las obligaciones asumidas por las partes al contratar y empiezan a tener vigencia todos los principios contractuales consagrados por el Código Civil, esto es, la obligación del establecimiento de brindar el servicio educativo y de la contraparte de abonar el arancel fijado.

Si el requirente se arrepintiera, la matrícula puede ser devuelta con o sin quita, siempre que ese arrepentimiento sea temporáneo, es decir, con la antelación suficiente como para cubrir la vacante que se deja y que la posibilidad de devolución de la matrícula se encuentre determinada en el contrato de enseñanza suscripto con la institución.

El caso del establecimiento es distinto, ya que no puede devolver la matrícula o un importe en todo caso mayor si no quiere contratar con esa persona, ya que ese pago no tiene el carácter de una seña sino de comienzo de la ejecución del contrato y genera derechos al alumno inscripto, uno de ellos, el fundamental, el de ser considerado alumno regular del establecimiento para el ciclo lectivo que corresponda.

La posibilidad de ponderar la contratación la tiene el establecimiento al momento de ejercer el derecho de admisión y durante el plazo de reserva de vacante.

En caso de que el establecimiento no obstante lo anterior, quiera disolver el contrato de enseñanza una vez percibida la matrícula, el padre del alumno tendrá derecho de reclamar a la autoridad administrativa (SPEP) que ordene la continuidad de la inscripción y para el caso de que la negativa persista, reclamar por vía judicial los daños y perjuicios que le genere esa ruptura intempestiva del contrato.

5. Cobro de aranceles. eglamentación vigente

El art. 15 de la ley 6.427 reconoce a los establecimientos educativos de gestión privada la posibilidad de percibir aranceles por el servicio que brindan, tomando en cuenta las características económicas y sociales de la zona donde funcionan.

Debemos distinguir el ejercicio de esta facultad para instituciones educativas autorizadas (que no perciben aporte estatal) e incorporadas (aquellas que sí lo perciben).

Las primeras tienen amplia liberalidad para cobrar aranceles, siendo su límite la capacidad de pago de sus alumnos sin injerencia ni control estatal tanto en la fijación como en la percepción de sus aranceles. En este caso las propias instituciones son las que establecen su autolimitación tanto en las formas como en la cuantía de los aranceles que perciben.

Distinto es el caso para los establecimientos educativos que perciben aporte estatal, los vulgarmente denominados "subsidiados". Estos, al contar con un aporte financiero del Estado provincial, se encuentran sujetos a normas de limitación para el cobro de aranceles y rendición de cuentas y son pasibles de sanciones para el caso de que no las cumplan. No existe, en este caso, autonomía en la fijación de los conceptos y cuantía de los aranceles, debiendo limitarse tal facultad por las condiciones impuestas por el Estado.

Esa facultad se encuentra reglada en la actualidad por la disposición SPEP 18 del año 2003.

Se establecen dos tipos de aranceles:

a- Por enseñanza programática: entendiéndose por tal todos los pagos que estén directamente relacionados con la enseñanza impartida según los programas oficiales vigentes y planes experimentales aprobados.

b- Por enseñanza extraprogramática: todos los pagos que correspondan a la extensión del horario escolar o enseñanza que imparte en horario diferente al de las asignaturas que integran el plan oficial.

c- Por otros conceptos: podrán incluirse en éste rubro, los destinados a gastos de mantenimiento y de equipamiento de elementos y máquinas a los que se vieren obligados los establecimientos por exigencia de los plantes oficiales-experimentales que hayan adoptado.

Los establecimientos se clasificarán por categoría de acuerdo al porcentaje de aporte estatal recibido, de la siguiente manera.

Categoría	% de aporte
A	100 %
B	80 %
C	70 %
D	66,66 %
E	60 %
F	40 %

Los establecimientos particulares incorporados que perciban el 100% de aporte estatal no podrán recaudar aranceles por ningún concepto, conforme el Capítulo III apartado 30º del decreto 2.880/69 y sólo podrán cobrar cuotas voluntarias de hasta un 5% del sueldo nominal (afectable y no afectable) actualizado de un maestro de grado con antigüedad inicial tomado como testigo. El total percibido será voluntario y la falta de pago no afectará de ninguna manera al alumno, tampoco generará intereses, recargos o actualizaciones. Se considerará solamente al personal escolar autorizado y al incorporado y se reconocerá como remuneración del mismo las que el Estado fija para el desempeño en el orden oficial en iguales funciones, especialidades y cargos. Los establecimientos con aporte estatal inferior al 100% podrán percibir en concepto de arancel por la enseñanza oficial que impartan un porcentaje máximo por cada categoría, calculado sobre el sueldo nominal (afectable y no afectable actualizado) del maestro de grado:

Categoría	% de aporte
B	9 %
C	11,67 %
D	12 %
E	13 %
F	15 %

Del total recaudado en concepto de arancel por enseñanza oficial, calculado conforme el art. anterior, deberá destinarse no menos del 50% al pago de retribución del personal escolar. Las actividades extraprogramáticas deberán tener una duración mínima de un módulo semanal de 40 minutos y por cada uno de los mismos se podrá percibir el equivalente del 10% del arancel por enseñanza programática calculado de acuerdo al apartado 4º de la disposición. Los servicios de apoyo pedagógico y psicopedagógicos, orientación vocacional o similares, serán considerados como un módulo.

Lo percibido por otros conceptos sumado el monto cobrado por enseñanza extraprogramática, no deberá superar el 50% de lo percibido por enseñanza programática. Dichos conceptos deben estar respaldados por la documentación demostrativa del gasto (factura o recibos que reúnan los requisitos exigidos por las normas vigentes) y guardar relación su valor con las cuotas en que se distribuye. Las cuotas voluntarias y las arancelarias podrán percibirse por no más de 10 meses. Pueden cobrarse menos cuotas, pero el total de cada una no puede superar los importes determinados.

Se reconoce la posibilidad de cobrar una suma en concepto de inscripción o matriculación que será un monto equivalente al doble del cobrado mensualmente por arancel o cuota voluntaria, con lo que se completarían los 12 meses de obligaciones de pago salarial, aunque quedaría sin sustento arancelario el pago del Sueldo Anual Complementario.

Las constancias de pago total que los establecimientos arancelados extiendan deberán adoptar la normativa legal vigente en la materia y además discriminar los distintos conceptos que cobren al alumno. Estas constancias deben mantenerse archivada en el establecimiento. Las constancias por cuotas voluntarias deberán guardar idéntica forma con el agregado de la leyenda "CUOTA VOLUNTARIA".

A los efectos de constatar el cumplimiento de la disposición los establecimientos están obligados a remitir anualmente veinte días antes del inicio del período lectivo y toda vez que se lo solicite al Servicio Provincial de Enseñanza Privada, el detalle de los aranceles que perciben, como así también informar modificaciones que se produzcan en las cuotas comunicadas.

Las asociaciones mutuales, civiles, cooperadoras, de padres y otras similares no podrán exigir a los alumnos o a sus padres contribuciones. En tal caso la falta de pago de las mismas no podrá de ninguna manera afectar al alumno.

Esta disposición obliga también a exhibir en lugares y caracteres visibles tanto las cuotas determinadas y la transcripción de este último párrafo.

Por supuesto que para el caso de que alguna institución educativa incumpla o falsee los datos de las cuotas se hará pasible de las sanciones previstas en el art. 39 de la Ley N° 6.427, las que pueden ir desde la quita del aporte estatal hasta el cierre del establecimiento.

. eudores morosos. Cobro udicial de cuotas

La existencia de un contrato de enseñanza con obligaciones recíprocas, permite al establecimiento educativo que cumple con su parte, esto es, que presta el servicio educativo contratado, reclamar para sí el derecho a cobrar los aranceles que fueran establecidos por el mismo.

Si las familias incumplen con esa obligación de pago, se abre la posibilidad de un reclamo judicial para obtenerlas, ya que las mismas son deudas contractuales como cualquier otra, es decir, que incurre en el mismo incumplimiento la persona que deja de pagar la cuota de un electrodoméstico que la que deja de pagar la cuota de un establecimiento educativo.

El hecho de que el servicio que se brinda sea de tipo educativo y distinto al de un comercio, por ejemplo, no lo libera de las consecuencias del incumplimiento.

La deuda es la misma, ya que el perjuicio que sufre el establecimiento al no poder cobrar una cuota es el mismo que sufre un comercio cuando vende mercaderías y no se las pagan.

De allí que sea posible el reclamo extrajudicial o el cobro judicial de las deudas, aún en aquellos establecimientos educativos incorporados, ya que la incorporación no prohíbe el cobro de las cuotas, y el cobro judicial es la extensión de ese derecho.

Se plantearía una duda en el caso de los establecimientos que perciben el 100% del aporte estatal, quienes de acuerdo a la normativa vigente sólo podrían cobrar cuotas de tipo voluntaria.

Si bien es extremadamente difícil que instituciones que perciban el 100% de aportes hagan reclamos judiciales por falta de pago de aranceles, por cuestiones extrajurídicas relacionadas por el lugar donde están ubicadas y la condición social de los alumnos, es necesario precisar que la voluntariedad del pago de las cuotas la asume la familia del alumno al momento de la matriculación, por lo que al aceptar el pago de la cuota voluntaria, la misma se transforma en obligatoria y pasible de reclamo por falta de pago.

Esta opinión no encuentra óbice en la reglamentación, que solamente dice que la falta de pago de las mismas no podrá de ninguna manera afectar al alumno, pero el reclamo por la falta de pago no lo afecta mientras se le siga brindando servicio educativo hasta la finalización del ciclo lectivo y se le entregue la documentación que acredite esos estudios (libreta o certificados de aprobación).

Al momento de la reinscripción la institución educativa evaluará la conveniencia o no de la continuidad de los alumnos morosos y su impacto en el equilibrio financiero de la misma.

6.1. Prescripción del reclamo por cobro de cuotas

La prescripción liberatoria, de acuerdo a nuestro Código Civil, constituye un medio para liberarse de una obligación cuando transcurre cierto tiempo sin que el titular de un derecho lo ejercite. La liberación no es automática por el sólo transcurso del tiempo, sino que es necesaria una sentencia judicial que declare que venció el plazo fijado en la ley y por ello es una defensa que se opone como una excepción por quien es demandado para liberarse de dicha obligación.

El art. 4035, inc. 2° CC, enumera entre los supuestos de prescripción anual a la obligación de pagar *"A los dueños de colegios o casas de pensión, el precio de la pensión de sus discípulos, y a los otros maestros el del aprendizaje;..."*, norma que, indudablemente, incluye a los alumnos externos, aunque en ese caso, el precio sólo comprende el aprendizaje, no así servicios adicionales (Llambías, Jorge Joaquín, "Tratado de Derecho Civil, Obligaciones", t. III, pág. 446, ap. 2105, Editorial Perrot, Buenos Aires, 1977; Salvat, Raymundo M., "Tratado de Derecho Civil Argentino. Obligaciones en general", t. II, páginas 597/598, Editorial La Ley, Buenos Aires, 1946), es decir que la prescripción para el cobro de las cuotas por servicio educativo es siempre de un año.

No obstante, se plantearon dudas sobre los plazos de prescripción que corresponde aplicar a una acción por cobro de servicios educativos prestados por un comerciante individual o una sociedad mercantil.

Para ello, es preciso recordar que el art. 844 del Código de Comercio establece que: *"La prescripción mercantil está sujeta a las reglas establecidas para las prescripciones en el Código Civil, en todo lo que no se oponga a lo que disponen los artículos siguientes"*.

La sola lectura del texto legal evidencia una remisión genérica a las normas que, en materia de prescripción, contiene el Código Civil.

En efecto, la prescripción de las obligaciones comerciales se rige, en principio, por el Código de Comercio y lo dispuesto en otras leyes especiales que abarcan aspectos mercantiles. En caso de vacío o silencio de la ley comercial, son de aplicación subsidiaria y complementaria de ésta los preceptos del Código Civil, en todo cuanto no resulte contrario a las disposiciones de la ley mercantil. Por su parte, el art. 846 del mismo cuerpo legal dispone que el término ordinario de prescripción de las acciones comerciales es de diez años, *"siempre que en este Código o en leyes especiales no se establezca una prescripción más corta"*.

El contrato de prestación de servicios educativos es un contrato atípico, innominado, pues no es en forma pura y neta locación de obra ni de servicios. Su naturaleza comercial resulta indudable cuando es realizado como locador por un comerciante individual o una sociedad mercantil (arts. 5, 7 y 8°, inc. 6° del Código de Comercio).

Si el acto somete a todos los contratantes a la ley mercantil, precisamente porque es comercial para una sola de sus partes, ello conduce inexorablemente a concluir que los plazos de prescripción de las acciones emergentes del convenio analizado deben determinarse por aplicación de las disposiciones específicas previstas en el Código de Comercio, es decir que para esta postura la prescripción era de 10 años.

En contra de tal interpretación están quienes entienden que, al no existir una norma expresa en el Código de Comercio sobre la prescripción de servicios educativos, se debe remitir a la normativa del Código Civil y por ello el plazo de prescripción aplicable a este tipo de acciones sería el previsto en el art. 4035 CC.

Con el transcurso del tiempo la jurisprudencia ha tomado como válida esta última interpretación, aún para el caso de que los servicios educativos sean prestados por sociedades mercantiles, postura que se vio sustentada por un fallo plenario de las Cámaras Civiles y Comerciales de la ciudad de Buenos Aires en la causa "Sworn Junior College SA c/ Caputto, Juan Carlos" del año 2003 (La Ley 2003, F – 440).

A los fines de no desbaratar la posibilidad de cobro de cuotas adeudadas, es necesario que las instituciones establezcan sistemas de novación y reconocimiento de las deudas, o de la constitución de títulos ejecutivos para que dichas deudas no sean alcanzadas por la prescripción liberatoria anual.

. Le 24.   de publicidad de la enseñanza privada
   le 24.24 de efensa del Consumidor

7.1. Ley de publicidad de la enseñanza privada

La ley 24.086 establece los requisitos que deberá cumplir la difusión de los servicios que presten las personas y/o instituciones de propiedad privada, destinada a enseñanza, que dicten cursos presenciales, semipresenciales o a distancia.

Por ello deberá informarse fehacientemente a quien viene a inscribirse:

a) Tratándose de establecimientos con o sin reconocimiento oficial, si los cursos impartidos no cumplen con los planes y programas aprobados por el organismo educativo oficial correspondiente, no podrán incluir la mención de títulos con igual denominación a los que se expidieron o se expiden oficialmente.

b) Deberán asimismo, hacer constar en toda su publicidad, en forma destacada, que el título y/o certificado que extienden no tiene carácter oficial:

c) En caso de que no contaran con el reconocimiento oficial, deberán brindar al interesado información veraz, por medio de acta notificativa, en la que deberá constar:

1. Clase de título y/o certificado que se entrega.

2. Que no habilita para ejercer la docencia oficial o privada, o cualquier otra profesión cuya carrera o curso sea dictada por establecimientos de enseñanza de Nivel Inicial, Educación General Básica, Nivel Polimodal o Nivel Superior y que estén reconocidos oficialmente: o para continuar estudios superiores:

d) En caso de que el establecimiento contara con reconocimiento oficial, deberá en cada carrera y/o curso que publicite, mencionar el número de resolución respectiva por el cual fueron aprobados, así como código y características del establecimiento.

La violación a lo establecido por la ley facultará a los Ministerios de Educación de cada jurisdicción, a que, a través del organismo encargado del reconocimiento y control de los establecimientos privados, en el caso de nuestra provincia, el Servicio Provincial de Enseñanza Privada, intimen al cese de la difusión engañosa y al desarrollo de los cursos o carreras. Si dicha violación continuara, los organismos mencionados precedentemente deberán iniciar las acciones sancionatorias previstas en la ley 24.240 de defensa del consumidor y/o el art. 172 del Código Penal, y/o el art. 42 de la CN.

7.2. Ley de defensa del consumidor

La ley 24.240 de Defensa del Consumidor establece obligaciones para todos los prestadores de servicios, entre los que se encuentran los establecimientos educativos de gestión privada, en orden a cumplir los siguientes requisitos:

Información. El proveedor está obligado a suministrar al consumidor en forma cierta, clara y detallada todo lo relacionado con las características esenciales de los bienes y servicios que provee, y las condiciones de su comercialización.

Efectos de la Publicidad. Las precisiones formuladas en la publicidad o en anuncios prospectos, circulares u otros medios de difusión obligan al oferente y se tienen por incluidas en el contrato con el consumidor.

Trato digno. Prácticas abusivas. Los proveedores deberán garantizar condiciones de atención y trato digno y equitativo a los consumidores y usuarios. Deberán abstenerse de desplegar conductas que coloquen a los consumidores en situaciones vergonzantes, vejatorias o intimidatorias. En los reclamos extrajudiciales de deudas, deberán abstenerse de utilizar cualquier medio que le otorgue la apariencia de reclamo judicial.

Modalidades de Prestación de Servicios. Quienes presten servicios de cualquier naturaleza están obligados a respetar los términos, plazos, condiciones, modalidades, reservas y demás circunstancias conforme a las cuales hayan sido ofrecidos, publicitados o convenidos.

Se tendrán por no convenidas:

a) Las cláusulas que desnaturalicen las obligaciones o limiten la responsabilidad por daños;

b) Las cláusulas que importen renuncia o restricción de los derechos del consumidor o amplíen los derechos de la otra parte;

c) Las cláusulas que contengan cualquier precepto que imponga la inversión de la carga de la prueba en perjuicio del consumidor.

La interpretación del contrato se hará en el sentido más favorable para el consumidor. Cuando existan dudas sobre los alcances de su obligación, se estará a la que sea menos gravosa.

En caso en que el oferente viole el deber de buena fe en la etapa previa a la conclusión del contrato o en su celebración o transgreda el deber de información o la legislación de defensa de la competencia o de lealtad comercial, el consumidor tendrá derecho a demandar la nulidad del contrato o la de una o más cláusulas. Cuando el juez declare la nulidad parcial, simultáneamente integrará el contrato, si ello fuera necesario.

Contrato de Adhesión. Contratos en Formularios. La autoridad de aplicación vigilará que los contratos de adhesión o similares, no contengan cláusulas prohibidas. La misma atribución se ejercerá respecto de las cláusulas uniformes, generales o estandarizadas de los contratos hechos en formularios, reproducidos en serie y en general, cuando dichas cláusulas hayan sido redactadas unilateralmente por el proveedor de la cosa o servicio, sin que la contraparte tuviere posibilidades de discutir su presencia.

Jurisprudencialmente, encontramos un antecedente en autos "Asociación Cultural Italiana Cristóforo Colombo c/DNCI-DISP 446/10 -CNACAF - SALA III - 16/12/2010 en el cual se determinó la invalidez de cláusulas contractuales suscriptas entre el establecimiento y la familia de un alumno en lo relacionado a las condiciones de inscripción y cargos por mora en el pago. Ha dicho la Cámara que *"La cláusula referida a las condiciones particulares adicionales que exigirá la escuela para la inscripción de los alumnos que surge de la Circular N 91, no resulta clara en el sentido de conocer cuáles son esas condiciones particulares que podrá exigir la escuela en determinados casos, desconociéndose qué requisitos adicionales tendrá que cumplir quien desee ser alumno, los que sólo son conocidos por el predisponente que filie quien diseñó la circular en cuestión y le confiere el derecho a determinar en forma unilateral en qué casos podrá exigir más condiciones y cuáles serán éstas, sin especificar parámetro alguno a ser considerado por quien desee ser alumno ya que no brinda información adecuada y suficiente afectándose de tal modo la equivalencia en la relación oferente-usuario en abierta contradicción a lo dispuesto por la resolución 53/03 reglamentaria de la Ley 24.240 ". "En cuanto a la cláusula referida a los gastos administrativos por mora cabe señalar que si bien debe partirse del principio de que la libertad contractual, bajo la perspectiva constitucional, ella no importa un derecho absoluto, ya que hay múltiples restricciones a las cuales las personas se encuentran sujetas para el logro del bien común. La relación entre escuelas privadas y educandos, reviste características típicas de los contratos de adhesión, en los cuales el establecimiento dispone las condiciones generales a las que el alumno se halla sujeto. El contrato educativo reviste elementos institucionales que deben estar subordinados al ordenamiento jurídico general y al interés público. De ello, se desprende la necesidad de fijar pautas que coloquen en una situación de equilibrio a las partes garantizando la transparencia, lealtad comercial y competitividad. De la cláusula referida al número de cuotas sólo surge que el segundo vencimiento generará un gasto administrativo extra y que vencidos los plazos de pago se aplicarán ulteriores gastos administrativos sin especificar a cuánto ascienden los mismos y aunque en su recurso la apelante ha explicado, que el interés que se percibía en los últimos años ha sido fijado por el Consejo Directivo de la Asociación en el 3 mensual y que el mismo es debidamente informado a las familias, dichas circunstancias no han sido acreditadas en estos autos."*

Defensor a del Pueblo de la Provincia de anta e.
ncompetencia

La ley 10.396 creó la Defensoría del Pueblo, un organismo que se encuentra dentro de la órbita del Poder Legislativo de la provincia, y cuyo objetivo fundamental es el de proteger los derechos e intereses de los individuos y de la comunidad frente a los actos, hechos y omisiones de la Administración Pública Provincial y sus agentes que impliquen un ejercicio ilegítimo, defectuoso, irregular, abusivo, arbitrario, discriminatorio, negligente, incausado, gravemente inconveniente, inoportuno de sus funciones, o configuren una desviación de poder.

Asimismo tiene a su cargo la defensa de los intereses difusos o derechos colectivos de la comunidad.

El art. 22 fija las atribuciones del Defensor del Pueblo, afirmando que las mismas se extienden a la actividad de la Administración Pública Provincial, que a los efectos de la ley comprende la administración centralizada y descentralizada, entidades autárquicas, institucionales, empresas del Estado, sociedades del Estado, sociedades de economía mixta, sociedades de participación estatal mayoritaria, y todo otro organismo del Estado Provincial, cualquiera fuere su naturaleza jurídica, denominación, ley especial que pudiera regirlo, o lugar donde preste sus servicios. Quedan exceptuados del ámbito de competencia de la Defensoría del Pueblo, el Poder Judicial y el Poder Legislativo.

Por su parte el art. 23 extiende la competencia a las personas jurídicas privadas en ejercicio de funciones públicas.

Resulta necesario preguntarse entonces sobre las condiciones de intervención de este organismo en la actividad educativa de gestión privada, ya que es frecuente escuchar a familias, docentes y/o terceros que en situaciones conflictivas anuncian como alternativa a su reclamo la presentación de denuncias ante la Defensoría del Pueblo.

La respuesta es una sola, ya que de la lectura de la legislación de creación del organismo nos advierte sobre la incompetencia del mismo para intervenir en quejas o reclamos planteados contra establecimientos educativos de gestión privada, porque los mismos no son parte de la Administración Pública, y menos aún son personas jurídicas en ejercicios de funciones públicas.

La educación de gestión privada es una actividad que se realiza en ejercicio de un derecho constitucional propio (libertad de enseñanza) y no concedido, por lo que no puede ser considerado un servicio público y menos considerar que los establecimientos educativos de gestión privada ejercen *"funciones públicas"* delegadas.

La equivocación surge tal vez porque la Defensoría sí tiene competencia sobre cuestiones de educación oficial que se le plantean, generalmente referidas a problemas de inscripción, niños con reducción horaria por problemas de conducta, agresiones y/o maltrato entre niños y entre docentes y alumnos, problemas de escalafón, cobros atrasados, expedientes muy demorados etc.

Como la educación oficial tiene una estructura jerárquica, la Defensoría puede intervenir y sugerir cambios de conductas administrativas ya que tiene facultades para ello, pero esas cuestiones, planteadas como reclamo contra establecimientos educativos de gestión privada, no pueden ser receptadas en los términos de la ley.

En consecuencia, ante la denuncia planteada contra el establecimiento educativo ante la Defensoría del Pueblo debería plantearse la incompetencia, argumentando no solamente lo ya dicho, sino también lo dispuesto por el art. 35 de la ley: *"El Defensor del Pueblo podrá rechazar aquellas quejas cuya tramitación irrogue perjuicio al legítimo derecho de tercera persona"*, que en este caso sería la institución educativa.

Si bien las resoluciones de la Defensoría del Pueblo no son dispositivas ni ejecutivas, es decir, no pueden obligar a hacer o dejar de hacer algo, por imperio del art. 58 de la ley, *"el Defensor del Pueblo no será competente para modificar, sustituir o dejar sin efecto las decisiones administrativas"*, sí puede sugerir la modificación de los criterios para su producción, aunque con un dictamen no vinculante.

De esta manera, permitir la intervención de la Defensoría del Pueblo en cuestiones privadas de los establecimientos con las familias y/o sus docentes, sería permitir una intromisión arbitraria y antijurídica que sólo traerá confusiones y conflictos indeseados, a veces de difícil resolución, tal vez más complejos que el problema original, por lo que debe ser claro el rechazo a esa intervención por los argumentos detallados en este punto.

Capítulo VI

Facultades disciplinarias de los establecimientos

1. isciplina escolar   cuerdos Escolares de Convivencia

Los sistemas disciplinarios en los establecimientos educativos comprenden las pautas de conducta que ordenan la actividad de los miembros del grupo. Los docentes y sus alumnos aceptan, observan y obedecen un conjunto de reglas acerca del comportamiento en el establecimiento durante el horario escolar, cuya función es la de facilitar, de una manera fluida y eficiente, el proceso de enseñanza-aprendizaje.

Se entiende generalmente por disciplina escolar la obligación que tienen los alumnos de seguir un código de conducta conocido históricamente como reglamento escolar y que ahora es designado también como Acuerdo Escolar de Convivencia.

Este código de conducta define exactamente lo que se espera que sea el modelo de comportamiento, el uniforme, el cumplimiento de un horario, las normas éticas y las maneras en las que se definen las relaciones al interior del establecimiento educativo.

Dicho código de conducta contempla además una normativa respecto al tipo de sanción que se debe seguir en el caso en que el alumno infrinja la norma y un procedimiento para que su aplicación respete los derechos de todas las partes.

La pérdida del respeto por la norma es un acto de indisciplina, lo que ocasiona una sanción o un castigo, que lo aplica quien tiene la autoridad para hacerlo y debe ser acorde a la ofensa, ya que de no serlo no tendría justificación

El uso de las sanciones presenta aspectos importantes, ya que debe haber una ofensa cierta que justifique la aplicación de la sanción y esa sanción impida la repetición de la conducta sancionada.

De lo dicho se pueden concluir algunos criterios:

a) Ninguna norma escolar puede contradecir lo que establece la Constitución Nacional ni otro marco legal o reglamentario vigente en el Estado Nacional y/o provincial. De lo contrario, perdería su legitimidad institucional.

b) La norma no conocida no obliga. No se puede pedir a los alumnos que cumplan con normas de las que no fueron informados claramente con anterioridad y a las que no hayan dado su consentimiento.

c) Las normas encuadran hechos que han sido atestiguados por testigos presenciales o probado por otros medios de prueba.

Como se podrá deducir de lo ya dicho, la presencia de normas en los establecimientos educativos comprende la presencia de límites a determinados comportamientos que se consideran inapropiados. El aspecto prescriptivo de una norma establece deberes, derechos y prohibiciones.

Establecer normas es poner límites a todos los actores escolares. Este concepto no implica desconocer los principios de convivencia escolar, ni los derechos personalísimos de los alumnos, pero la misma no será posible sin un encuadre, sin límites aceptados por todos.

Las normas son materia educativa e integra de manera inescindible cualquier proyecto educativo.

1. 1. Diferencia entre reglamentos de disciplina y acuerdos escolares de convivencia

El concepto clásico de disciplina escolar punitiva se ha cuestionado en los últimos años, y por ello las políticas educativas oficiales están tendiendo hacia la construcción de nuevos sistemas disciplinarios denominados "Acuerdos Escolares de Convivencia" como superadores de los reglamentos internos impuestos desde arriba de la organización escolar.

Los partidarios de los AEC afirman que los mismos cuentan con condiciones más beneficiosas, como ser:

- Los AEC son propositivos y no sólo prescriptivos

- Los AEC no sólo ponen límites sino que también proponen valores.

- Al no caer en la casuística se evita el riesgo de la permanente desactualización de las normas. De otra manera, siempre habrá casos que no fueron previstos, pudiendo caer en un exceso normativo que impida o perjudique la toma de decisiones por tener demasiadas prescripciones. La formulación de tipos de conducta deseada es más estable y deja un espacio para "tipificar los casos".

Es decir que, a partir de una reflexión conjunta, se puede definir en cuál norma se encuadra cada caso que ocurre, y así ir estableciendo una jurisprudencia escolar, siempre con el recaudo de no contradecir las normas generales en vigencia y los derechos de las partes implicadas.

1. 2. Acerca de las sanciones

Como principio general, en la escuela como en la sociedad no es bueno que haya impunidad. Si hay transgresión a las normas, lo esperable es que haya sanción.

La presencia de una sanción instaura al menos dos aspectos importantes para la formación de la conciencia ética y democrática.

En primer lugar, la sanción logra un cierto equilibrio, una cierta reciprocidad entre el grupo humano que se regula por una norma y los miembros que la transgreden. Si no hubiera sanción se diluye lo colectivo y se acentúa el individualismo, porque el encuadre normativo se debilita.

En segundo lugar, la sanción favorece un aprendizaje cognitivo que consiste en poder establecer una relación acción-consecuencia que permita el desarrollo de la capacidad anticipatoria de la mente: mis decisiones producen consecuencias.

1.3. El sentido y las modalidades diversas de sanción en los AEC

Las normas son inseparables de las sanciones, pero éstas pueden tener diversos sentidos y, según ellos, hay diferentes tipos de sanciones.

Lo propio de un AEC es que incluye una diversidad de sanciones, y deja opciones para elegirlas con un criterio educativo en relación directa con el contenido de la transgresión. Norma, transgresión y sanción forman un conjunto integrado.

Mencionamos a continuación diferentes sentidos y tipos de sanciones que podría incluir un AEC.

a) La palabra sanción alude a un sentido punitivo; en él se acentúa el estímulo del temor para ejercer control sobre las conductas.

Aunque de algún modo la presencia de sanciones no puede eludir este mensaje, resulta a todas luces insuficiente y limitado.

Apostar a la amenaza y al control externo no favorece el desarrollo del autocontrol y la autonomía, por ello está prohibida la afectación de actividades académicas como sanción (por ejemplo, bajar la calificación en una evaluación por una conducta negativa, dar como sanción la lectura de un libro, etc.).

b) La sanción debe tener un significado reparatorio, no solamente punitivo. Si se ha hecho un daño se propone una reparación. El daño puede ser moral o material y la reparación también lo será. Es clara la ventaja educativa que tiene el enfoque reparatorio porque permite tener una mayor conciencia del daño que puede producir una transgresión a la norma. Arreglar lo que se ha roto, reponer lo que se ha perdido o sustraído, favorece la percepción de los acontecimientos desde la perspectiva de los otros.

c) La sanción puede apuntar al cambio de conducta y adoptar la modalidad de un contrato de cambio de conducta en un tiempo determinado (actas acuerdos, sistema de puntaje).

d) La sanción puede adoptar una forma experiencial, proponer al alumno experiencias que le favorezcan la empatía con los otros y el sentido comunitario. (Propuestas de trabajos comunitarios, experiencias en otros contextos.)

Un AEC se caracteriza por ofrecer diferentes formas de sanción privilegiando el enfoque educativo de las mismas, aunque siempre dentro del ámbito de respeto a la normativa provincial vigente.

2. uevos escenarios de conflicto social escolar. coso escolar o bull ing

El acoso escolar o bullying comprende todas las actitudes agresivas, intencionales, eventuales o repetidas, que ocurren sin motivación aparente, adoptada por uno o más alumnos sobre otro, causando dolor o angustia y ejecutadas dentro de una relación desigual de poder.

Los actos agresivos, eventuales o repetidos, entre iguales y el desequilibrio de poder entre las partes son las características esenciales que vuelven posible la intimidación de la víctima.

El bullying es un problema cada vez más presente en las instituciones educativas tanto públicas como privadas de diferentes niveles educativos y ubicación socio económica.

Cuando no hay intervenciones efectivas contra el bullying, el ambiente escolar se vuelve totalmente contaminado. Todos los alumnos, sin excepción, son afectados negativamente pasando a experimentar sentimientos de ansiedad y miedo.

3. Le 2 . 2. Le para la promoción de la convivencia el aborda e de la conflictividad social en las instituciones educativas

El pasado mes de octubre de 2013 se sancionó la ley 26.892 con el objetivo de abordar la conflictividad social en las instituciones educativas que configura las conductas que puedan ser identificadas como acoso escolar o bullying.

La importancia de esta ley radica en la obligatoriedad para todos los establecimientos educativos de abordar la conflictividad social desde la convivencia y no de la punición, lo que obligará necesariamente a las instituciones a actualizar sus sistemas disciplinarios y reglamentos internos para adecuarlos a estos nuevos lineamientos, que priorizan el diálogo, la sanción reparatoria y la permanencia del alumno en el sistema educativo.

En tal sentido la norma no es clara con relación a si se ha prohibido la expulsión del alumno como sanción máxima, pero de la letra surge que el alumno no puede ser expulsado del sistema educativo, de lo que cabe concluir que el traslado de un alumno de un establecimiento a otro como medida disciplinaria no se encuentra prohibido ni tampoco afecta los derechos reconocidos y expresados taxativamente con la norma que, como toda norma novedosa, deberá ser primero conocida por todas las partes del sistema educativo para luego aplicarla y evaluar sus beneficios.

3.1. mbito de aplicación
Será de aplicación en las instituciones educativas de todos los niveles y modalidades del sistema educativo nacional, con excepción de los niveles terciarios y universitarios, en razón de que tiende a la protección de los menores de edad en un ambiente conflictivo en el que necesitan contención y apoyo.

3.2. Principios orientadores
Esta ley refiere como antecedentes a la ley 23.849, Convención sobre los Derechos del Niño, la ley 26.061, de Protección Integral de los Derechos de los Niños, Niñas y Adolescentes y la ley

26.206, de Educación Nacional para fijar los siguientes principios orientadores:

- El respeto irrestricto a la dignidad e intimidad de las personas.
- El reconocimiento de los valores, creencias e identidades culturales de todos.
- El respeto y la aceptación de las diferencias, el rechazo a toda forma de discriminación, hostigamiento, violencia y exclusión en las interacciones entre los integrantes de la comunidad educativa, incluyendo las que se produzcan mediante entornos virtuales y otras tecnologías de la información y comunicación.
- El derecho a participar de diferentes ámbitos y asuntos de la vida de las instituciones educativas.
- La resolución no violenta de conflictos, la utilización del diálogo como metodología para la identificación y resolución de los problemas de convivencia.
- El respeto por las normas y la sanción de sus transgresiones como parte de la enseñanza socializadora de las instituciones educativas.
- La contextualización de las transgresiones en las circunstancias en que acontecen, según las perspectivas de los actores, los antecedentes previos y otros factores que inciden en las mismas, manteniendo la igualdad ante la ley.
- El derecho del estudiante a ser escuchado y a formular su descargo ante situaciones de transgresión a las normas establecidas.
- La valoración primordial del sentido formativo de las eventuales sanciones o llamados de atención.
- El reconocimiento y reparación del daño u ofensa a personas o bienes de las instituciones educativas o miembros de la comunidad educativa por parte de la persona o grupos responsables de esos hechos.

3.3. Objetivos

La ley pretende:
- Garantizar el derecho a una convivencia pacífica, integrada y libre de violencia física y psicológica.
- Orientar la educación hacia criterios que eviten la discriminación, fomenten la cultura de la paz y la ausencia de maltrato físico o psicológico.
- Promover la elaboración o revisión de las normas de las jurisdicciones sobre convivencia en las instituciones educativas, estableciendo así las bases para que estas últimas elaboren sus propios acuerdos de

convivencia y conformen órganos e instancias de participación de los diferentes actores de la comunidad educativa.

- Establecer los lineamientos sobre las sanciones a aplicar en casos de transgresión de las normas.

- Impulsar estrategias y acciones que fortalezcan a las instituciones educativas y sus equipos docentes, para la prevención y abordaje de situaciones de violencia en las mismas.

- Promover la creación de equipos especializados y fortalecer los existentes en las jurisdicciones, para la prevención e intervención ante situaciones de violencia.

- Desarrollar investigaciones cualitativas y cuantitativas sobre la convivencia en las instituciones educativas y el relevamiento de prácticas significativas en relación con la problemática.

3.4. Nuevos lineamientos de las normas de convivencia

El Ministerio de Educación de la Nación, con el acuerdo del Consejo Federal de Educación, debe promover la elaboración y revisión de las normas sobre convivencia en las instituciones educativas en cada una de las jurisdicciones educativas del país para todos los niveles y modalidades de la enseñanza, a partir de los siguientes lineamientos:

- Que se orienten las acciones de los integrantes de la comunidad educativa hacia el respeto por la vida, los derechos y responsabilidades de cada persona, la resolución no violenta de los conflictos, el respeto y la aceptación de las diferencias.

- Que se propicien vínculos pluralistas, basados en el reconocimiento y el respeto mutuo, que impulsen el diálogo y la interrelación en lo diverso.

- Que se reconozca la competencia de las instituciones educativas para elaborar y revisar periódicamente sus propios códigos o acuerdos de convivencia garantizando la participación de la comunidad educativa, adecuándose a las características específicas de los diferentes niveles, modalidades y contextos.

- Que se impulsen modos de organización institucional que garanticen la participación de los alumnos en diferentes ámbitos y asuntos de la vida institucional de la escuela, según las especificidades de cada nivel y modalidad.

- Que se prevea y regule la conformación y funcionamiento de órganos e instancias de participación, diálogo y consulta en relación con la convivencia en las instituciones educativas, que resulten adecuados a la edad y madurez de los estudiantes. Los mismos deben ser de funcionamiento permanente y deben estar representados todos los sectores de la comunidad educativa.

- Que se impulse la constitución de un sistema de sanciones formativas dentro de un proceso educativo que posibilite al niño, niña, adolescente o joven a hacerse responsable progresivamente de sus actos.

3.5. Sanciones

Queda expresamente prohibida cualquier norma o medida que atente contra el derecho a la participación de los docentes, estudiantes o sus familias en la vida educativa institucional.

El Ministerio de Educación de la Nación, con el acuerdo del Consejo Federal de Educación, debe regular las sanciones a ser aplicadas a los educandos en caso de transgresión considerando las siguientes pautas:

- Deben tener un carácter educativo, enmarcándose en un proceso que posibilite al educando hacerse responsable progresivamente de sus actos, según las características de los diferentes niveles y modalidades.

- Deben ser graduales y sostener una proporcionalidad en relación con la transgresión cometida.

- Deben aplicarse contemplando el contexto de las transgresiones en las circunstancias en que acontecen, según los diferentes actores, los antecedentes previos y otros factores que inciden en las mismas, manteniendo la igualdad ante las normas.

- Deben definirse garantizando el derecho del estudiante a ser escuchado y a formular su descargo.

Quedan expresamente prohibidas las sanciones que atenten contra el derecho a la educación o que impidan la continuidad de los educandos en el sistema educativo.

3.6. Fortalecimiento de las prácticas institucionales

Se busca promover junto con los equipos jurisdiccionales el desarrollo de estrategias y acciones para fortalecer a las instituciones educativas y los equipos docentes y de supervisión, brindándoles herramientas y capacitación para la prevención y el abordaje de situaciones de violencia en las instituciones educativas; y debe impulsar la consolidación de espacios de orientación y reflexión acerca de la conflictividad social, como así también el fortalecimiento de los equipos especializados de las jurisdicciones para el acompañamiento a la comunidad educativa ante la prevención y abordaje de situaciones de violencia en la institución escolar.

4. cuerdos Escolares de Convivencia en anta e. ecreto 1 1

4.1. Concepto y antecedentes

En nuestra provincia se ha sancionado en el año 2009 el decreto 181/09 que establece una nueva regulación sobre la escuela secundaria, estableciendo, entre otras iniciativas, los principios de los Acuerdos Escolares de Convivencia.

En el mismo, se afirma que históricamente, la regulación de la convivencia se ha llevado a cabo desde una concepción de disciplina, donde la Escuela tiende a la aplicación de un conjunto de reglas para mantener el orden y la subordinación, y al ser alterado dicho orden surge el castigo y por ello, para que el aprendizaje sea posible es necesario privilegiar la comunicación, el diálogo, la participación.

Se propone entonces la sustitución de los mecanismos de disciplina tradicionales por los Acuerdos Escolares de Convivencia construidos a través de un proceso consensuado por distintos actores institucionales: equipo directivo (Director-Vicedirector), todo el personal docente (cualquiera sea la función que desempeñe: catedrático, tutor, secretarios, preceptores, regentes, otros) y alumnos.

Se entiende que la participación de los padres no resulta necesaria. Si se decide su incorporación debe determinarse institucionalmente en forma escrita la modalidad y representatividad de los mismos, pero la institución si debe garantizar que los padres conozcan el régimen de convivencia, a través del mecanismo que considere más pertinente en relación a sus propias características.

4.2. Las normas de convivencia

Se plantea la necesidad de establecer normas de convivencia con las siguientes características:
- Deben ser pocas y coherentes con el proyecto educativo.
- Formuladas y justificadas con claridad y sencillez.
- Conocidas y aceptadas por todos: directivos, docentes, alumnos, padres y todo el resto del personal.
- Que se exija su cumplimiento.

Se deben programar acciones preventivas y no sólo intervenciones posteriores a los incumplimientos disciplinarios, como por ejemplo encuentros, charlas, debates con especialistas externos, entre otros.

Ante la transgresión de las normas, en primera instancia se recurrirá a acciones reparadoras o estrategias de mejora, dado que las mismas tienen carácter educativo, recién en última instancia se podrá recurrir a las sanciones.

En cuanto a las categorías de faltas, se clasifican en leves, graves y muy graves, quedando a cargo de cada institución la determinación precisa de cada una de ellas.

Los Acuerdos Escolares de Convivencia deberán ser plasmados en un documento escrito, en el marco del PEI porque esos documentos institucionales representan la teoría del trabajo escolar, orientan las prácticas y representan también lo que debería hacer cada persona y, al mismo tiempo, trascienden a las personas en vistas al logro de un resultado institucional.

El equipo directivo será el responsable de aprobar (en primera instancia) el documento institucional de convivencia y de garantizar su cumplimiento. La aprobación definitiva estará a cargo del Supervisor correspondiente y luego la institución deberá hacerlo conocer dentro de la misma y notificar a los adultos responsables del alumno antes de su aplicación.

Debo aclarar que la aprobación de los AEC por parte de la Supervisión es de aplicación sólo a los establecimientos de gestión oficial, ya que los establecimientos de gestión privada no deben someter sus AEC a la compulsa o aprobación de la Supervisión por encontrarse el dictado del mismo dentro de los derechos y facultades reconocidos como propios por la legislación vigente.

4.3. Criterios para la aplicación de acciones reparadoras
Para que un Acuerdo Escolar de Convivencia sea eficaz, debe:
- Privilegiar siempre el diálogo dado que apostar a la palabra implica poner énfasis en lo educativo.
- Comprender el hecho, conflicto, o transgresión de la norma, a través del análisis y reflexión (determinación de causas).
- Contextualizar las transgresiones.
- Garantizar al alumno el derecho a ser escuchado y formular descargo.
- Acompañar a los involucrados para que logren reflexionar y reconocer su grado de responsabilidad.

- Brindar la oportunidad al alumno para que piense y decida qué acción reparadora puede concretar ante lo ocurrido, dado que las mismas deben ser coherentes y proporcionales a la transgresión.

- Si el alumno no propone acciones reparadoras o las mismas son inapropiadas, será el adulto (directivo/docente/tutor) quien deberá decidirlas. Sólo a modo de ejemplo citamos: cumplimentar alguna actividad o reparación fuera del horario escolar, pero dentro del horario de funcionamiento de la escuela, asignación de trabajo comunitario en la misma escuela, etc.

Independientemente de las acciones reparadoras que se lleven a cabo se deberá:

- Registrar lo actuado en un informe (a criterio de la institución su formato) que deberá obrar en el legajo del alumno, dado que ello contribuirá a reflejar la trayectoria escolar.

- Comunicar a los padres, en lo posible generar entrevistas y registrar en acta.

4.4. Criterios para la aplicación de sanciones

Agotadas las instancias señaladas anteriormente, con el fin de mostrar límites claros y concretos que pauten la necesidad de establecer el orden, el respeto y la organización escolar, podrán aplicarse, según criterio institucional, algunas de las siguientes sanciones, en relación con la categorización que se haga de las faltas o transgresiones:

- Apercibimiento escrito.
- Apercibimiento escrito con informe a los padres.
- Amonestaciones: su aplicación debe ser gradual, en relación con las faltas.

Llegado a un máximo de veinte (20), el alumno perderá su condición de regular debiendo rendir todos los espacios curriculares en los turnos diciembre o febrero/marzo según corresponda, pero podrá continuar asistiendo a la escuela.

Cabe aclarar que dicho causal no da derecho a recuperación de la regularidad, como se lo establece el Régimen de Asistencia para alumnos que quedan libres por inasistencias por razones debidamente justificadas.

- Suspensiones: sólo podrán aplicarse en el caso de faltas graves, en forma gradual, evaluando sus consecuencias (para otorgarle carácter educativo pueden pensarse otras alternativas ejemplo: suspensión para asistir a clases diarias, pero asignar otra actividad en horario escolar).

- Cambio de división.
- Cambio de turno.

Es conveniente que el equipo directivo solicite los informes que considere pertinentes en relación con las circunstancias familiares o sociales del alumno, como así también al gabinete psicopedagógico si es que cuenta con él la institución. Ello deberá ser un elemento más a tener en cuenta a la hora de tomar decisiones.

En caso de extrema gravedad es conveniente también el asesoramiento a profesionales externos habilitados para tal fin, ejemplo: equipos de la Delegación Regional, de la Comuna o Municipio, u otros, o bien elevar a la Supervisión para su consulta los casos que el equipo directivo considere de extrema gravedad y con dificultades para tomar decisiones, habiendo agotado todas las instancias de participación institucional.

5. erec o de los establecimientos de gestión privada para el dictado de sus reglamentos internos

La ley 26.892 y el decreto 181/09 vienen a continuar con el principio general de la legislación de nuestro país que ha reconocido, a lo largo del tiempo, la potestad de los establecimientos educativos de dictar sus normas de convivencia interna, reunidas en un Reglamento Interno o con la más contemporánea designación de Acuerdos Escolares de Convivencia.

Siempre se ha tratado de establecer las más adecuadas reglas de convivencia en las relaciones interpersonales que se desarrollan dentro del establecimiento, con las consiguientes sanciones para aquellos que no las respeten, todo ello basado en el ideario ético-pedagógico de la institución y en el respeto de la normativa vigente.

Cabe preguntarse entonces si la nueva normativa sobre Acuerdos Escolares de Convivencia afecta el derecho de los establecimientos educativos de gestión privada de dictarse sus reglamentos internos, o dicho de otra manera, la obligatoriedad de la norma deja sin efecto las particularidades de cada proyecto educativo e ideario ético escolar, basado en posiciones ideológicas, religiosas o políticas y que siempre han sido respetados.

De la atenta lectura de las normas detalladas con anterioridad no puede concluirse que se haya afectado de alguna manera ese derecho, por lo cual debemos concluir que sigue vigente el derecho de las entidades propietarias de los establecimientos educativos de gestión privada en orden al dictado de sus reglamentos internos de convivencia, siempre con el cuidado de respetar los lineamientos generales pero adecuándolos a las especiales características de cada uno de ellos.

Uno de los elementos básicos para la obligatoriedad de cualquier sistema de disciplina es la publicidad o el conocimiento previo de la existencia y contenido del mismo. Por ello es necesario hacer conocer a los padres en el momento de la matriculación, la existencia del reglamento interno o Acuerdo Escolar de Convivencia, al igual que los principios éticos rectores del establecimiento, para que no puedan existir reclamos posteriores por presunto desconocimiento en caso de que deban ser aplicadas medidas fundadas en ellos.

Este principio general ha sido receptado por la CSJN cuando determinó que *"El voluntario sometimiento de los interesados a un régimen jurídico, sin reservas expresas, determina la improcedencia de su impugnación ulterior con base constitucional"* (Fallos 27-342 Saguier Eduardo c/Pontificia Universidad Católica Argentina Santa María de los Buenos Aires).

5.1. mbito de aplicación

En cuanto a la extensión de esa potestad disciplinaria, es razonable pensar que se extiende a hechos ocurridos dentro del establecimiento, por supuesto, pero también fuera de él, si los mismos comprometen de alguna manera a la relación del establecimiento con la sociedad, y que con ello le cause un perjuicio institucional (por ejemplo, destrozos o tumultos públicos, etc.), o cuando se desarrollen actividades escolares en otros ámbitos como ser viajes de estudios, campamentos, etc.

5.2. Debido proceso y derecho de defensa

El reglamento interno deberá tener una clara redacción, a los fines de que se eviten contradicciones con normas generales de carácter nacional o provincial.

Debe tenerse en cuenta que la sanción disciplinaria necesariamente deberá ser impuesta luego de un exhaustivo análisis e investigación efectuado por el establecimiento, a los fines de graduar la gravedad del hecho y mensurar sus consecuencias disciplinarias.

Por leve que sea la falta y la sanción, siempre es necesario escuchar al alumno, y darle la posibilidad de efectuar un descargo, preferentemente en forma escrita y con la presencia o la suscripción de los padres, para evitar impugnaciones o reclamos posteriores.

Todo ello deberá integrar un sumario administrativo a los fines de poder tomar la decisión, sancionatoria o no, con el máximo de fundamentos posibles.

5.3. Facultades disciplinarias y derecho de aprender

Se ha planteado en algunas oportunidades la colisión entre el derecho de mantener la disciplina del establecimiento, que puede llevar a la expulsión de un alumno, con el derecho de aprender del que gozan los mismos.

Sabido es que no existen derechos absolutos, tal como lo ha determinado el art. 14 de la Constitución Nacional, por lo que, mientras que la facultad disciplinaria se ejerza dentro de límites razonables, está sobre el derecho de aprender.

Así lo ha entendido la CSJN: *"La libertad de aprender... no obsta al ejercicio de las facultades disciplinarias por parte de las autoridades de los institutos superiores de cultura"* (Fallos, T. 301-410).

Este principio deberá armonizarse con las nuevas normas disciplinarias que tienen a las sanciones reparatorias y al mantenimiento del alumno dentro del sistema educativo. Esto significa que la sanción más grave que se pueda aplicar, la expulsión, no se ha prohibido mientras que existan otras instituciones educativas en la localidad donde el alumno pueda continuar sus estudios y permanecer dentro del sistema.

5.4. Facultades disciplinarias arbitrarias, ilegítimas o ilegales

5.4.1. La gradualidad

La sanción no puede aplicarse sin procesos previos de advertencia y llamados a la reflexión, siguiendo un proceso creciente de gravedad acorde a la importancia de la falta cometida. Nunca la primera respuesta de una institución educativa debe ser la aplicación de una sanción grave. Es importante recordar que el objetivo principal de las normas es educativo y reparatorio.

Todos los sistemas de advertencias (amonestaciones, acumulación de firmas en cuaderno de disciplina, etc.) son estrategias de gradualidad, aunque las amonestaciones han quedado cargadas con otros significados por su origen y recorrido histórico.

5.4.2. La proporcionalidad
Un principio general de justicia pide que la sanción tenga relación con la transgresión. Aquí es necesario calificar las transgresiones como leves, graves o muy graves. La sanción será proporcional a esta calificación.

El principio de proporcionalidad entre la falta y la sanción debe estar siempre presente en el régimen disciplinario, para evitar caer en medidas arbitrarias. Lo arbitrario es lo que no tiene relación proporcional, es un acto caprichoso sin fundamentos jurídicos, que abre la vía a un reclamo de revisión judicial posterior.

También pueden darse casos de medidas ilegales, es decir, aquellas tomadas en contra del reglamento interno o aquellas que no se encuentran contempladas en tal reglamento.

En consecuencia, todas las medidas arbitrarias o ilegales, podrán ser revisadas por la justicia ordinaria, no así aquellas en las que exista evidente proporcionalidad, que se toma de acuerdo al hecho, sus consecuencias para la institución y los antecedentes del alumno.

5.4.3. Jurisprudencia
Es importante conocer uno de los escasos antecedentes judiciales en nuestra provincia sobre la potestad disciplinaria de los establecimientos educativos.

La Cámara de Apelaciones Civil y Comercial de Santa Fe, Sala 1, en autos "T.M. por su hija menor, A.D.T. s/Recurso de Amparo", emitió opinión sobre el ejercicio de la potestad disciplinaria de los establecimientos educativos privados: *"El órgano de competencia exclusiva para decidir la expulsión –Consejo de Profesores– está obligado a escuchar a la interesada y darle oportunidad de formular su descargo antes de ser juzgada, precepto de indudable raigambre constitucional pues se vincula con el derecho de defensa".* Y en un párrafo posterior, definió el objetivo buscado por las mismas: *"El objetivo de reencauzamiento del alumno es el que tratan de obtener las medidas sancionatorias correctivas, estando renovadas las expulsivas para aquellos supuestos en que las circunstancias del hecho o los antecedentes de quien infringe los deberes de disciplina, rescaten fundadamente la posibilidad del normal desenvolvimiento de la relación de la que es contenido accesorio la potestad disciplinaria".*

. Prevención disciplinaria por el   a de la c upina
   ueltas ol mpicas   Previas

Con el transcurso de los años se fueron naturalizando situaciones de anormalidad en el funcionamiento de los establecimientos educativos, relacionadas con el ocio escolar y el ensalzamiento de conductas agresivas, paradójicamente muchas veces orientadas en contra de la institución que cobija a esos alumnos.

Las "previas" son encuentros pactados por alumnos, en general del último año de la escuela secundaria, previos al inicio del ciclo lectivo o al viaje de estudios, los que se desarrollan en ámbitos privados (casas de alguno de ellos o incluso bares alquilados al efecto) pero que luego, al dirigirse los alumnos al establecimiento educativo en el horario de inicio de clases, pueden provocar situaciones conflictivas como ser agresiones a alumnos de otros años, vecinos, transeúntes, profesores, etc.

La "vuelta olímpica" es un tema más complejo, ya que se trata de un rito histórico en determinadas escuelas públicas de la Capital Federal y que consiste en un recorrido por el interior del establecimiento disfrazados haciendo ruido, cantando y pintando con aerosol o témpera las instalaciones.

Por último, la "chupina" o "rateada" no es otra cosa que la ancestral costumbre de salir del hogar paterno pero no ingresar al establecimiento educativo al que se dirigía el alumno.

En los últimos años cobró notoriedad un denominado "día de la chupina", que incluso en algunas ciudades como Mendoza o Córdoba tenía convocatorias mediante las redes sociales, en el cual los alumnos masivamente dejaban de concurrir a los establecimientos educativos en una suerte de celebración del ocio colectivo.

Tales situaciones, algunas no tan nuevas, pero sí repetidas y en algunos casos causantes de inconvenientes a terceros, obligan a las instituciones educativas a evaluar herramientas de abordaje de las mismas que sean adecuadas para su prevención dentro de los nuevos parámetros legales ya detallados.

Sería conveniente entonces la inclusión de estos nuevos conceptos de conflicto escolar dentro del ámbito de los A.E.C. para que no queden sin prevención y en su caso, sin sanción.

Dos de estos acontecimientos, el "Día de la Chupina" y las "previas" se realizan fuera del establecimiento, una de ellas obviamente durante el horario escolar y la otra con anterioridad al mismo, aunque a veces se exceden y los alumnos pretenden ingresar luego del horario habitual. Por su parte, las "vueltas olímpicas" se realizan dentro del edificio escolar en horario de clases, afectando con ello al resto de los alumnos y docentes.

Sería aconsejable establecer con anterioridad las consecuencias disciplinarias de la adhesión del alumnado a dichos eventos por medio de la notificación expresa a los padres y la fijación de una sanción disciplinaria acorde con la gravedad del hecho, a fin de que esas prácticas no lleguen a ser habituales ni impidan el normal funcionamiento del establecimiento educativo.

Capítulo VII

Relación entre el Estado y los establecimientos educativos privados

1. ntroducción

En capítulos anteriores hemos visto que la naturaleza de la educación privada es la de un servicio brindado iure propio por particulares, sin injerencia directa del Estado porque no se trata de un servicio público.

La actuación del Estado se encuentra limitada por el principio constitucional de libertad de enseñanza, que significa autorizar la constitución y funcionamiento de establecimientos de enseñanza dirigidos por particulares, asociaciones, congregaciones, etc.

El sustento normativo se origina en la Constitución Nacional que protege el derecho de enseñar y aprender en su art. 14, y en sucesivas leyes nacionales ha encontrado eco, hasta llegar a la actual LEN 26.206 que proclama que *"la educación y el conocimiento son un bien público"* y *"un derecho personal garantizado por el Estado"*.

Asimismo el art. 62 de la ley resalta la necesaria *"autorización"* para funcionar y que los establecimientos educativos estarán sometidos a la *"fiscalización y supervisión de las autoridades educativas"*.

El *"reconocimiento"* del derecho de enseñar es lógico y es un concepto más adecuado que otros como *"concesión"* o *"delegación"*, ya que lo que se hace es reconocer un derecho propio de los particulares y no la imposible facultad del Estado de transferir un derecho que no le es propio.

Es importante también la existencia del concepto de *"supervisión"*, que no es lo mismo que *"inspección"*. El Estado sólo puede inspeccionar a sus propios organismos o aquellos de particulares a los que les ha delegado derechos, no así a los establecimientos educativos de gestión privada, donde solo puede *"supervisar"*, es decir, ejercer una inspección externa que, a diferencia de la aplicada a sus propios dependientes, se debe efectuar con otros métodos y observando reglamentos administrativos generales de cumplimiento obligatorio.

Como toda la relación educativa tiene como centro al alumno, es lógico que al Estado le interese que el servicio se brinde de acuerdo a los requisitos que existen para la enseñanza oficial. Así se asegura un nivel pedagógico y educativo mínimo similar al oficial.

Esto hace que los establecimientos privados no sean todo lo independientes en su funcionamiento como lo podría ser un emprendimiento puramente comercial, porque se encuentra en el medio el tercero receptor del servicio, el alumno.

2. La relación entre el Estado los establecimientos privados

El gobierno provincial, como principal responsable del sistema educativo de la jurisdicción tiene la obligación de ejercer con las facultades conferidas por las normas vigentes y por la actual LEN, con el objeto de reconocer a los particulares los cursos y divisiones que con el tiempo completen el servicio educativo propuesto.

Su función de supervisión la realiza en dos niveles básicos.

- En materia pedagógica, controlando el cumplimiento del plan adoptado por el establecimiento, las planificaciones y sus resultados, como así también legajos de alumnos y docentes y el trabajo de la Secretaría y la Dirección.

- En materia administrativa y contable, controlando el cumplimiento de las obligaciones impositivas, laborales y de la seguridad social, como así también en establecimientos incorporados que el aporte estatal sea abonado adecuadamente y rendido en tiempo y forma.

3. El acto administrativo

La relación jurídica entre el Estado y los establecimientos educativos de gestión privada se encuentra regida por el derecho administrativo, y existen procedimientos administrativos y vías recursivas contra las disposiciones dictadas por la autoridad de administración, que serán motivo de estudio en este capítulo.

Más allá de los derechos reconocidos por la Constitución Nacional, la LEN 26.206 y la ley 6.427, el ejercicio diario de esos derechos genera para los establecimientos educativos de gestión privada derechos subjetivos, que son debidamente reconocidos por el plexo normativo vigente y que se concretan a través de sus respectivos actos administrativos.

El acto administrativo, de acuerdo a la doctrina que compartimos, es *"toda declaración unilateral de voluntad de la administración, que produce efectos subjetivos"* (Sayagués Laso, "Tratado de Derecho Administrativo", Montevideo, 1959, T. I, pág. 388).

Ello significa que el acto administrativo produce efectos jurídicos en la órbita de los derechos de los particulares.

Para que un acto administrativo sea perfecto, debe contener todos los elementos esenciales, que al decir de Sayagués Laso, son: órgano competente, voluntad administrativa, contenido, motivo, finalidad, forma y procedimiento.

3.1. Elementos del acto administrativo

- *rgano competente:* Para que sea válido, el acto debe emanar del órgano que tenga competencia para dictarlo.

- *oluntad administrativa:* Todo acto administrativo debe demostrar la voluntad razonada y expresa de la administración de realizarlo, de producir esos efectos jurídicos.

- *Motivo:* Son las cuestiones de hecho y de derecho que confluyen como antecedente del acto en cuestión.

- *Contenido:* Son los elementos intrínsecos al acto administrativo.

- *Objeto:* Son las consecuencias que se persiguen con dicho acto administrativo.

- *Finalidad:* Es el resultado último que debe conseguir su contenido, el fin es subsiguiente al acto en cuanto a su realización, de modo que partiendo de los motivos, pasando por el objeto, se llega a la finalidad de los actos administrativos.

- *Forma:* Es la regla de funcionamiento, son los requisitos que debe cumplir el acto administrativo para ser tomado como tal.

- *Procedimiento:* Normalmente, para dictar un acto administrativo cualquiera, se requiere seguir un procedimiento, una serie de actos o etapas previamente establecidas para formar la voluntad administrativas y posteriormente expresarla.

3.2. Perfección del acto administrativo

El acto administrativo se perfecciona cuando se han reunido todos los elementos esenciales que deben estar presentes a los fines de su formación y se han cumplido con las formas del procedimiento.

Las consecuencias de la perfección del acto administrativo, son dos:
- A partir de ese momento, el acto pasa a ser ejecutorio.
- A partir de ese momento, el acto administrativo puede ser recurrido.

Un requisito final de validez, es la notificación, en el caso de actos administrativos de tipo particular, y la publicación en aquellos de carácter general.

La notificación al particular tiene por objeto poner en conocimiento de la persona a quien ha de afectar el acto administrativo, el contenido del mismo.

En cuanto a la publicación, generalmente se efectúa por el boletín oficial, pero también pueden ser tomados en cuenta los mismos medios que existen para las leyes y se encuentran contenidos en el Código Civil.

3.3. Presunción de legitimidad del acto administrativo

Todo acto administrativo se supone verdaderamente legítimo porque es la voluntad de la administración pública, emanada después de cumplir determinadas formas y llevada a cabo por funcionarios especialmente seleccionados para esa tarea.

Los efectos más importantes de esta presunción son:
- La legitimidad del acto no debe ser declarada por autoridad judicial.
- La ilegitimidad no puede ser planteada de oficio por los jueces.
- La ilegitimidad debe ser probada por quien la alega ante autoridad judicial.

3.4. Retroactividad del acto administrativo

En general se acepta que los actos administrativos no son retroactivos, sino que rigen para el futuro, porque de otra manera se estarían atacando derechos adquiridos, que están protegidos constitucionalmente.

Sólo es aceptable la retroactividad, en lo que hace a los particulares, cuando el cambio los beneficie.

3.5. Tipos de actos administrativos
De acuerdo al organismo emisor, es necesario diferenciar a:
- *Ley.* Es elaborada y sancionada por el Congreso Nacional. Tiene vigencia nacional y validez general.
- *Decreto.* Acto administrativo elaborado y emitido por el Poder Ejecutivo Nacional (Presidente) o Provincial (Gobernador). Su vigencia territorial será distinta en cada caso.
- *Resolución.* Medida que dictan los Ministros, Secretarios de los Ministerios u otras autoridades facultadas para ello, ya sea en uso de atribuciones propias o de aquellas que les hubieran sido delegadas, y que, según el tema, puede tener vigor y curso dentro de la jurisdicción respectiva o también fuera de ella. En nuestra provincia son firmadas por el Ministro de Educación.
- *Disposición:* Decisión emanada de una autoridad administrativa no superior (Subsecretarios, titulares de organismos descentralizados, directores generales), sobre cuestiones o asuntos de su competencia. Son las decisiones por ejemplo del Director Provincial de Enseñanza Privada.
- *Circular.* Medio de información oficial destinado a los administrados que goza de presunción de legitimidad por el emisor.

4. istema Educativo Provincial

La estructura del Sistema Educativo Provincial, integrado al Sistema Educativo Nacional, comprende cuatro niveles y ocho modalidades.

4.1. Niveles
Los niveles son tramos del sistema educativo que acreditan y certifican el proceso educativo organizado en función de las características psicosociales del sujeto en relación a la infancia, a la adolescencia, a la juventud y a la adultez.

Los cuatro niveles educativos son la educación inicial, la educación primaria, la educación secundaria y la educación superior.

La educación primaria es obligatoria y constituye una unidad pedagógica y organizativa destinada a la formación de los niños a partir de los cinco años de edad.

Tiene por finalidad proporcionar una formación integral, básica y común y sus objetivos son garantizar a todos los niños el acceso a un conjunto de saberes comunes que les permitan participar de manera plena y acorde a su edad en la vida familiar, escolar y comunitaria.

La educación secundaria también es obligatoria y constituye una unidad pedagógica y organizativa destinada a los adolescentes y jóvenes que hayan cumplido con el nivel de educación primaria.

La educación secundaria en todas sus modalidades y orientaciones tiene la finalidad de habilitar a los adolescentes y jóvenes para el ejercicio pleno de la ciudadanía, para el trabajo y para la continuación de estudios.

Del nivel de educación secundaria, última instancia obligatoria de la Educación formal, los jóvenes se llevan conceptos y destrezas de las ramas sociales, humanísticas, técnicas y científicas, hipótesis, procedimientos y definiciones construidos por ellos mismos.

La educación superior forma docentes y técnicos.

4.2. Modalidades

En cuanto a las modalidades educativas que se desarrollan en el la Provincia de Santa Fe son la Educación Técnico Profesional, la Educación Artística, la Educación Especial, la Educación Permanente de Jóvenes y Adultos, la Educación Rural y la Educación Intercultural Bilingüe.

Las modalidades son opciones organizativas y/o curriculares de la educación común, dentro de uno o más niveles educativos, que buscan dar respuesta a requerimientos específicos de formación y a atender particularidades de carácter permanente o temporal, personales y/o contextuales, con el propósito de garantizar la igualdad en el derecho a la educación y cumplir con las exigencias legales, técnicas y pedagógicas de los diferentes niveles educativos.

La educación técnico profesional es la modalidad de la educación secundaria y la educación superior responsable de la formación de técnicos medios y técnicos superiores en áreas ocupacionales específicas y de la formación profesional.

La educación técnica promueve en las personas el aprendizaje de capacidades, conocimientos, habilidades, destrezas, valores y actitudes relacionadas con desempeños profesionales y criterios de profesionalidad propios del contexto socio-productivo, que permitan conocer la realidad a partir de la reflexión sistemática sobre la práctica y la aplicación sistematizada de la teoría.

La educación de adultos está destinada a jóvenes y adultos que no tuvieron acceso a la educación formal obligatoria disponen de propuestas educativas para el desarrollo de competencias específicas a través de los planes de educación flexibles, diseñados para responder a sus necesidades.

La educación especial es la modalidad del sistema educativo destinada a asegurar el derecho a la educación de las personas con discapacidades, temporales o permanentes, en todos los niveles y modalidades del Sistema Educativo. La educación especial brinda atención educativa en todas aquellas problemáticas específicas que no puedan ser abordadas por la educación común.

Cada nivel y/o modalidad cuenta con un Reglamento Orgánico en el que se establecen las normas que regulan su funcionamiento en los aspectos docentes y administrativos.

Los propietarios de los establecimientos educativos, su personal directivo y el resto del personal docente, cualquiera sea su situación de revista y rol que desempeña dentro del sistema educativo debe conocer el contenido total del Reglamento General de su nivel o modalidad para su adecuado manejo y correcta aplicación.

Se enumeran a continuación los decretos que norman los Reglamentos Orgánicos de cada nivel según corresponda, debiendo tenerse en cuenta las adecuaciones surgidas en distintos documentos emitidos por la jurisdicción en virtud de la transformación educativa implementada desde el año 1996.

Nivel Inicial: Decreto N° 4340/90.
Nivel Primario: Decreto N° 4720/61.
Nivel Especial: Decreto N° 2679/93.
Nivel Medio: Decreto N° 0817/81 y 181/09.
Nivel Superior: Decreto N° 2752/86.

4.3. Autoridad de aplicación. Servicio Provincial de Enseñanza Privada
4.3.1. Constitución y organización

La ley 6.427 creó el Servicio Provincial de Enseñanza Privada como autoridad de aplicación en nuestra provincia, que tiene facultades para intervenir en todas las cuestiones relacionadas con la creación y fiscalización de los establecimientos educativos de gestión privada, como así también en fiscalizar las relaciones de los mismos con terceros (alumnos y personal docente).

Está a cargo de un Director General y cuenta con un Consejo Asesor conformado por un representante del Magisterio, del Ministerio de Educación, de los Padres y de la Patronal, el cual es presidido por el propio Director e interviene en todas las consultas que le derive la Dirección, como así también en las solicitudes de autorización e incorporación de establecimientos.

Asimismo, el Servicio cuenta con su asesor técnico inmediato, que es el Supervisor General, a quien le corresponde la organización y orientación pedagógica de los establecimientos a su cargo.

En cuanto a la organización administrativa, se ha dividido al Servicio en Departamentos, los que están a cargo de un jefe de departamento con un Secretario Técnico que lo asesora.

Los departamentos existentes son de Enseñanza Media, Superior e Idiomas, de Enseñanza Técnica, de Enseñanza Primaria, Jardín de Infantes y Diferenciada.

Las cuestiones de disciplina se tratan por medio de un Tribunal Disciplinario conformado por un representante del Ministerio, uno del Magisterio, y uno de la Patronal.

Sus decisiones son revisadas por un Tribunal de Apelaciones conformado por un representante de los Supervisores, uno de los Maestros y uno del personal directivo de establecimientos privados

La totalidad de las instituciones de educación pública de gestión privada se encuentran en el marco de la LEN 26.206 y ley 26.058 de Educación Técnico Profesional.

Territorialmente están organizados a partir de la división de la provincia en dos zonas: Zona Norte: con sede administrativa en la ciudad de Santa Fe, sita en calle Pte. Illia 1153 – 2do. piso (Centro Cívico Gubernamental) y Zona Sur: con una Delegación en la ciudad de Rosario, sita en calle Echeverría 150 Bis, las que a su vez se dividen en 5 nodos: Rafaela, Reconquista, Santa Fe, Rosario y Venado Tuerto.

4.3.2. Competencias del Servicio Provincial de Enseñanza Privada

Como autoridad de aplicación para los establecimientos de educación privada, el art. 5 de la ley establece expresamente las siguientes competencias:

- Llevar el registro de establecimientos, del personal escolar y estadística de los alumnos.

- Supervisar la enseñanza en todos los niveles por intermedio del personal técnico y el cumplimiento de la legislación y disposiciones que reglamentan el funcionamiento de la misma.

- Fiscalizar las relaciones emergentes del contrato de empleo y de la aplicación de la ley 6.427.

- Resolver las cuestiones relativas a los derechos y obligaciones del personal y el funcionamiento de los establecimientos de su dependencia.

- Estudiar los pedidos de autorización o incorporación de los establecimientos que lo soliciten y proponer lo que corresponda.

- Solicitar de los otros organismos del Estado la información que estime necesaria para el mejor cumplimiento de su acción.

La ley otorga al Servicio Provincial de Enseñanza Privada funciones de fiscalización de las cuestiones técnico pedagógicas de los establecimientos, y también las de fiscalizar las relaciones emergentes del contrato de empleo y todo lo relacionado con los derechos y obligaciones del personal de los establecimientos, que es materia laboral, pero eso en la práctica no se aplica ya que la fiscalización laboral en la provincia la realiza el Ministerio de Trabajo y Seguridad Social.

4.3.3. Competencias del Director General del servicio

El art. 4 de la ley 6.427, establece que el Director General deberá:

- Citar a reunión al cuerpo asesor y presidirlo.

- Visitar todas las veces que lo crea conveniente, las escuelas de su dependencia.

- Suscribir las resoluciones, comunicaciones y órdenes de cualquier naturaleza con la firma del secretario.

- Disponer la concentración del personal y alumnos para la celebración de actos patrióticos.

- Percibir, liquidar y distribuir los fondos acordados para el pago del aporte estatal a los establecimientos de enseñanza privada y gastos previstos por presupuesto y/o autorizados por el Poder Ejecutivo o el Ministerio de Educación y Cultura.

- Asegurar el pago oportuno de los aportes del personal y patronal a la Caja de Jubilaciones y Pensiones.

El decreto 2.880/69, por su parte, determina como atribuciones especiales las siguientes:

- Resolver todos los casos que se le presenten, y que se encuentran expresamente contemplados en la ley, o su reglamentación, previo informe técnico.

- Convocar al personal docente, padres de alumnos y propietarios de establecimientos privados, para la elección de sus respectivos representantes ante el Servicio y organizar y fiscalizar la realización de los actos comiciales, sea en forma directa, o por intermedio del personal del Servicio que designe.

- Elevar anualmente al Ministerio de Educación una memoria en que se exponga el estado de la enseñanza y de la administración, y solicitar las medidas tendientes a su mejoramiento.

- Proveer por sí, en todos los casos urgentes relacionados con el Servicio, y que no estén previstos en la presente reglamentación, dando cuenta inmediata al Ministerio del ramo.

Por último, el Reglamento Interno del Servicio Provincial de Enseñanza Privada establecido por el decreto 4753/74, amplía sus atribuciones de la siguiente manera:

- Disponer la autorización de establecimientos educativos, la creación, refundición, supresión o transformación de cursos, secciones o cargos.

- Incorporar, ad-referéndum del Poder Ejecutivo los ya autorizados, conforme a lo estatuido en el art. 8 de la ley 6.427.

- Disponer el pago de sueldos, jornales y demás remuneraciones que correspondan al personal, como asimismo los gastos autorizados por el Poder Ejecutivo, el Ministerio, o por sí dentro de la esfera de sus atribuciones.

- Aplicar las sanciones previstas en los Arts. 37 y 38 de la ley 6.427 y lo prescripto por la Ley 6978.

- Aplicar las disposiciones compatibles determinadas en el decreto ley 9477/57 y concordantes.

- Proveer por sí en todos los casos urgentes o no previstos relacionados con el Servicio.

- Dividir la provincia en secciones y/o zonas y adjudicarlas a los efectos de la supervisión de los establecimientos de su dependencia.

- Dirigir y orientar el proceso educativo en las escuelas privadas de todas las especialidades y niveles en concordancia con la política educativa de la Provincia.

- Acordar licencias de acuerdo con las reglamentaciones en vigencia.

- Disponer la suspensión de clases hasta ocho (8) días, cuando razones especiales así lo aconsejen.

- Reconocer asociaciones cooperadores o entidades afines y aprobar o desaprobar sus estatutos.

- Determinar que los establecimientos confeccionen anualmente el escalafón del personal docente de todos los niveles y exigir, por medio de la oficina pertinente, el envío del duplicado antes del 1ro de abril de cada año.

- Disponer la fecha de iniciación y clausura del curso escolar, conforme a lo que se determine en el orden oficial.

- Disponer la instrucción de sumarios o suspensión preventiva del personal escolar y administrativo, cuando mediaren causas graves justificadas y por el menor tiempo posible, sin perjuicio de las sanciones posteriores que pudieren corresponder.

- Preparar el anteproyecto de presupuesto anual, los pedidos de créditos especiales, así como la distribución y ajuste de sus partidas.

- Llevar por intermedio del Departamento Técnico-Contable la contabilidad analítica relacionada con la inversión de fondos que se asigne al Servicio Provincial de Enseñanza Privada.

- Aprobar, cuando así corresponda, las cuotas arancelarias de los establecimientos de su dependencia, acorde a lo establecido en los Arts. 15 y 16 de la Ley 6.427 y 30 del decreto 2.880/69.

4.3.4. Competencias del Supervisor General

El Reglamento Interno del Servicio Provincial de Enseñanza Privada establecido por el decreto 4.753/74, dice que el Supervisor General es el asesor inmediato del Director General del Servicio Provincial de Enseñanza Privada, del cual depende en lo atinente a todas las cuestiones referentes a las distintas especialidades y niveles de la enseñanza, debiendo reunir para su designación los requisitos establecidos en el art. 36 del decreto 2.880/69.

- Es el Jefe Técnico del personal técnico-docente y a tales efectos dirigirá, orientará y fiscalizará las actividades conforme a la política educacional adoptada por el Ministerio de Educación y Cultura en concordancia con los otros organismos educativos de la provincia.

- Organizará y orientará pedagógicamente a los establecimientos dependientes del Servicio Provincial de Enseñanza Privada.

Para ello debe:

- Orientar y dirigir la acción de las Jefaturas Departamentales, supervisores y asesores de su dependencia.

- Realizar visitas de supervisión a los establecimientos de su dependencia, pudiendo redactar informes y dejar constancias de las verificaciones realizadas.

- Tomar medidas necesarias, dentro de sus atribuciones y proponer al Director General las que estime conveniente para proteger los intereses y el prestigio de la educación en todos los niveles a su cargo.

- Reunir cuando lo crea conveniente, a los Jefes de los Departamentos y a los Supervisores a los efectos de impartir directivas, comunicando el temario al Director General, Jefes de Departamentos y Supervisores, con la debida antelación.

- Establecer una vez al mes el despacho en la ciudad de Rosario a los efectos de atender directamente los problemas atinentes a su esfera de competencia.

- Dar asueto hasta dos días al personal escolar y disponer suspensión de clases hasta cinco días por razones debidamente fundadas y de fuerza mayor ad-referéndum en todos los casos del Director General.

- Autorizar la recepción de exámenes libres, previo dictamen de la Jefatura que corresponda.

- Proponer la creación, refundición, supresión o transformación de cursos, secciones o cargos al Director General.

- Mantener actualizada las plantas de cargos y personal docente de los establecimientos.

- Participar en la preparación del anteproyecto de Presupuesto.

- Establecer los turnos de vacaciones anuales y autorizar las salidas en comisión del personal de su dependencia.

- Presidir el Tribunal de Apelaciones de acuerdo a lo establecido en el art. 34 de la Ley 6.427 y 50 del decreto 2.880/69.

- Organizar cursos de perfeccionamiento para el personal de su dependencia.

- Elevar al Director General un informe anual, relativo a la marcha de su gestión.

- Aconsejar los cambios de categorías de los establecimientos dependientes del Servicio Provincial de Enseñanza Privada.

4.3.5. Competencias de los Supervisores

Los supervisores son los funcionarios que se encuentran en contacto directo con las instituciones educativas de gestión privada, y si bien se relacionan en general de manera directa con el Director del mismo por las cuestiones técnico-pedagógicas, también debe hacerlo con el Representante Legal en su condición de superior del Director y por el resto de las cuestiones conflictivas que puedan aparecer.

Sus funciones pueden clasificarse en tres tipos:

a) La función fiscalizadora: en virtud de la cual atiende el exacto cumplimiento de la normativa vigente en las escuelas de su jurisdicción.

b) La función impulsora y orientadora: que encamina a facilitar a los establecimientos a su cargo, la dirección teórica y práctica que necesitan para el mejor desempeño de su misión, procurando la elevación y el mejoramiento técnico constante de todos los servicios educativos que de él dependan.

c) La función informadora: por la cual las autoridades y organismos superiores están al corriente de los problemas y de las necesidades de los establecimientos educativos, para poder resolverlos de manera más eficaz.

Entre sus atribuciones y deberes podemos enumerar:

- Constituir su despacho, quincenalmente, en establecimientos de su circuito, fijando los días con antelación, a fin de comunicarlo previamente a las escuelas y al superior inmediato, dejando constancia de la asistencia en acta, que será refrendada por el Director respectivo y resumirá la labor cumplida.

- Atender su despacho cuando no visite escuelas o deban cumplir misiones especiales.

- Visitar a los establecimientos de su zona, dos veces al año, por lo menos, preferentemente una vez antes y otra después del mes de julio de cada año, tratando de que las mismas no se efectúen antes del 1º de abril ni después del 20 de noviembre, únicamente en caso de especial necesidad, dado que efectuarlas en ese período resulta inconveniente desde el punto de vista pedagógico.

- Distribuir de tal modo el tiempo de la visita a una escuela, que puedan observar la tarea áulica por lo menos una o dos veces por año en una misma división a fin de ser real guía del docente, elaborando fichas de control personales donde consignarán todo dato que consideren de interés y que podrán dar una base firme cuando deban calificar al personal de su zona o circuito.

- Comprobar si se cumplen los planes y programas de estudios, respetando la planificación previamente enviada, controlando, asimismo, si los horarios de clases responden a la distribución correcta de actividades.

- Redactar, en cada caso, el acta correspondiente, la que deberá remitirse a la dirección del establecimiento, dentro del plazo de quince (15) días de realizada la visita, a fin de que las directivas, sugerencias y observaciones se reciban en el momento oportuno.

- Promover, luego de cada supervisión, una reunión de todo el personal de la escuela visitada, comentando aciertos y guiando para superar errores, evacuando consultas, orientando sobre la nueva metodología y sobre las actuales técnicas, para poder realizar una verdadera acción positiva y un control de los métodos empleados, sugiriendo los más adecuados.

- Evaluar e informar, sobre las experiencias autorizadas que se realicen en los establecimientos de su circuito, las que han de contar con su asesoramiento y control.

- Solicitar y controlar las planillas de estadísticas mensuales de las escuelas de su dependencia.

- Solicitar a las direcciones de los establecimientos, el envío de la planificación anual de la labor docente, comprobando en la visita de supervisión si se cumple lo planificado.

- Requerir a las direcciones las listas depuradas de los alumnos inscriptos y que asisten a la escuela, actualizadas al 1º de abril de cada año, en la que se deberá consignar apellidos y nombres completos, exigiendo que ante cualquier ingreso o egreso, se comunique.

- Evacuar toda consulta técnica que formule personalmente o por escrito el personal de los establecimientos a su cargo.

- Confeccionar y enviar circulares a las escuelas a su cargo, a fin de impartir indicaciones conducentes a una mejor complementación de la tarea que han de desarrollar, previa aprobación del respectivo Jefe de Departamento.

- Intervenir en la calificación del personal de las escuelas de su zona.

- Solicitar a la Superioridad, con la debida fundamentación, la aplicación de sanciones y notas de estímulo al personal de su dependencia.

- Autorizar viajes de estudios y excursiones escolares, previa constatación del cumplimiento de las condiciones establecidas reglamentariamente.

4.3.6. Características propias de las relaciones
entre los Supervisores y los Representantes Legales

Como hemos visto, la tarea del Supervisor es la de ser la persona que hace de nexo entre el Estado y las instituciones educativas y por ello sus facultades, como todas aquellas que se refieren al sistema de gestión privada, deben ser interpretadas de acuerdo a las modalidades propias de las relaciones laborales y jurídicas existentes en la misma.

En el capítulo dedicado al Representante Legal explicaremos las particularidades de este importante cargo en las instituciones educativas de gestión privada ya que es la cara visible del establecimiento frente a los terceros, lo que significa que es la persona encargada de llevar adelante la relación de los establecimientos educativos con el Estado, siendo la contraparte institucional de la figura del Supervisor.

Por ello resulta necesario que la Supervisión tome en cuenta esta particularidad de la educación de gestión privada para que determinadas decisiones notificadas por los supervisores no afecten el normal funcionamiento del establecimiento por exigirse la presencia del personal directivo o secretarios a determinadas reuniones de circuito en lugar y fecha determinados unilateralmente.

Como primera medida de reconocimiento de la importancia del cargo, todas las comunicaciones entre la Supervisión y el personal directivo deberían ser hechas con copia al Representante Legal, ya que existe una relación de dependencia laboral con el establecimiento que se debe respetar.

En cuanto a las reuniones de circuito que puedan ser fijadas por la Supervisión, no se plantea la necesidad de un permiso de la patronal para la concurrencia a las mismas, pero sí sería conveniente la consulta previa con el Representante Legal acerca de la disponibilidad del personal directivo para determinada fecha, ya que si, por ejemplo, de haberse programado en el establecimiento alguna actividad para la que sea necesaria su presencia (Olimpíadas de matemática, jornada de lectura, encuentro familiar, etc.), ésta tiene prioridad por sobre la invitación de la Supervisión porque la ausencia del personal directivo puede afectar la actividad propuesta.

Con esto quiero decir que no se le desconocen las funciones propias del Supervisor, pero que las mismas no pueden ser ejercidas de manera soberana en los establecimientos de gestión privada como sí sucede en los de gestión oficial por la naturaleza especial de las responsabilidades que están en juego. El directivo en la gestión privada depende de una patronal con la que está relacionado por una relación de empleo privado y tiene obligaciones con sus docentes y alumnos, como así también existen obligaciones de la institución con el mismo directivo en lo relacionado, por ejemplo con la seguridad laboral y la posibilidad de prevenir situaciones que puedan afectar su salud como los accidentes de trabajo.

Por ello debería ser costumbre de los Supervisores acordar y no imponer, una agenda de trabajo conjunto con los establecimientos educativos en las cuales se respeten las particularidades y necesidades de cada uno de ellos y donde quede claro que las reuniones de circuito tienen su importancia pero que la gestión educativa también, por lo que cualquier ausencia justificada a una de esas reuniones no debería traer consecuencias perjudiciales para los establecimientos y los directivos involucrados en tal decisión.

4.3.7. *Competencias del Cuerpo Asesor*

El Cuerpo Asesor fue creado para asesorar al Director del servicio en todas las cuestiones que le sean sometidas a su opinión.

El art. 6 de la ley 6.427, determina que el Cuerpo Asesor tiene por misión intervenir:

- En el estudio y elaboración de los planes y programas de acción complementaria a desarrollar en los distintos niveles de enseñanza;
- En el estudio de la creación de nuevos grados, divisiones y cursos y en la autorización e incorporación de nuevos establecimientos de enseñanza;
- En el estudio de los convenios a establecer con empresas, instituciones o asociaciones para la organización de cursos de especialización y actualización docente y técnica;
- En el estudio de los estatutos de las asociaciones cooperadoras y demás comisiones auxiliares de la escuela;
- En el estudio y dilucidación de las cuestiones suscitadas entre las comisiones cooperadoras y la escuela;
- En el estudio de los proyectos y reglamentación interna de los establecimientos;
- En el estudio del presupuesto del Servicio Provincial de Enseñanza Privada y de toda cuestión de interés, vinculada al mejor funcionamiento y cumplimiento de los fines de éste.

Por su parte, el decreto 2.880/69 determina algunas particularidades de su funcionamiento.

- El Director del Servicio presidirá las reuniones del Cuerpo Asesor, y convocará a reunión del mismo todas las veces que estime conveniente.
- El Secretario del Servicio actuará como Secretario del Cuerpo Asesor, sin voz ni voto, debiendo confeccionar el acta respectiva.

- El Cuerpo Asesor, a los fines del art. 8 de la ley 6.427, intervendrá en todos los asuntos que le sean sometidos en consulta por el Director, debiendo expedirse en el término de 10 días hábiles.

Pasado dicho término, el Director podrá resolver sin más trámite.

- Cada miembro del Cuerpo Asesor, fundamentará convenientemente su voto en caso de disidencia.
- Las recomendaciones del Cuerpo Asesor, en ningún caso obligarán al Director del Servicio.
- Los integrantes del cuerpo asesor tienen voz y voto. En caso de empate, el que preside el Cuerpo Asesor, tiene doble voto.
- Las inasistencias en que incurran los representantes docentes para asistir a las reuniones del Cuerpo Asesor, no serán computadas como tales en los respectivos establecimientos donde presten servicios.

4.3.8. Competencias del Tribunal Disciplinario

La ley 6.427 crea un Tribunal Disciplinario, organismo encargado de expedirse en los casos previstos en el art. 28 (despido del personal docente) y de toda otra cuestión relacionada con las obligaciones y derechos del personal establecido en la ley. Estará integrado por un representante del Ministerio de Educación y Cultura, uno del magisterio y uno de la parte patronal.

Por su parte, el decreto 2.880/69 establece que el Tribunal Disciplinario se regirá, para el cumplimiento de sus obligaciones y funciones, por las normas establecidas para el orden oficial, es decir, por la ley 10.290 que establece el Régimen de Disciplina para el personal docente.

El Tribunal será presidido por el representante del Ministerio de Educación y Cultura de la Provincia, actuando como secretario el representante del magisterio y sus miembros tendrán los mismos derechos y obligaciones que los establecidos para el orden oficial.

Se reunirá tantas veces como sea necesario debiendo expedirse dentro de los quince días hábiles contados desde la fecha en que cada caso se encuentre definitivamente a resolución.

Los casos de recusación e inhibición de los miembros del Tribunal Disciplinario, serán resueltos por el Director del Servicio de Enseñanza Privada.

El personal dependiente de los establecimientos privados con sumario a resolución del Tribunal, será notificado de la constitución del mismo a los efectos de la recusación en oportunidad de corrérsele traslado para la defensa.

4.3.9. Competencias del Tribunal de Apelaciones

El decreto 2.880/69 además crea un Tribunal de Apelaciones para tramitar los recursos contra las decisiones del Tribunal Disciplinario. Este Tribunal de Apelaciones estará presidido por el Supervisor General, actuando como Secretario, un Director y se constituirá en cada caso de acuerdo a la rama y especialidad de que se tratare en la calificación apelada y actuará de acuerdo a lo establecido en el orden oficial.

Para integrar el Cuerpo Asesor, el tribunal Disciplinario y el Tribunal de Apelaciones, los representantes del magisterio, de los padres, y de los propietarios de establecimientos, serán elegidos por voto directo.

El Servicio convocará a elecciones a los miembros de cada uno de dicho grupo, para la designación de sus representantes, y organizará y fiscalizará el acto comicial.

Los representantes del magisterio que integran el cuerpo asesor, el Tribunal de Disciplina y el Tribunal de Apelaciones, deben ser docentes en actividad, con 5 años de antigüedad como mínimo y concepto profesional MB en los tres últimos años. El personal docente titular, deberá emitir el voto en forma obligatoria.

Juntamente con la elección de los representantes titulares se elegirá también un suplente a cada uno de ellos, que reemplazará a aquél en caso de licencia, enfermedad o vacancia.

El Servicio Provincial de Enseñanza Privada, dictará el reglamento de los comicios para designar representante, el que será aprobado por el Ministerio de Educación y Cultura de la Provincia.

5. ocumentación reglamentaria obligatoria para establecimientos fiscalizados por el PEP

El Servicio Provincial de Enseñanza Privada como organismo fiscalizador del servicio educativo, exige que la gestión escolar de los establecimientos cumpla con determinada normativa formal, por ello hay gran cantidad de documentación de guarda necesaria en el establecimiento a disposición de la inspección del Supervisor del circuito que corresponda.

La enumeración que hacemos a continuación es enunciativa, no limitante ni taxativa, y se incluye como una guía de trabajo y ayuda en la gestión diaria.

5.1. Documentación necesaria para todos los niveles, autorizados o incorporados
- Circulares y Disposiciones del SPEP.
- Correspondencia recibida y emitida. (Cinco años).
- Planillas de Estadística y Cuadernillo y Relevamiento anual Circulares internas (a criterio del establecimiento).
- Organismos internos (a criterio del establecimiento).
- Normativa: Leyes, decretos, resoluciones.
- Manual Operativo SPEP.
- SIGAE.
- Libros y recibos de sueldos conforme a la L.C.T (10 años mínimo).
- Libros contables según normativa del tipo de persona jurídica. (10 años).
- Constancia en original del pago de aportes previsionales y sociales (Jubilación, Obra Social, Seguro Obligatorio, Aseguradora de Riesgo de Trabajo. (10 años).Constancia en original de los depósitos por devolución de subsidios a la Dirección General de Administración (10 años).
- Declaración Jurada de Aranceles y/o cuotas voluntarias (5 años).
- Duplicados de los recibos que otorgan a los alumnos con motivo del cobro de Aranceles y/o cuotas voluntarias. (10 años).
- Balances.
- Documentación que respalde lo registrado en los libros contables. (10 años). SIPAF. (Sistema Informático Provincial de Administración Financiera

5.2. Documentación necesaria para nivel inicial, primario, secundario y educación especial
5.2.1. Registros
- Inscripción (se actualizará sólo con los nuevos ingresos).
- Asistencia diaria y/o calificaciones (2 años).
- Firmas de personal (2 años).
- Licencias del personal (2 años).

5.2.2. Legajos
- *Del personal:* Inicialmente deberá contener.
Ficha individual de datos personales. Fotocopia autenticada del título docente. Copia de la Disposición de designación o Formulario 2001. Certificado de Aptitud Física. Formulario AL 01 Alta en el Sistema Educativo. Constancia de antigüedad reconocida. Licencias. Credencial Única Docente actualizada.
- *De los alumnos:* (mientras permanezcan en el establecimiento).
Datos personales. Fotocopia autenticada de la 1º y 2º hoja del D.N.I. Registro de la historia escolar del alumno. Partida de nacimiento. Carnet del Niño en Edad Escolar - Certificado de Salud.

5.2.3. Libros de Actas
- Reuniones de personal: directivo, docente, de servicio y comedor escolar. (a criterio del establecimiento).
- Libro de Supervisión.

5.3. Para el nivel especial
Libro de Actas de reuniones con los equipos técnicos y de entrevistas.

5.4. Para el nivel primario
- Libro de Promociones.
- Libro de Actas de Exámenes complementarios y libres.
- Carpeta con duplicados de la Planilla de Promoción de 7mo. Grado.

5.5. Para el nivel secundario - Libro Matriz. Disposiciones de equivalencias de estudios aprobadas. Libro de Actas de Exámenes. Registro Anual de Calificaciones. Libretas de Calificaciones de los profesores (1 año). Registro de firmas de asistencia diaria del personal (5 años). Libro de comunicaciones al personal. Libro de Actas de Supervisión. Libro de Actas de reuniones de personal. Libro de Temas de clase (1 año). Libro de sanciones disciplinarias de los alumnos (5 años a partir de la última fecha de su uso). Libro/Fichas de autorización de evaluaciones escritas (1 año). Registro General de entradas y salidas de documentación escolar (5 años). Formulario anual de matriculación/inscripción (5 años). Registros de alumnos por curso (1 año).

5.5.1. Legajos
Del personal. Inicialmente deberán contener: Ficha individual de datos personales. Fotocopia autenticada del título/s debidamente registrado/s. Declaración jurada de cargos con firma y sello de las autoridades donde se desempeña, las que renovarán en el mes de abril o cuando varíe su situación laboral. Constancia de la fecha de alta y baja, carácter de la designación (titular o suplente) en cargo u horas, licencias acordadas, etc. Constancia de la actualización de la carrera docente (cursos, seminarios, conferencias, publicaciones, becas, cargos obtenidos por concurso, etc. Certificado de aptitud psicofísica (Carpeta Médica). Disposición de designación o Formulario 2001. AL 01 Alta en el sistema educativo. Constancia de antigüedad reconocida. Ficha de asistencia individual de personal. Licencias solicitadas y acordadas. Credencial Única Docente actualizada

De los alumnos. Será individual y deberá contener:
Partida de nacimiento. Formulario anual de matriculación/inscripción. Certificado de Estudio exigido para el ingreso al nivel. Fotocopia autenticada del Documento de Identidad (1ª. y 2ª. hoja). Certificado de salud. Certificado Bucodental. Constancia de Vacunas obligatorias. Carnet Sanitario Obligatorio (desde el momento de su implementación). Informe Socio educativo. Cuando provenga de otro establecimiento se solicitará lo establecido por la normativa vigente para el nivel. En el legajo deben incluirse además, las reincorporaciones, equivalencias, homologaciones y cualquier otra situación que convalide el estado administrativo del alumno.

Cada establecimiento podrá requerir la documentación que estime necesaria según las características de su Proyecto Educativo y/o Plan de Estudio.

5.6. Nivel superior. Libro de Actas de Supervisión. Libro de Actas de Reuniones plenarias del personal docente. Libro de Actas de reuniones de Consejo Académico. Libro de Actas de exámenes finales. Libro Matriz. Libro de temas. (1 año). Actas Volantes de Notas Parciales (mientras dure la promoción). Registro General de calificaciones. Registro de asistencia del personal directivo, docente, administrativo y de servicio. (1 año). Registro de asistencia de alumnos: asistencias e inasistencias diarias. Uno por materia, curso y división. (1 año).

5.6.1. Legajo del personal docente, directivo y administrativo. Deberá contener. Ficha de datos personales. Fotocopia legalizada del título. Fotocopia legalizada de constancia de aptitud psicofísica. (Carpeta Médica). Constancia de cursos y seminarios realizados. Declaración jurada de cargos y horas cátedras (lo deberá presentar una vez al año como mínimo). Ficha de asistencia docente. Credencial Única Docente actualizada.

5.6.2. Legajo de alumnos. Deberá contener:
Ficha de inscripción. Fotocopia legalizada del certificado de nivel medio completo. Certificado de Buena Salud. Certificados de ausencia por trabajo, enfermedad, constancia de documentos, reincorporaciones, homologaciones y cualquier otra situación que convalide el estado administrativo del alumno.

.   Escuelas.   istema de administración de recursos umanos

El SARH es un sistema informático de gestión de Recursos Humanos para la Administración Pública Provincial en el cual debe constar la planta escolar completa y actualizada de las instituciones educativas de gestión privada.

Debemos señalar que este sistema no reemplaza al Libro Especial del Art. 52 de la L.C.T. ni a la necesidad del Alta Temprana en AFIP de todos los trabajadores, siendo solamente un instrumento informático establecido por la Administración provincial cuya actualización o no por parte de los establecimientos no debería ser motivo de control ni sanción alguna por parte del Estado y menos debería tomarse ese hecho como el incumplimiento de alguna norma laboral obligatoria frente a los trabajadores.

Cuenta con distintos módulos de trabajo, entre los que se incluyen:

Planta orgánica funcional: desde este módulo se gestionan los datos relacionados con los cargos presupuestados de las escuelas y su relación con los agentes vinculados al mismo.

Legajo único de agentes: Este módulo proporciona un "legajo único" para todo el personal escolar con información de toda su trayectoria. Se encuentra registrada toda la información relacionada con cargos y funciones que ocupó un agente como titular, interino o reemplazante.

Además se gestionan los datos de ausencias de los agentes en cada uno de los cargos como así también su antigüedad.

Carga de novedades: Este módulo permite modificar la relación que existe entre el cargo presupuestado y al agente que ocupa el mismo. Esta modificación puede producirse por ejemplo por cese el cese del agente, una nueva designación, una ausencia del mismo en un cargo, etc. Estas novedades impactan en la planta orgánica funcional y en el legajo único de agentes.

Generación de novedades: Este módulo es utilizado sólo en la Sede Central para generar las novedades mensuales de liquidación de sueldos del personal escolar, de acuerdo a la información registrada en la planta orgánica funcional y legajo único de agentes.

. E E . istema de estión dministrativa Escolar

SIGAE WEB es un sistema informático integrado, provisto por el Ministerio de Educación de la provincia de Santa Fe y disponible en Internet, destinado a la gestión administrativa de establecimientos educativos.

Las principales funcionalidades de SIGAE Web se pueden agrupar en:

•Alumnos. Desde el módulo de alumnos es posible gestionar a escala nominal, toda la información referente a los alumnos inscriptos en el establecimiento. Desde el mismo, se puede inscribir a un nuevo alumno, y realizar un seguimiento de su trayectoria dentro del sistema educativo.

• Carreras: Desde el módulo de gestión de carreras es posible configurar cada estructura curricular que el establecimiento ofrece, permitiendo un registro detallado que incluye cada una de las materias que se dictan por cada año de estudio.

• Secciones: Desde el módulo de secciones es posible conformar los grupos de alumnos que comparten en una misma sala el dictado de clases.

•Plazas: Mediante la opción de registro de plazas es posible establecer que docente dicta cada materia, y detallar que alumnos la cursan. La información de los docentes, se obtiene del Sistema de Administración de Recursos Humanos (SARH), en forma transparente para la escuela.

•REDFIE: Permite la consulta y generación de los informes del Relevamiento Anual de la Red Federal de Información Educativa.

Estos informes son generados desde la información registrada en el resto de los módulos de SIGAE, evitando de esta manera la duplicidad en la carga de información y mejorando la consistencia entre los datos nominales registrados en el sistema y los datos solicitados por el relevamiento anual.

• Información Ejecutiva: Mediante este módulo se ofrecen un conjunto de informes destinados a brindar información efectiva para la toma de decisiones. El conjunto de informes, se irá ajustando en función de las necesidades específicas del establecimiento, de las regionales, y/o del Ministerio de Educación.

•Infraestructura: Desde SIGAE WEB es posible acceder al módulo de relevamiento de Infraestructura (FIS) donde se registra la información edilicia del establecimiento.

• Mesa de ayuda: SIGAE WEB implementa un nuevo concepto denominado Ticket de consulta. Un Ticket de consulta provee una forma alternativa de comunicación entre el establecimiento educativo y el Ministerio de Educación. Mediante el alta de un Ticket, el establecimiento puede realizar consultas que serán recibidas por la Mesa de Orientación y Servicios para su tratamiento. En todo momento, el establecimiento educativo, tiene la posibilidad de consultar el estado de su Ticket.

Debemos recordar que el ticket no es lo mismo que el expediente administrativo, sino sólo un número que identifica una gestión y que se agota en la misma. Si se realizan gestiones posteriores sobre el mismo tema, se iniciarán nuevos tickets con números individuales, que deberán relacionarse con el ticket original. Distinto es el caso del expediente, que sí tiene un número único y todas las actuaciones llevan el mismo número.

. Conse o remial de Enseñanza Privada

8.1. Naturaleza del organismo y limitaciones actuales

El Consejo Gremial de Enseñanza Privada es un órgano de naturaleza colegiada, creado por el Estado Nacional por medio de la ley 13.047 y dependiente del Ministerio de Cultura y Educación de la Nación.

Su función original era la de regular aspectos del funcionamiento de los establecimientos educativos privados como los relacionados con la subvención estatal, monto de aranceles, escalas salariales docentes, aplicación de sanciones, etc.

En la actualidad, con la transferencia de los servicios educativos a las provincias, el Estado Nacional no tiene escuelas bajo su jurisdicción, por lo que las funciones de este Consejo han sido limitadas en lo relacionado a subvenciones, aranceles, escalas salariales y contralor laboral que han pasado a ser competencia exclusiva de cada jurisdicción.

Tampoco puede ejercer funciones de autoridad administrativa del trabajo, que es realizada en nuestra provincia por el Ministerio de Trabajo y Seguridad Social, como así también carece de facultades judiciales para intervenir y resolver cuestiones laborales conflictivas, es decir, carece de la facultad de homologar acuerdos con la extensión determinada por el art. 15 de la LCT.

No obstante lo dicho, el Acta de la Educación Pública de Gestión Privada de la Comisión Negociadora de la Educación Privada de fecha 01 de julio de 2013, suscripta entre el sindicato SADOP y las representaciones patronales del CONSUDEC y CAIEP y aprobada por la Resolución 8/13 del mismo Consejo, ha establecido una articulación entre la Comisión Negociadora y el CGEP en lo relacionado a las relaciones laborales docentes de todo el país, por lo que es necesario conocer la naturaleza y funcionamiento de este organismo.

Igualmente nuestra opinión es que por más que se haya acordado esta articulación, la misma en principio tendrá efectos solamente en la Ciudad Autónoma de Buenos Aires y tal vez en la provincia de Buenos Aires en razón de la naturaleza local de los conflictos y la distancia e inconvenientes de gestión los mismos en un lugar diferente de su ocurrencia, lo que no obsta a la posibilidad de que se establezcan convenios con organismos provinciales de competencia similar para cumplir esa función.

Con relación a nuestra provincia, en el ámbito de la ley 6.427 existe ya un órgano similar que es el Cuerpo Asesor, cuyas funciones hemos ya detallado, y que podría ser una alternativa para la realización de las funciones reconocidas al Consejo si se lo organiza debidamente para que su funcionamiento sea permanente y no sea un organismo cuyo funcionamiento dependa de la convocatoria que realice el Director del SPEP en contadas ocasiones durante el año, como sucede actualmente, ya que para conseguir una adecuada respuesta a los conflictos laborales que se puedan plantear, es necesaria la actividad constante y permanente para no afectar los derechos de los trabajadores ni de las instituciones educativas.

No obstante lo dicho, en la práctica el organismo encargado de mediar en los conflictos individuales del trabajo es el Ministerio de Trabajo y Seguridad Social al igual que cualquier patronal de la provincia, lo que es un desaprovechamiento injustificado de la oportunidad que le brinda la legislación al sector educativo de utilizar al Cuerpo Asesor como órgano especial y exclusivo, lo que lógicamente redundará en beneficio para todas las partes por la posibilidad que existe de sentar principios generales, jurisprudencia administrativa y formas de proceder uniformes dadas las especiales características de las relaciones laborales educativas.

8.2. Constitución y funcionamiento

El Consejo Gremial de la Enseñanza Privada está compuesto de catorce miembros y un Presidente designado por el Poder Ejecutivo Nacional.

Sus miembros se reparten en:

- 4 representantes del Ministerio de Cultura y Educación (2 por el nivel secundario; 1 por la enseñanza técnica y 1 por el nivel primario);

- 2 representantes del Ministerio de Trabajo, Empleo y Seguridad Social;

- 2 representantes patronales de los establecimientos reconocidos por la enseñanza oficial (1 por los establecimientos religiosos y 1 por los establecimientos laicos);

- 1 representante patronal de los establecimientos comprendidos no reconocidos (academias);

- 3 representantes del personal (1 por los profesores, 1 por los maestros y 1 por el restante personal).

- 2 representantes de las asociaciones de padres de familia (agregado por la ley 20.614)

El presidente será designado por el Poder Ejecutivo. Los representantes a que se refieren los inc. c, d y e serán designados por las asociaciones gremiales correspondientes.

Es incompatible el ejercicio de una representación patronal o del personal en el CGEP con el ejercicio de cargos dependientes del Ministerio de Cultura y Educación.

El presidente y los miembros del CGEP durarán 3 años en sus funciones y se desempeñarán con carácter honorario.

Los representantes del personal tendrán una licencia especial sin goce de haberes en sus cargos por el tiempo que dure su representación, y sus sueldos serán abonados por el CGEP, con cargo a sus fondos propios.

Todos los miembros del CGEP tendrán voz y voto, y el presidente tendrá facultad para decidir en caso de empate, sin estar obligado a pronunciarse en favor de ninguna de las propuestas en debate. Las resoluciones serán tomadas por simple mayoría y los votos serán individuales.

Son atribuciones del CGEP:

- Intervenir en la fiscalización de las relaciones emergentes del contrato de empleo privado en la enseñanza y de la aplicación de la ley 13.047;

- Resolver las cuestiones relativas al sueldo, estabilidad, inamovilidad y condiciones de trabajo del personal.

Contra las resoluciones del CGEP podrá interponerse recurso jerárquico ante el Poder Ejecutivo.

8.3. Procedimiento administrativo ante el Consejo Gremial de Enseñanza Privada

Formulada una denuncia ante el CGEP por persona, entidad gremial interesada, o funcionario de las reparticiones correspondientes, se dictará resolución disponiendo la iniciación del sumario respectivo.

De la denuncia se dará traslado al imputado por el término perentorio de 10 días haciéndole saber que dentro del mismo deberá presentar su descargo ofreciendo las pruebas que hagan a su derecho, no admitiéndose ninguna medida probatoria ofrecida con posterioridad a dicho término.

La prueba ofrecida será recibida por el CGEP o por la autoridad que éste designe dentro de los 15 días de vencido el término anterior.

Transcurrido el mismo, se hayan o no producido las pruebas ofrecidas, o después de vencido el término a que se refiere el inc. b sin que se haya presentado el descargo u ofrecido pruebas, el CGEP, dictará resolución dentro de los 10 días, pudiendo previamente disponer las medidas que para mejor proveer considere necesarias.

En caso de que la resolución impusiere multa y ésta no se abonara dentro del término de 5 días, se dispondrá la ejecución judicial de la misma por vía de apremio, a cuyo efecto será título suficiente el testimonio auténtico de la resolución del CGEP.

La resolución será apelable por el perjudicado, dentro del término de 5 días, ante la Justicia Nacional del Trabajo en la Ciudad Autónoma de Buenos Aires y ante la Justicia del fuero laboral en las provincias, conforme a las respectivas leyes procesales, debiendo, al interponer el recurso ante el CGEP, acreditar el pago del importe de la multa aplicada.

El recurso se fundará al deducirse, no admitiéndose ante el tribunal de apelación la presentación de escrito ofreciendo pruebas. La resolución definitiva deberá dictarse dentro de los 15 días de recibidas las instrucciones.

Capítulo VIII

Las vías recursivas ante la autoridad administrativa

1. Los derec os sub etivos de los particulares

Manuel Diez, en su Tratado de Derecho Administrativo, dice que el acto que reconoce derechos subjetivos *"es aquel por el cual el particular adquiere el derecho de poder exigir algo del Estado o poder hacer algo frente a él".*

El derecho subjetivo siempre funciona a favor del administrado y el Estado sólo puede modificarlo cuando la modificación signifique un beneficio para el administrado.

Así lo ha entendido la Corte Suprema de Justicia de la Nación en el caso "Redrado c/Estado Nacional", donde determinó que el acto administrativo no puede ser reformado si ello produce perjuicios a un particular. (Fallos, T 175, pág. 368).

Y la ley 19.549 de procedimiento administrativo en su art. 18 dice que *"el acto administrativo regular, del que hubieren nacido derechos subjetivos a favor de los administrados, no puede ser revocado, modificado o sustituido en sede administrativa una vez notificado".*

2. erec os sub etivos de los establecimientos de gestión privada

La LEN 26.206 en su art. 36 reconoce a la educación de gestión privada como un servicio que puede ser prestado por los siguientes agentes:

La Iglesia Católica y demás confesiones religiosas inscriptas en el Registro Nacional de Cultos; las sociedades, asociaciones, fundaciones y empresas con personería jurídica; y las personas de existencia visible.

Dice también que estos agentes tendrán, dentro del Sistema Nacional de Educación y con sujeción a las normas reglamentarias, los siguientes derechos:
- Crear, organizar y sostener escuelas;
- Nombrar y promover a su personal directivo, docente, administrativo y auxiliar;
- Disponer sobre la utilización del edificio escolar;
- Formular planes y programas de estudio;
- Otorgar certificados y títulos reconocidos;
- Participar del planeamiento educativo.

A su vez, en nuestra provincia, los derechos subjetivos que reconoce el Estado a los propietarios de establecimientos privados, por medio de la ley 6.427 y su decreto 2.880/69, a través del Servicio Provincial de Enseñanza Privada, son los siguientes:
- Matricular alumnos.
- Cobrar aranceles por el servicio educativo.
- Expedir certificados de estudios.
- Impartir enseñanza de acuerdo a los planes oficiales.
- Impartir enseñanza de acuerdo a planes experimentales.
- Designar y remover al personal escolar.
- Establecer su reglamento interno.
- Percibir el aporte estatal previo cumplimiento de los requisitos legales y reglamentarios.

Como vemos, la enumeración legal es similar, por lo que se trata de derechos con un reconocimiento que viene de larga data y por ello se han constituido como derechos adquiridos para los agentes que prestan el servicio de educación de gestión privada.

3. bligaciones de los establecimientos educativos de gestión privada

La LEN establece en el art. 36 las siguientes obligaciones:
- Responder a los lineamientos de la política educativa nacional y jurisdiccional;

- Ofrecer servicios educativos que respondan a necesidades de la comunidad, con posibilidades de abrirse solidariamente a cualquier otro tipo de servicio (recreativo, cultural, asistencial);

- Brindar toda la información necesaria para el control pedagógico contable y laboral por parte del Estado.

La ley 6.427 y su decreto 2.880/69 no establece una enumeración taxativa de las obligaciones de los propietarios de establecimientos educativos, pero podemos inferir de la redacción de las mismas, y especialmente del art. 39 de la ley 6.427, las siguientes:

- Mantener buen concepto y solvencia moral y económica;
- No ceder a un tercero los beneficios de la incorporación;
- Respetar los principios establecidos en la Constitución y los fines esenciales de la ley orgánica de la educación nacional;
- Respetar normas sobre inscripción, calificación, exámenes, promoción, otorgamiento de pases, certificados y diplomas o régimen disciplinario y de asistencia de los alumnos;
- Cuidar el normal funcionamiento del establecimiento educativo;
- Cuidado de la documentación oficial, que como depositario tiene el establecimiento;
- Mantener en condiciones adecuadas de salubridad y seguridad el edificio escolar.

4. bligaciones del Estado

El art. 53 de la LEN establece que el Ministerio de Educación deberá:

- Garantizar el cumplimiento de los principios, objetivos y funciones del Sistema Nacional de Educación.
- Establecer, en acuerdo con el Consejo Federal de Cultura y Educación, los objetivos y contenidos básicos comunes de los currículos de los distintos niveles, ciclos y regímenes especiales de enseñanza que faciliten la movilidad horizontal y vertical de los alumnos dejando abierto un espacio curricular suficiente para la inclusión de contenidos que respondan a los requerimientos provinciales, municipales, comunitarios y escolares.
- Dictar normas generales sobre equivalencia de títulos y de estudios, estableciendo la validez automática de los planes concertados en el seno del Consejo Federal de Cultura y Educación.

- Favorecer una adecuada descentralización de los servicios educativos y brindar a este efecto el apoyo que requieran las Provincias y la Municipalidad de la Ciudad de Buenos Aires.

- Implementar programas especiales para garantizar el ingreso, permanencia y egreso de los alumnos en todos los ciclos y niveles del Sistema Educativo Nacional, en coordinación con el Consejo Federal de Cultura y Educación.

- Desarrollar programas nacionales y federales de cooperación técnica y financiera a fin de promover la calidad educativa y alcanzar logros equivalentes, a partir de las heterogeneidades locales, provinciales y regionales.

- Promover y organizar concertadamente en el ámbito del Consejo Federal de Cultura y Educación, una red de formación, perfeccionamiento y actualización del personal docente y no docente del sistema educativo nacional.

- Coordinar y ejecutar programas de investigación y cooperación con Universidades y organismos nacionales específicos.

- Administrar los servicios educativos propios y los de apoyo y asistencia técnica al sistema entre ellos, los de planeamiento y control: evaluación de calidad; estadística, investigación, información y documentación; educación a distancia, informática, tecnología, educación satelital, radio y televisión educativas en coordinación con las Provincias y la Municipalidad de la Ciudad de Buenos Aires.

- Alentar el uso de los medios de comunicación social estatales y privados para la difusión de programas educativos-culturales que contribuyan a la afirmación de la identidad nacional y regional.

- Evaluar el funcionamiento del Sistema Educativo en todas las jurisdicciones, niveles, ciclos y regímenes especiales, a partir del diseño de un sistema de evaluación y control periódico de la calidad, concertado en el ámbito del Consejo Federal de Cultura y Educación.

- Dictar las normas generales sobre revalidación de títulos y certificados de estudios en el extranjero.

- Coordinar y gestionar la cooperación técnica y financiera internacional y bilateral.

- Contribuir con asistencia técnica para la formación y capacitación técnico-profesional en los distintos niveles del sistema educativo, en función de la reconversión laboral en las empresas industriales, agropecuarias y de servicios.

- Elaborar una memoria anual donde consten los resultados de la evaluación del Sistema Educativo, la que será enviada al Congreso de la Nación.

Por su parte la ley 6.427 y su decreto reglamentario obligan al Estado provincial a:

- Reconocer a los particulares el tipo de enseñanza brindada cuando se cumplan con los requisitos del orden oficial o cuando se hayan autorizado experiencias.

- Dar validez a los títulos y certificados emanados de los establecimientos autorizados y/o incorporados.

- Conceder y mantener los aportes cuando se hayan cumplido los requisitos de su percepción.

Pero también tiene facultades de fiscalización, en especial en lo que hace a:

- Conservación de la documentación oficial.
- Cumplimiento de los requisitos administrativos y pedagógicos.
- Cumplimiento de las condiciones edilicias y de equipamiento.
- Control de la solvencia moral y económica de los propietarios.

Estos derechos subjetivos le asisten a todos los establecimientos privados de la provincia, y deben ser respetados por el Estado, que no puede obrar de manera ilegítima y contraria a derecho, porque se estarían afectando además derechos constitucionales.

Contra los actos administrativos que afecten derechos subjetivos presentes o futuros de los establecimientos, existen recursos administrativos, que son la vía que el derecho le otorga a los particulares para defender sus derechos.

5. Las v as recursivas

Las actuaciones administrativas en la provincia de Santa Fe se encuentran reguladas por el decreto 10204/58.

Allí encontramos la reglamentación del trámite general, que es de aplicación a la relación de los establecimientos y el Estado provincial por medio del Ministerio de Educación y el Servicio Provincial de Enseñanza Privada.

Los recursos consagrados por el decreto son de revocatoria, de apelación y jerárquico.

5.1. Recurso de revocatoria

Es aquel que *"podrá interponerse contra los decretos y resoluciones dictados en los expedientes o actuaciones administrativas y, en general, contra cualquier decisión dictada por autoridad administrativa competente que niegue un derecho o imponga obligaciones".*

El plazo para interponer el recurso es del de 10 días a partir del día siguiente al de la notificación.

Debe interponerse ante la misma autoridad que haya dictado el acto administrativo atacado, vg. el Ministerio de Educación o el Servicio Provincial de Enseñanza Privada, en su caso.

El objeto del recurso es que la misma autoridad lo revoque, lo reforme o lo sustituya por otro.

El sujeto que interponga el recurso debe ser aquel que tenga un interés legítimo y directo en las consecuencias del mismo.

No cualquier acto administrativo puede ser recurrido por vía de la revocatoria, sino que deben ser de aquel tipo de actos que sean definitivos, o de conclusión, es decir, aquellos que signifiquen el final de un trámite administrativo iniciado por el particular. No pueden ser recurridos, en consecuencia, aquellos actos de mero trámite.

En el escrito de interposición del recurso deben exponerse todos los argumentos de la impugnación y acompañar las pruebas del caso. El recurrente puede solicitar traslado de las actuaciones por el plazo de 10 días a los fines de estudiar los antecedentes y fundar el recurso.

La autoridad administrativa debe expedirse dentro de los 30 días de la presentación del recurso, y notificar la resolución con sus fundamentos al recurrente, que tiene un plazo de 10 días para instar el recurso de apelación. Una vez transcurridos esos 10 días, la resolución queda firme.

La resolución desestimatoria del recurso, produce la confirmación del acto recurrido y el agotamiento de esa instancia de impugnación, abriéndose la vía del recurso de apelación ante el Poder Ejecutivo.

En caso de que el recurso de revocatoria haya sido interpuesto ante una resolución del Poder Ejecutivo, la resolución del mismo pone fin a la instancia administrativa y habilita la vía del contencioso administrativo (judicial).

La resolución estimatoria del recurso, habilita al órgano administrativo a modificar, revocar o anular el acto en cuestión, de acuerdo con los fundamentos expuestos por el recurrente. Esta resolución deberá fundarse expresando claramente las razones de hecho y derecho de la misma.

La falta de respuesta de la administración en término, producirá la resolución tácita por la negativa, por aplicación de la teoría del silencio administrativo.

5.2. Recurso de apelación

Para que proceda este recurso, debe haber sido interpuesto en tiempo y forma ante la autoridad administrativa que hubiera dictado la resolución motivo del mismo. En caso de resolución desestimatoria del recurso de revocatoria, se tienen 10 días para interponerlo. También puede ser interpuesto subsidiariamente al recurso de revocatoria.

Esta autoridad administrativa inferior hace un examen de la procedencia del mismo y lo eleva inmediatamente al Poder Ejecutivo por vía del Ministerio que corresponda (en este caso el de Educación), conjuntamente con el expediente y/o actuación administrativa que lo originaron.

Radicadas las actuaciones en el Ministerio, se correrá traslado a la parte apelante (el particular) por el término de 10 días a los fines de que exprese agravios y fundamente su impugnación. La no contestación del traslado tiene como consecuencia que el recurso se declare desierto.

Puede solicitarse una nueva apertura a prueba, pero esto sólo ocurrirá si se ofrecieran nuevas pruebas y las mismas resultaran pertinentes. El plazo será de 5 días.

Antes de la resolución el Poder Ejecutivo puede solicitar a la repartición que haya dictado la resolución apelada, un informe sobre el tema, el que deberá producirse en un término de 2 días. También puede solicitarse informes de otras reparticiones aunque no hayan intervenido en la resolución apelada. En cambio, es obligatorio un dictamen previo a la resolución de Fiscal de Estado o del Asesor Letrado.

Una vez evacuado ese último informe, se entiende que el expediente se encuentra en estado de dictar resolución.

El efecto de la resolución, sea esta desestimatoria o estimatoria, es poner fin a la instancia administrativa, por lo que los posteriores reclamos contra la misma deberán ser planteados en sede judicial por la vía del contencioso administrativo.

5.3. Recurso jerárquico

Es aquel que se presenta ante el Poder Ejecutivo cuando exista una denegación tácita del derecho postulado, por parte de la autoridad administrativa que deba resolver, o una retardación de la resolución.

La denegación tácita se entiende que existe cuando han pasado 30 días desde que el expediente o actuación se encuentre en estado de resolver.

A los fines de interponer el recurso, la parte interesada deberá solicitar por escrito la resolución del expediente o actuación mediante un escrito denominado "pronto despacho".

Cuando transcurran 30 días desde esa presentación sin que se haya producido la resolución, ese hecho habilita a la parte interesada a interponer el recurso jerárquico, como si la resolución se hubiera dictado y fuera contraria a su derecho (teoría del silencio administrativo).

El recurso se debe interponer en el Ministerio que corresponda, individualizándose la autoridad de quien se recurre y el expediente motivo del recurso. Puede solicitarse traslado de las actuaciones, en los mismos términos que el recurso de apelación.

El Ministerio luego de tomar conocimiento del recurso oficiará de inmediato a la autoridad administrativa a los fines que en un plazo no mayor de 48 horas informe y eleve las actuaciones a conocimiento y decisión del Poder Ejecutivo.

Podrá requerirse informes y dictámenes, incluso del Fiscal de Estado, aunque en este caso su dictamen no es obligatorio. Cuando se reúna todos esos informes, se considerará que las actuaciones se encuentran en estado de resolverse.

La resolución del recurso pondrá fin a la instancia administrativa y quedará firme a los 15 días de haber sido notificada.

. Perención de la instancia administrativa

En todas las actuaciones administrativas, cuando el interesado deja pasar un año sin realizar actos tendientes al diligenciamiento o resolución, se considerará caduca por perención de instancia.

La perención se produce por el mero transcurso del tiempo, sin necesidad de declaración alguna.

Capítulo IX

Responsabilidad civil de los establecimientos educativos de gestión privada

1. Concepto de responsabilidad

De acuerdo al diccionario de la Real Academia Española, la responsabilidad es la *"Deuda, obligación de reparar y satisfacer, por sí o por otra persona, a consecuencia de un delito, de una culpa o de otra causa legal"*.

2. mbitos de la responsabilidad

Existen distintos ámbitos en los que se puede originar la obligación reparatoria, de acuerdo al ámbito de acción del sujeto.

2.1. Responsabilidad penal
Son aquellas acciones antijurídicas que se encuentra tipificadas de manera expresa en el Código Penal y que pueden generar penas económicas y llegar a la privación de la libertad. A esta tipificación de delitos se le debe agregar lo determinado por leyes especiales, por ejemplo la Ley Penal Tributaria que establece penalidades por incumplimientos tributarios, fiscales y previsionales.

La responsabilidad penal siempre es personal, es decir, corresponde su cumplimiento a una persona física, pero las instituciones pueden tener que hacer frente a consecuencias económicas por los delitos producidos por sus dependientes.

2.2. Responsabilidad administrativa

El Estado ha establecido una normativa administrativa de cumplimiento obligatorio para aquellos que tienen relación directa con él. La educación de gestión privada es un ámbito de gran regulación estatal, relacionadas con puntos centrales de su administración como es la autorización para funcionar, concesión y sostenimiento del aporte estatal, cumplimiento de la curricula oficial y la promoción del alumnado, archivo y cuidado de la documentación oficial, etc.

Cuando se incumple alguna normativa se puede originar un sumario administrativo, que tiene su procedimiento especial, al igual que los recursos administrativos contra las decisiones del poder estatal.

2.3. Responsabilidad laboral

El establecimiento educativo como empleador tiene la obligación formal de registrar debidamente a su personal, cumplir con las formalidades en cuanto al pago de la remuneración, aportes sociales y previsionales y de la ley de A.R.T.

2.4. Responsabilidad civil

Podemos definirla como la obligación de reparar los daños ocasionados indebidamente a la persona o bienes de un tercero, debiendo retornar las cosas al estado en que se encontraban antes del hecho o en su defecto reparar el daño mediante el pago de una suma de dinero denominada indemnización.

3. uarda educacional

La guarda es comprendida como la obligación natural de los padres de proteger a sus hijos cuando se encuentran bajo su autoridad, aunque la misma puede ser delegada en determinadas circunstancias y condiciones.

Una de ellas es el ingreso del menor a un establecimiento educativo, situación que restringe claramente la posibilidad de cuidado real y efectivo de sus padres, por lo que éstos resignan de manera temporal (mientras dure la estadía del menor en el mismo) sus deberes-derechos de cuidado y educación, quedando estos a cargo del establecimiento, configurándose de esta manera una verdadera delegación de la guarda parental, con las consiguientes responsabilidades que ello implica.

El art. 1115 CC establece que *"La responsabilidad de los padres cesa cuando el hijo ha sido colocado en un establecimiento de cualquier clase y se encuentra de una manera permanente bajo la vigilancia y autoridad de otra persona".*

Esta delegación de la guarda no priva a los padres del ejercicio de la patria potestad de sus hijos menores, ya que sólo quedan limitados en cuanto a la posibilidad de ejercer la vigilancia activa de manera temporal, ni tampoco los exime de responder por los daños que el menor pueda ocasionar mientras se encuentra en el establecimiento educativo por aplicación del art. 1115 CC.

4. istema de responsabilidad civil vigente

La responsabilidad civil de los establecimientos educativos ha sido reformada por la ley 24.830, que introdujo un cambio radical del sistema de responsabilidad existente hasta ese momento, consistente en que se desplazó la responsabilidad de los directores de colegio y de los maestros artesanos, que existía como presunción de culpa establecida por el antiguo art. 1117 CC, y se estableció la objetivación del factor de atribución y la modificación de la legitimación pasiva.

El art. 1117 CC, reformulado por la ley 24830, dice que:

"Los propietarios de establecimientos educativos privados o estatales serán responsables por los daños causados o sufridos por sus alumnos menores cuando se hallen bajo el control de la autoridad educativa, salvo que se probaren el caso fortuito. Los establecimientos educativos deberán contratar un seguro de responsabilidad civil. A tales efectos las autoridades jurisdiccionales, dispondrán las medidas para el cumplimiento de la obligación precedente. La presente norma no se aplicara a los establecimientos de nivel terciario o universitario."

5. Propietarios de establecimientos educativos

La reforma utiliza el concepto de "propietario", en reemplazo del de "director".

El propietario del establecimiento educativo debe entenderse conforme surge de los antecedentes parlamentarios, no en sentido jurídico como el titular del dominio o dueño del inmueble donde se lleva a cabo la tarea o servicio educativo, sino como la persona ya sea física o jurídica que lo organiza.

El propietario del establecimiento podría asimilarse al rol que desempeña el empresario dentro de su empresa, el director al del gerente, y el de docentes, auxiliares, personal no docente, etc. al resto del personal o dependientes de la misma.

El propietario será aquel que organice o emprenda el servicio educativo, con independencia de la propiedad o no del inmueble en el cual se realiza tal actividad.

En consecuencia, en los casos de escuelas o establecimientos educativos públicos, responderá como propietario el Estado nacional, provincial o municipal según la jurisdicción a que pertenezca y si se trata de establecimientos privados, será responsable el titular reconocido por el Ministerio de Educación.

La identificación de "establecimiento educativo" comprende a los niveles de educación inicial, primaria y secundaria, públicos y privados, gratuitos y arancelados, quedando excluidos por expresa disposición legal los establecimientos de nivel terciario y universitario.

Esta exclusión tiene como fundamento en que a ellos concurren alumnos que en general son mayores de edad y con un grado mayor de discernimiento que los menores.

Tampoco es aplicable la norma a los lugares en donde la educación es impartida por un docente en forma individual (sea en su propio domicilio, o en el del alumno), pues no se reunirían en estos casos los elementos necesarios para constituir un establecimiento educativo organizado en forma de empresa, y en esos casos se entiende que permanece bajo la vigilancia de los padres.

. ec os por los ue se responde

6.1. Daños causados o sufridos por los alumnos

Antes de la reforma, se respondía sólo por los daños causados por los alumnos, mientras que ahora también se responde por los daños sufridos por ellos.

La nueva redacción introduce dos ámbitos de responsabilidades distintas aunque reguladas conjuntamente en la misma norma; si el daño fue causando por el alumno el deber de resarcir se desenvolverá en el ámbito extracontractual, mientras que si ha sido sufrido por el alumno lo hará dentro del ámbito contractual.

La calidad de alumno nace con la existencia de un contrato de enseñanza.

Los vínculos entre el propietario del establecimiento educativo con los padres y el hijo son de origen contractual, por los tanto si el menor sufre un daño, el progenitor o representante legal que contrató a su nombre y en el de su hijo podrá solicitar la reparación dentro del ámbito contractual.

El deber de seguridad se encuentra inserto tácitamente en algunos contratos, (como en los de transporte, de hospitalización etc.) y uno de ellos es el de enseñanza. Como bien lo aclara Aída Kemelmajer de Carlucci *"...se ha repetido hasta el cansancio que los establecimientos educativos asumen contractualmente junto con la obligación principal de prestar educación, una obligación de seguridad cuyo incumplimiento hace nacer una responsabilidad directa, y que la asunción de la misma significa garantizar la indemnidad del menor en su integridad física y moral, como bien diferente de la obligación principal"...*

Si un alumno sufre un daño –por cualquier causa que fuere– o se causa un daño a sí mismo, la responsabilidad por el hecho es del establecimiento de manera objetiva, es decir, por el sólo hecho de la existencia de la relación contractual de enseñanza, por entender que se ha incumplido el deber de seguridad complementario al mismo.

6.2. Daños ocasionados por los alumnos a terceros

Si un tercero, no vinculado al establecimiento es dañado por un alumno la responsabilidad se debe ubicar en el ámbito extracontractual.

El fundamento de la atribución de esta responsabilidad es la garantía creada por ley fundada en el riesgo de la actividad. Si bien la actividad educativa no puede ser considerada per se actividad riesgosa ni peligrosa, existe la obligación de quien presta el servicio de modo organizado (sea un ente público o privado) el deber de prestarlo sin producir daño.

La redacción del nuevo art. 1117 CC nos conduce a interpretar que el establecimiento educativo es garante de todo los que le sucede al alumno y de todo lo que el alumno haga mientras se encuentre bajo su control, salvo la prueba del caso fortuito.

El único recaudo subjetivo que debe cumplir el alumno es el ser menor de edad es decir menor de 18 años para aplicarse esta legislación.

No tiene relevancia entonces que el hecho dañoso causado por un alumno a un tercero u a otro alumno sea doloso, culposo o meramente accidental (siempre que en este último caso no configure caso fortuito).

. Control de la autoridad educativa

La referencia genérica que hace la norma es correcta ya que, comprende no sólo los daños acaecidos bajo el control del director o docente, sino también cuando se encuentren bajo el control de personas que no son típicamente docentes pero que forman parte de la organización educativa, como el bibliotecario, el portero, el secretario del colegio, etc.

Se considera también que se hallan bajo el control de la autoridad educativa cuando los alumnos realicen actividades extraescolares curriculares, por ejemplo; actividades deportivas, salidas organizadas por el colegio, viajes de estudio etc, no así los viajes o actividades organizados por los padres, como el viaje de fin de curso a Bariloche, en el cual la institución no tiene relación alguna.

7.1. Inicio y cese del control de la autoridad educativa

El horario de ingreso al establecimiento, previamente estipulado, fija el inicio del deber de vigilancia. Si el alumno no ingresa, a pesar de estar las puertas abiertas, no se inicia el deber de control.

Cuando finaliza el horario de clase y el alumno sale del establecimiento, cesa el deber de custodia o vigilancia del menor. Pero esto, que en principio parecería fácil de apreciar, en la práctica no es tan así. Basta leer algunos fallos judiciales para darnos cuenta que existe cierta flexibilidad por parte de los jueces en esta materia, tratando siempre de no afectar la seguridad jurídica ya que las partes involucradas no sabrían a que atenerse si quedara totalmente al arbitrio de cada una de ellas el comienzo y fin de su responsabilidad.

La Corte Suprema de la Provincia de Buenos Aires concedió indemnización por las lesiones que sufrió una alumna en un ojo a causa de una piedra que le arrojó un compañero cinco minutos antes de que comenzara la clase de educación física y de que se abrieran las puertas del colegio. El hecho ocurrió a las 7.55 y las puertas del lugar donde se debía dictar la clase abrían a las 8, no obstante ello se consideró que no había que atenerse a horarios fijos. La Corte Suprema de la Nación confirmo tácitamente este fallo al no hacer lugar al recurso extraordinario. En otro pronunciamiento el mismo Tribunal, no hizo lugar a la demanda de resarcimiento de daños sufridos por un alumno que fue a jugar el fútbol en el patio de un colegio un día feriado.

En cuanto al ámbito espacial, sucede lo mismo. En principio queda claro que si el daño ocurre dentro del establecimiento cae dentro del ámbito de responsabilidad del propietario del colegio y caso contrario no. Pero si el daño se produjo fuera del establecimiento pero tuvo su causa dentro de él también la responsabilidad será del dueño.

Por ejemplo, la CNFed. Civ. y Com., sala III, responsabilizó al colegio por las lesiones sufridas en la cabeza de una transeúnte provocadas por una mochila con útiles escolares arrojada desde la ventana de un primer piso del mismo. (La Ley, 1992 E 365). En otro fallo más controvertido, pero en el mismo sentido, se condenó al colegio a resarcir los daños sufridos por una alumna que al salir del mismo cruzó la calle en busca de su madre por un lugar no permitido (CNCiv., Sala I JA. 1993-II-32).

También encuadran dentro de la previsión legal los daños sufridos por los alumnos durante las excursiones, viajes de esparcimiento, es decir, todos los viajes de estudios organizados bajo el control de la autoridad educativa, teniendo presente a los fines de la atribución de la responsabilidad si existe por parte de la autoridad educativa participación o control de los mismos.

. E imentes de responsabilidad

La nueva redacción del art. 1117 CC solo admite como eximente de la responsabilidad objetiva el caso fortuito. El art. 514 del CC lo define como el hecho o acontecimiento de la naturaleza que no ha podido preverse; o que previsto, no ha podido evitarse

Algunos autores lo consideran como el "*hecho de la naturaleza*" y a la fuerza mayor como el "*hecho del Estado o de un tercero*", pero los efectos son los mismos, se fractura la causalidad entre el hecho y el daño por cuestiones ajenas al señalado como responsable.

El caso fortuito debe ser probado por quien lo invoca y debe ser un hecho ajeno al responsable o exterior al vicio o riesgo de la cosa, imprevisible e inevitable.

. utorizaciones para e cursiones o actividades e ternas escolares

Las instituciones educativas suelen requerir la autorización de los padres para que sus hijos puedan realizar estas actividades, lo que es correcto y legal, pero aunque se incorpore a la autorización alguna cláusula que suponga eximición de responsabilidad por parte del establecimiento, la misma no produce efecto alguno, pues el deber de vigilancia y guarda se encuentra siempre en cabeza del establecimiento, siendo éste el único responsable.

Debemos recordar que los establecimientos educativos se rigen también por la ley 24.240 que en sus arts. 3 y 37 establecen principios generales de interpretación de las normas a favor del consumidor o el usuario, y un sistema que invalida las cláusulas que desnaturalicen las obligaciones o limiten la responsabilidad por daños.

Incorporar al contrato de enseñanza que suscribe el establecimiento con los padres cláusulas que eximan de responsabilidad por daños, desnaturaliza el sentido del contrato mismo que incluye la custodia y vigilancia.

Por ello la ley ha establecido la obligación de que los establecimientos educativos contraten seguros que incluyan todas las actividades que programan realizar durante el año, e incluyan a la totalidad de los alumnos del curso como asegurados.

1 . Eventos dañosos   contratación de seguros

Frente a todo evento dañoso, en la institución se cuenta con un sistema de emergencias médicas, el seguro de accidentes personales y el seguro de responsabilidad civil, que es el que en definitiva servirá para hacer frente a las consecuencias económicas del mismo.

Debido al rígido sistema de responsabilidad, el legislador consideró que para que sea operativo, era necesario obligar a los propietarios de establecimientos educativos tanto públicos como privados la contratación de un seguro de responsabilidad civil contractual y extracontractual.

El asegurador se obliga a mantener indemne al asegurado por cuanto deba a un tercero en razón de la responsabilidad prevista en el contrato, a consecuencia de un hecho acaecido en el plazo convenido.

El hecho debe producirse durante la vigencia del contrato de seguro, aun cuando el reclamo por las consecuencias aparezca más tarde.

Existen pólizas de seguros denominadas "comprensivas" que otorgan una cobertura general de todas las contingencias a los establecimientos educativos hasta una suma total convenida como tope.

A estas pólizas se pueden agregar adicionales que cubran situaciones específicas de cada institución como ser uso de natatorios, transporte escolar, viajes educativos, uso de ascensores, etc.

Es conveniente evaluar si el contenido de la póliza cubre adecuadamente sus riesgos particulares, cuál es el monto de la cobertura, si hay franquicias y si la aseguradora tiene experiencia y seriedad en el ámbito escolar.

11. eguro estatal

El Ministerio de Educación de la Provincia también mantiene un convenio con la Caja de Ahorro y Seguro S.A., mediante el cual ésta cubre un reintegro de gastos médicos equivalente a un monto máximo para accidentes de alumnos que, por caso de infortunio, sufran dentro del establecimiento escolar.

Esta cobertura permite a los alumnos de establecimientos escolares, sean oficiales o privados que han sufrido algún accidente dentro de los mismos solicitar un reintegro por gastos médicos y/o farmacéuticos.

Pueden solicitarlo los alumnos de establecimientos de gestión Oficial y privada correspondientes a los niveles de educación inicial y primaria.

El trámite es gratuito y se presenta ante la Caja de Ahorro y Seguro S.A. con la siguiente documentación:

Formulario 315 "Solicitud de Indemnización por asistencia médica y/o farmacéutica por accidente". (Solicitar Formulario en La Caja S.A.)

Constancia policial del accidente.

Nota emitida por la escuela detallando el accidente.

Constancia de Alumno Regular.

Fotocopia del documento del menor y de quien percibe la indemnización (padres o tutores).

Historia clínica y tratamiento realizado.

Facturas conforme a AFIP donde se aprecie el detalle de los respectivos códigos de gastos, certificados por la escuela con sello y firma.

Se debe tener en cuenta que por ser menor de edad el beneficiario no puede ser el alumno accidentados, y por tratarse de un seguro por reintegro por gastos médicos y/o farmacéutico tampoco puede ser los prestadores del servicio (ejemplo: hospitales, SAMCO, Clínicas,

Médicos, etc.), por ello las facturas deben estar a nombre de los padres o tutores del alumno accidentado

12. esponsabilidad ante casos de acoso escolar d a de la c upina previas vueltas ol mpicas consumo de drogas o estupefacientes

12.1. Acoso escolar o bullying

Cabe preguntarse por la responsabilidad civil del establecimiento educativo para el caso de la producción de un episodio de bullying escolar que perjudique a un alumno o le produzca daños o lesiones.

En mi opinión, la misma se encontrará dentro del ámbito de la responsabilidad objetiva establecida por el art. 1117 del CC, que señala que los propietarios de establecimientos educativos privados o estatales, serán responsables por los daños ocasionados o sufridos por sus alumnos menores cuando se hallen bajo el control de la autoridad educativa, salvo que probaran el caso fortuito. Esta responsabilidad surge del deber de seguridad que estos establecimientos asumen como esencial e inherente a la prestación principal de educar.

La agresión, acoso o bullying de un alumno a otro no entra dentro del eximente de responsabilidad constituido por el caso fortuito, ya que en general son hechos que se producen con antecedentes de violencia previos tanto del autor como de la víctima. El deber de seguridad del establecimiento se hace extensivo al cuidado de la integridad física y moral del alumno, por lo que la producción de un episodio de bullying hace pensar en el fracaso de la tarea de vigilancia y control que tiene el establecimiento, conforme la delegación temporal de la guarda material de los menores que hacen los padres.

De allí surgirá entonces la responsabilidad objetiva del establecimiento y su obligación de reparar los daños sufridos por el alumno víctima del bullying escolar.

La Cámara Nacional de Apelaciones en lo Civil Sala A en autos caratulados "G. R. J. c/ Babar Bilingual School Dominique Seguin s/ daños y perjuicios" estableció la responsabilidad del establecimiento educativo por las agresiones físicas provocadas por alumnos menores de su establecimiento a otros compañeros, sin poder alegar al respecto, el caso fortuito eximente de tal responsabilidad ya que los mismos se encontraban dentro del ámbito de su guarda educativa y por ello se hacía efectiva la responsabilidad objetiva.

Se trató de un caso de agresión de un alumno a otro en una clase de educación física que le ocasionó a la víctima fractura de tibia y peroné y la Cámara dijo que *"Al haber ocurrido el accidente en oportunidad de encontrarse la víctima dentro de instalaciones pertenecientes al colegio, pronto a comenzar con una actividad física y estando a cargo de dos profesores, se hallaba desplazada la guarda material del mismo, por lo que tanto el cuidado del estudiante y la vigilancia del agresor, se hallaba en cabeza del colegio. De allí que, de producirse daños en la persona del educando, cabe pensar en el fracaso, por parte del obligado, en la tarea de vigilancia y control que sobre él pasaba, conforme la delegación temporal apuntada.*

Es que la obligación asumida por el establecimiento no es sólo a los fines de educar, sino que la misma contempla un indudable deber de seguridad, que se expande tanto en el plano contractual como en el extracontractual, abarcando el deber de asegurar la integridad del menor. Así, el factor de atribución que genera esta responsabilidad es objetivo por el riesgo que conllevan las actividades que involucran a conjuntos de personas y se incrementa por tratarse de infantes y adolescentes, los cuales por su desarrollo evolutivo, son propensos a la realización de actos potencialmente perjudiciales". (Sumario N°17698 de la Base de Datos de la Secretaría de Jurisprudencia de la Cámara Civil - Boletín N°1/2008, conf. CNCiv. Sala "C", L.469.817).

12.2. "Día de la chupina", "vueltas olímpicas", "previas"

En todos estos casos, como en el bullying que hemos tratado anteriormente, debemos precisar el ámbito de producción de los hechos y si la guardia o tutela educativa se encontraba vigente para evaluar si existe responsabilidad del establecimiento en la reparación de los posibles daños que se pudieran provocar por tales acciones.

Como medida de prevención, algunos establecimientos educativos incluyen en sus reglamentos internos la prohibición de realizar previas fuera del mismo o de ingresar a clases con vestigios de la misma, disfrazados, etc. También se establecen sanciones para quienes promocionen o participen de vueltas olímpicas o festejo semejantes que dañen la estructura escolar (en tal sentido, el Colegio Nacional Buenos Aires aplicó 24 amonestaciones a 56 alumnos que quedaron libres por ello), o también la aplicación de dobles falta a los alumnos que no concurran al establecimiento los días de la chupina.

Como se ve, no hay legislación que trate específicamente estos fenómenos sociales, pero sí podemos comentar un fallo recaído en la provincia de Mendoza contra el día de la chupina.

Se trata de una demanda iniciada por la Protectora Asociación Civil de Defensa del Consumidor contra Facebook Inc en el cual el Juez del Juzgado en lo Civil, Comercial y Minas de Mendoza, número 2 ordenó a FACEBOOK INC: *el cese inmediato de los grupos creados o a crearse por menores de edad, respecto de los contenidos que sean vistos en la Provincia de Mendoza o recibidos y/o dirigidos a menores que se encuentran en ésta, con el objeto de promover la falta al ciclo escolar, sin el debido consentimiento de sus padres o la autoridad escolar, para juntarse en un sitio específico para poder festejar dicho incumplimiento; como también hacer extensivo a posibles otros objetos donde los menores de edad promuevan objetivos que puedan causarse daño ellos o a terceros con su accionar; y haga efectivo el control de los contenidos de los grupos de menores de edad y su seguridad, conforme lo manifestado en las condiciones publicadas en http: //   . Faceboo . com/policy.php".*

Lo que se consiguió con tal medida fue desactivar sólo un canal de comunicación, pero ello no significó el fracaso de la convocatoria o su desaparición, ya que dichos fenómenos sociales tienen diversas causas y características y no se puede hacer frente a ellos sin la participación activa y comprometida de la familia defendiendo los mismos valores de las escuelas a las que mandan a sus hijos.

12.3. Consumo de drogas y estupefacientes

Como hemos visto, la responsabilidad objetiva que les cabe a los establecimientos educativos con relación a sus alumnos cede solamente con la acreditación del caso fortuito, que es aquel que no ha podido preverse, y de preverse no ha podido evitarse (art. 514 CC).

Otra opción que podría excluir esta responsabilidad objetiva sería la existencia de un daño autoinfligido o autodaño por parte del menor, por lo que se plantearía la cuestión de si el consumo de droga o estupefacientes puede ser considerado un autodaño que se provoca el mismo.

Esta distinción es de fundamental importancia, ya que una respuesta afirmativa abriría la posibilidad de aplicación del art. 1111 CC, el cual dice *"El hecho que no cause daño a la persona que lo sufre, sino por una falta imputable a ella, no impone responsabilidad alguna."*

El art. 1117 CC impone la responsabilidad objetiva no solo frente a los daños causados por los alumnos, sino también por los sufridos por ellos, y aunque un auto daño puede resultar poco previsible, la norma impone una clara responsabilidad porque los padres suspenden la guarda, cuando el alumno ingresa al Establecimiento Educativo.

Si estamos de acuerdo con la aplicabilidad de esa norma aún delante del texto del art. 1117 CC no existiría, en ningún caso, responsabilidad civil en los establecimientos educativos por el daño que uno o más menores se infligieran a sí mismos por el consumo de drogas o estupefacientes, salvo el caso poco frecuente de narcotráfico comprobado dentro de los mismos establecimientos.

Los cambios sociales nos obligan a pensar de manera actualizada, conforme un conocimiento de las realidades, respecto de las cuales, el personal dependiente debe estar debidamente preparado para detectar tales situaciones, ya que como este consumo se presenta a escondidas, salvo muy graves negligencias del personal dependiente, no puede responsabilizarse al establecimiento educativo por lo que ocasionalmente escape del control del mencionado personal, tal como ocurre en el caso del consumo de tabaco.

Por lo tanto, el consumo de estupefacientes dentro del establecimiento educativo por un alumno adicto no sería de responsabilidad del mismo, porque si bien no sería una circunstancia no fortuita, es ajena a la función educativa.

El auto daño que un menor prosiga haciéndose dentro del ámbito educativo mediante el consumo de estupefacientes no es un caso contemplado por el art. 1117 CC, por la sola razón de que se trata de una cuestión mayormente patológica relacionada con una adicción en la cual debe ser responsable el entorno familiar por no ser esta una actividad que se relacione con la educativa.

13. igiene   eguridad en instituciones educativas

13.1. Obligación objetiva complementaria al contrato de enseñanza
Cuando una familia deja a su hijo en la institución, sus padres dejan en custodia a los docentes y directivos, lo más valioso de sus vidas. Esta responsabilidad implica que las autoridades y el plantel docente se hacen cargo de la educación que van a recibir los niños, pero también son custodias de la vida y la integridad física de cada uno de ellos mientras permanecen en la escuela.

Tengamos en cuenta que una buena organización en el establecimiento educativo debe dar respuesta a diversos riesgos a los que está expuesto un alumno, docente o cualquier integrante de la comunidad educativa.

Como ya vimos, el Código Civil establece la responsabilidad civil en la educación y, por su parte, la LEN 26.606 plantea los derechos de los alumnos y los docentes respecto a la seguridad en el edificio.

El Título IV "Los/as docentes y su formación", Capítulo 1 Derechos y Obligaciones dice… *"e) Al desarrollo de sus tareas en condiciones dignas de seguridad e higiene".*

También en el Capítulo VI "Derechos y Deberes de los/as alumnos/as", en su inciso j) dice: *"Desarrollar sus aprendizajes en edificios que respondan a normas de seguridad y salubridad, con instalaciones y equipamiento que aseguren la calidad del servicio".*

13.2. Las condiciones del edificio escolar

El edificio escolar constituye el recurso físico básico de las actividades educativas. Su concepción determina y compromete el proceso de enseñanza y aprendizaje, siendo a su vez parte del mismo, en términos de espacios facilitadores de las actividades.

El desarrollo de las actividades educativas en el tiempo, según la planificación curricular, significa concebir al conjunto de los espacios como una totalidad, que permita elaborar estrategias globales de funcionamiento.

La organización del edificio escolar debe responder al proyecto institucional, a los requerimientos pedagógicos y a las pautas socio-culturales de los usuarios, adaptándose a las diversas características regionales, cumpliendo con las superficies mínimas y las exigencias cualitativas tecnológicas.

Por lo tanto sus espacios deben ser:
- Adecuados a la estructura organizativa del establecimiento.
- Adecuados a las demandas de distintas formas de enseñanza, favoreciendo la conformación de espacios de variados estímulos.
- Que permitan cambio en sus funciones, con un mínimo de modificaciones estructurales.
- Que favorezcan un uso eficiente del edificio por parte de la comunidad
- Que den respuestas a las condicionantes locales, físicas, tecnológicas y socio-culturales.

- Que se constituyan dentro de un marco de seguridad adecuado al tipo de enseñanza y a los alumnos que concurren al mismo.

Como vemos, la normativa tiende a establecer escuelas seguras con la intervención de áreas capacitadas para ello, como la división Arquitectura Escolar del Ministerio de Educación o Defensa Civil. Es conveniente por ello preparar un Plan interno de Seguridad en el establecimiento, siguiendo algunas pautas generales como las siguientes:

- Identificación de los riesgos propios del establecimiento a los fines de su prevención.
- Plan de emergencias para facilitar la evacuación sin pánico.
- Preparación y cuidado de las vías y medios de evacuación para que permanezcan libres de obstáculos.
- Identificación de las áreas de mayor riesgo.
- Identificación y acceso a la ayuda interna y externa (direcciones y nros. de teléfono).
- Botiquín y prestación de primeros auxilios a personas accidentadas.

Obviamente este Plan deberá realizarse con la colaboración de personas especializadas a fin de que sea establecido de manera eficiente y eficaz, y sobre todo, resulte beneficioso para la prevención de riesgos en el establecimiento.

13.3. Normativa provincial sobre Higiene y Seguridad escolar

A diferencia de otras provincias o de la C.A.B.A., en la provincia de Santa Fe aún no se ha legislado específicamente sobre el tema de la higiene y seguridad en las escuelas, existiendo solamente normas dispersas que contemplan el tema.

Una de ellas es la Disposición SPEP 350/94 que establece los requisitos de la apertura de nuevos establecimientos educativos y expresa en su punto 9) una serie de condiciones mínimas necesarias para la autorización de los edificios escolares, a saber:

- Aulas: superficie aproximada de 50 m2, nunca inferior a 1 m2 por alumno.
- Capacidad: 25 alumnos por aula. Toda aula tendrá no menos de una puerta a circulación general, de 0,70 m. de ancho mínimo y ventanas de 1,20 m. por 1,70 m.
- Servicio Sanitarios:
  - un WC c/30 varones o c/20 mujeres
  - un mingitorio c/20 varones

- un lavabo c/20 varones o mujeres.

Para Nivel Inicial:

Espacios sanitarios con dimensiones y artefactos adecuados a la edad de los niños:

- un inodoro para los primeros 15 niños y uno cada 10 niños más.
- un sector de piletas de tamaño y altura adecuadas a la edad de los niños y en la misma proporción que los inodoros.

Área de recreación: patios abiertos de recreo con una superficie pavimentada mínima de 2m^2 cuadrados por alumno.

13.4. Normativa municipal sobre Higiene y Seguridad escolar

La Municipalidad de Rosario a través de su Reglamento de Edificación también contiene requisitos a los que deberían adecuarse los edificios escolares para ser aprobados.

En la Sección 6.11. Edificios Educativos (Ordenanza N° 5888/94 y Ordenanza N° 7277/01,) se dice que *"Todo instituto, colegio, escuela y cualquier otro edificio donde se cumplan funciones de enseñanza pública deberá adaptarse en la medida de lo posible, al uso por parte de discapacitados en sillas de ruedas, contando al menos con rampas de acceso cuando sea necesario salvar desniveles, y con un baño de características especiales, según se indica en el art. 44 de la presente"* (ver 3.11.2. de este R.E.).

6.11.1. De los establecimientos privados

1. El Departamento Ejecutivo a través de la Dirección de Obras Particulares deberá aprobar los planos de construcciones y/o ampliaciones que se realicen en todo establecimiento educativo privado.

2. Se deberá presentar adjunto al anteproyecto o proyecto, el programa de necesidades avalado por el Ministerio de Educación de la Provincia de Santa Fe (Dirección de Servicios Educativos de Enseñanza Privada) destacando la matrícula del establecimiento.

3. Se deberán respetar las normativas generales vigentes en el Código Urbano de Rosario, respecto a los índices edilicios mínimos y máximos, localización, factor de ocupación del suelo (F.O.S.) y factor de ocupación total (F.O.T.) superficie máxima y mínima de acuerdo con la reglamentación específica.

4. En caso de ampliaciones y/o reformas deberá tenerse en cuenta la arquitectura y diseño del edificio existente, como así también se evaluará la misma por la Comisión de Preservación del Patrimonio Histórico, Urbano y Arquitectónico (constituida por el Programa de

Preservación del Patrimonio Histórico, Urbano y Arquitectónico – creado por Ord. 6171/96–), en caso de edificios que posean un determinado valor arquitectónico a ser considerados como "Patrimonio Urbano".

5. La Dirección de Obras Particulares exigirá a los propietarios la presentación de proyectos y anteproyectos (plantas, cortes y vistas) y materialización o tecnología a utilizar, elaborados por profesional particular u organismos oficiales como la Dirección Provincial de Construcciones y Equipamiento Social (DIPCES).

6. En todos los casos de construcciones de edificios educativos privados, se deberá presentar ante la Municipalidad de Rosario, la situación dominial del predio donde se construirá a efectos de su verificación.

7. Todos los establecimientos educativos privados que funcionen en locales no propios, alquilados o prestados, en caso de ampliaciones, reformas y/o construcciones deberán presentar certificación de autorización del propietario titular del edificio. Además dichas instituciones deben estar avaladas por el M.O.S.P y . (DIPCES), el Ministerio de Educación de la Provincia.

Capítulo X

Relaciones laborales en los establecimientos educativos de gestión privada

1. Caracterización como estatuto especial

La situación del personal docente de los establecimientos educativos de gestión privada se caracteriza por la ambigüedad, ya que comparten características del empleo privado, en el que prima la autonomía de la voluntad, con normas protectorias que los equiparan a los docentes oficiales y que obran como un plexo normativo de cumplimiento obligatorio para los establecimientos.

En nuestra opinión, la relación de empleo docente es un contrato privado en el cual resultan de aplicación las normas de la Ley de Contrato de Trabajo, aunque con una base de derechos emanados del principio de equiparación docente que depende del Estado y no puede ser desconocidos por las partes.

Se trata de uno de los llamados *"estatutos especiales"* conjunto de normas que regulan las relaciones laborales que caracterizan ciertas actividades y exceden el marco de la normativa general.

Dice Vázquez Vialard *"Como no todas las actividades presentan iguales características, se han establecido normas especiales que regulan algunas relaciones jurídicas de acuerdo con las modalidades propias de ciertas actividades (...) En los sectores regulados por estatutos especiales se plantea el problema de determinar cuál es el ámbito de aplicación de la norma laboral común (en el caso, la LCT). Pueden presentarse diversas situaciones: a) que el instituto regulado en la LCT también lo esté en el estatuto; b) que aquel solo lo esté en la primera norma y no en éste y c) que la regulación de la LCT resulte más favorable que la contenida en la ley especial. A tal fin, el art. 2do. de la LCT establece una directiva de carácter general, según la cual su aplicación sólo es factible cuando "resulte compatible con la naturaleza y modalidades de la actividad de que se trate y con el específico régimen jurídico a que se halle sujeta".* (Derecho del Trabajo y de la Seguridad Social, T 2, 2da. Ed. Actualizada, Editorial Astrea, ps. 2 y 3).

Y más adelante aclara que la aplicación de la norma más favorable en caso de duda (art. 9 LCT) sólo podrá hacerse si no existe una regulación expresa del instituto en el régimen especial. Es decir, no basta con que la norma de la LCT sea más favorable, sino que debe haber duda en la aplicabilidad de la norma especial o ausencia de ella para su aplicación, concluyendo con que si ambos regímenes, general y especial, regulan el mismo tema, deberá aplicarse lo determinado por la ley especial.

Habrá contrato de trabajo entonces *"siempre que una persona física se obligue a realizar actos, ejecutar obras o prestar servicios en favor de la otra y bajo la dependencia de ésta, durante un período determinado o indeterminado de tiempo, mediante el pago de una remuneración."* (art. 21 LCT)

Trataré de enumerar las normas orientadoras del criterio de regulación del tema, y los puntos específicos se tratarán en el transcurso de los siguientes capítulos.

2. ormas laborales en la le   13. 4

La Ley 13.047, ha sido y todavía lo es, uno de los factores más importantes del desarrollo de la educación argentina de gestión privada. Sus disposiciones constituyen el *"Estatuto del Docente Privado"*.

En los últimos años y como consecuencia de haber transferido los servicios educativos nacionales a las provincias por medio de la ley 24.049, como así también al pedido de obtener una Convención Colectiva de Trabajo para los docentes de los establecimientos de gestión privada se ha planteado la no aplicabilidad de esta ley a los docentes de todo el país.

En primer lugar, hay una corriente de opinión que afirma que la transferencia de los servicios educativos a las provincias significó también que éstos y su personal quedaren sometidos a las legislaciones provinciales, dejándose sin efecto la aplicabilidad de la ley 13.047 por ser ésta el Estatuto del Docente Nacional.

Esto es una equivocación, ya que todos los convenios suscriptos comparten una cláusula similar por la cual las provincias se comprometieron a garantizar *"los derechos emergentes de la normativa nacional sobre la materia: Ley 13.047, decreto N 371/64, decreto N 2542/91 y decreto N 940/72 sus modificatorios y concordantes".*

De esta manera, los contenidos de la ley 13.047 no podrían ser desconocidos ni modificados por cuanto integran la legislación laboral argentina.

Debe tenerse en cuenta que toda la doctrina constitucional y la jurisprudencia acuerdan que la legislación laboral y previsional ha sido delegada por las provincias a la Nación, según surge de los arts. 14 bis y 75 inc.12 de la CN. Su sanción es una atribución exclusiva del Gobierno Federal que no puede ser ejercida por las provincias ni por la Ciudad de Buenos Aires.

Si bien la legislación laboral a la que están sujetos los establecimientos oficiales transferidos por la ley 24.049, está referida al régimen de trabajo de los docentes de gestión estatal, por pertenecer a la Administración Pública de cada provincia y, por ende, excluidas de la LCT, ese régimen oficial no puede ser aplicado automáticamente a los docentes privados, ya que los Estatutos del Docente de cada jurisdicción rigen para ellos con carácter subsidiario, debido a la equiparación consagrada en el art. 11 de la ley 13.047 y con las limitaciones que surgen del texto de su art. 31, inciso 1, las que deben ser consideradas caso por caso, por aquel organismo de aplicación.

Esta interpretación se refuerza por la ley 23.838 que incorpora a la ley 13.047 como art. 20 bis el siguiente: *"El Estado Nacional reconoce a las provincias la facultad de incorporar a los docentes privados a sus propios sistemas previsionales en igualdad de condiciones con los docentes oficiales de su jurisdicción",* lo que significa que se ha necesitado modificar el Estatuto del Docente Privado cuyo personal debía aportar al Sistema Nacional de Seguridad Social para que tales docentes pudieran jubilarse por los sistemas provinciales que los admitieran.

Es decir que, por interpretación auténtica de la ley (que es la que realiza el Poder Legislativo con relación a las leyes que ya ha sancionado) quedó definido que:

- La legislación del trabajo y la legislación previsional, incluida la referida al personal docente privado es de incumbencia del Gobierno Nacional salvo autorización expresa del legislador nacional, y las autoridades de cada provincia están obligadas a conformarse a ella en virtud de lo determinado en el art. 31 de la Constitución Nacional.

- Ha sido voluntad del Gobierno Nacional mantener la vigencia de la ley 13.047 y ampliarla a todos los docentes del país para posibilitar en todo cuanto fuera posible la equiparación.

- Superando interpretaciones anteriores, también los docentes "históricos", que no estaban antes mencionados, ahora han quedado regidos en materia laboral y previsional por la ley 13.047. (Si no fuera así, los docentes provinciales de los niveles inicial y de enseñanza general básica de la gestión privada provincial no podrían jubilarse por los sistemas previsionales de su jurisdicción, como lo están haciendo gracias a lo dispuesto en el art. 20 bis de la ley 13.047 y que remedió aquel vicio declarado por la Corte Suprema de Justicia de la Nación In re: "Asociación Civil Escuela Escocesa San Andrés y otros c/ Buenos Aires Provincia y otra s/ declarativa" del 30 de marzo de 1989).

Consecuentemente, el CGEP y sobre la base de la doctrina del art. 20 bis de la ley 13.047, en su Resolución 66/92 ha ratificado la plena vigencia de la ley 13.047 en todo el país y para todos los niveles de enseñanza.

También lo ha reconocido el *"Convenio Marco sobre Educación Pública de Gestión Privada"* suscripto por la unanimidad de los integrantes del Consejo Federal de Cultura y Educación en su resolución 119/99, que, por tal causa, dispuso que los representantes oficiales en el CGEP fueran propuestos por las provincias, lo que se ha ratificado también en el Acta acuerdo del 01 de julio de 2013.

Dada la existencia de un régimen propio del docente privado en la provincia de Santa Fe establecido por la ley 6.427, las normas de la ley 13.047 serán de aplicación subsidiaria y complementaria, por lo cual, para el caso de que en determinada situación no exista solución legislativa provincial, deberá buscarse la norma en la ley nacional.

3. ormas laborales de la le .42

La ley 6.427 regula de manera integral el sistema de gestión privada en la provincia de Santa Fe e incluye normas referidas expresamente a los docentes.

3.1. Principio de equiparación

El art. 22 de la ley 6.427 expresa que: *"Será considerado personal escolar en los establecimientos de enseñanza privada al que por sus funciones y especialidad sea considerado como tal en el orden oficial".*

Esta caracterización implica una limitación importante en la constitución de las plantas escolares de los establecimientos privados, porque se reconocen solamente aquellos cargos reconocidos en el orden oficial.

En el caso de establecimientos que reciban aporte estatal, no se incorporarán cargos que no existan en el orden oficial, ya que el aporte del Estado es sólo para hacer frente al pago de los sueldos docentes.

Luego, el art. 23 dice que: *"El personal escolar de los establecimientos de enseñanza privada tendrá los mismos derechos y obligaciones que el de las escuelas oficiales, en todo cuanto sea compatible con el carácter de su relación de dependencia".*

Este artículo viene a limitar la equiparación del docente privado con el oficial, haciéndola depender de las características del contrato de empleo que lo une con el establecimiento, aunque dejando el piso mínimo de derechos establecido en el punto anterior.

En definitiva, lo que hace en realidad es hacer primar la relación de empleo privada regulada por la LCT en particular, por sobre las normas generales de aplicación a los docentes oficiales.

Otra norma orientadora la constituye el art. 29 de la ley 6.427 cuando dice que en los casos de despido por causas distintas a las mencionadas en el art. 28 (despido con justa causa por inconducta y mal desempeño de sus deberes, con sumario previo) serán de aplicación las disposiciones vigentes para los casos de despido sin justa causa para los empleados de comercio.

En la época de la sanción de la ley, no se había sancionado aún la Ley de Contrato de Trabajo 20.744 y las normas laborales se encontraban dispersas. En el Código de Comercio se regulaban (arts. 154 y ss.) determinadas contingencias del contrato de trabajo de los empleados de comercio (accidentes de trabajo, licencias, despido) que la práctica hizo que se aplicaran a otras actividades por analogía, lo que se refleja claramente en nuestra ley.

La ley 20.744 derogó expresamente esos artículos, por lo que debe entenderse que resulta de aplicación subsidiaria al personal de los establecimientos privados la LCT.

Por último, el art. 13 de la ley 6.427 dice: *"Las obligaciones contraídas por los propietarios con su personal o terceros no responsabilizan ni obligan en modo alguno al Estado".*

Esto significa que, aunque el Estado regula específicamente ciertos aspectos de la relación laboral, la responsabilidad final por su aplicación cae en cabeza del propietario.

A simple vista parece una contradicción, o al menos una injusticia, establecer la responsabilidad del propietario por determinadas situaciones que están fuera de su control (ejemplo, fijación de los sueldos, régimen de licencias, etc.), pero opino que, al contrario, lo que se hace en este artículo en particular es afirmar de manera definitiva la naturaleza eminentemente privada del contrato de trabajo docente.

Las normas protectorias sirven de referente o de base mínima, pero la realidad de los hechos es que la relación laboral es entre el docente y el establecimiento, con una limitada intervención del Estado en el momento de iniciarse la relación laboral con la designación del docente.

4. ormas laborales del decreto 2.

En el terreno de la reglamentación, el decreto 2.880/69, al enumerar los derechos del personal de los establecimientos privados dice que tendrán derecho a:

- A la estabilidad.
- A percibir la misma retribución que percibe el personal escolar oficial en igualdad de especialidades y cargos.
- A la bonificación por antigüedad o cualquier otra que se acuerde a su similar oficial.
- A la inamovilidad de la localidad.
- Al mismo régimen de licencias que el personal oficial.

Esta caracterización merece algún comentario, ya que al momento de la sanción de la ley 6.427 la situación de los docentes privados era muy distinta a la actual.

Si bien estaba vigente la ley 13.047, no existían normas provinciales que los ampararan, por lo que su situación laboral era precaria y generalmente dependiente de la discreción del empleador en cuanto al pago y constitución del salario, régimen de licencias, y otras contingencias laborales.

Esta ley vino a equipararlo con el docente oficial porque éste sí tenía derechos ya reconocidos por ley, que se trataron de instaurar en la órbita privada con resultados dispares. La intención manifiesta era fijar un mínimo de derechos a los docentes privados y por ello se tomó como base el orden oficial.

A medida que la dinámica del crecimiento de los establecimientos privados llevó a un cambio notorio de las condiciones laborales, en detrimento de las del orden oficial, el antiguo régimen resultó por lo menos inadecuado para las circunstancias sobrevinientes.

La relación de empleo entre el docente y el establecimiento privado ha sufrido grandes cambios desde la sanción de la ley 6.427, con la mutación de la propia educación privada que llevó a que en la actualidad por ejemplo, hasta los sueldos docentes en el ámbito privado en algunos casos sean más elevados que en el oficial, entre otras condiciones más favorables.

Es decir que el antiguo principio protectorio ya no cumple su función original porque ese mínimo de derechos que se reconocía ha sido ampliamente superado y no se constituye en motivo de discusión o reclamo por parte de los docentes.

5. ormas laborales emanadas de la Comisión egociadora de la Educación Privada

La primera Acta de la CONEP del 01.07.13, determina conceptos generales sobre el sistema de gestión privada, y ha establecido una novedosa articulación entre la Comisión Negociadora y el CGEP órgano creado por la ley 13.047 y que con el transcurso del tiempo fue recortando su influencia a la Ciudad Autónoma de Buenos Aires en cuestiones relacionadas con los derechos laborales de los docentes (escalas salariales, accidentes de trabajo, etc). Ahora, con este acta, se vuelve a poner en valor la existencia de este órgano, aunque debería ser evaluada su intervención en las jurisdicciones provinciales por lo cual deberá esperarse si las funciones reconocidas por el Acta al CGEP son reconocidas a un organismo similar, como por ejemplo el SPEP.

Cabe señalar que la misma ha sido aprobada para su aplicación por la Resolución 8/13 del CGEP, por lo que tiene vigencia nacional, con los alcances expuestos en este trabajo.

5.1. Definición de trabajador docente privado
Se considera trabajador docente particular y/o privado a todo trabajador que deba prestar servicios en relación de dependencia a favor de propietario/s de establecimientos de enseñanza y/o educativos de gestión privada, que conduce y/o participa del proceso de enseñanza-aprendizaje de alumnos. Se entiende comprendido el personal directivo, docente y docente auxiliar, tenga título docente, habilitante, supletorio y no tenga título.

5.2. Contratación típica
La forma típica de contratación es el contrato de trabajo por tiempo indeterminado.

Con carácter extraordinario se admitirán otras formas de contratación, como la suplencia, el contrato a plazo determinado y los contratos por actividades cuatrimestrales y semestrales.

5.2.1. Suplencia
Todo trabajador docente que reemplace a otro en uso de licencia legal o convencional será considerado suplente. Tendrán los mismos derechos y obligaciones que los titulares en tanto sea compatible con la naturaleza de la contratación y durante la vigencia de ésta. El docente suplente tendrá derecho a la indemnización de ley en caso de despido sin causa producido durante el transcurso de la suplencia. Esta modalidad deberá instrumentarse por escrito e individualizarse al docente con todos sus datos.

5.2.2. Contrato a plazo determinado
Se reconoce la posibilidad de suscribir contratos de trabajo por tiempo determinado en los términos de los arts. 93 a 95 LCT si se dan en forma acumulativa estos tres requisitos: a) que la modalidad de las tares razonablemente apreciadas así lo justifiquen; b) que se instrumente por escrito y con la registración mencionada estableciendo en forma expresa el plazo de duración; y c) que se describa la circunstancia extraordinaria que justifique la celebración de esa modalidad contractual. Se eximirá de los ítems a) y c) cuando el plan de estudios haya sido aprobado por la autoridad de aplicación competente por un período de tiempo determinado o en caso de cierre del Establecimiento Educativo o en el caso de que por circunstancias no atribuibles al empleador, la asignatura, área o plan de estudios haya sido objeto

de un cambio aprobado o dispuesto por acto administrativo de la autoridad educativa competente.

El Acta Acuerdo del 16.12.13 estableció, además, elementos mínimos que deberán contener los contratos:

- Instrumentación del mismo en doble ejemplar firmado por las partes y con copia para el docente.
- Datos completos del empleador y docente.
- Fecha de inicio, que deberá ser la misma denunciada como alta ante la AFIP, duración del contrato y fecha de finalización.
- Descripción de las tareas a realizar.
- Mención de las circunstancias extraordinarias que justifican la firma del contrato.

Estos contratos deberán ser remitidos al CGEP para su registro dentro de los 30 días hábiles de haber sido suscriptos para darle validez. La omisión de la registración hará presumir la inexistencia de los requisitos exigidos para cada una de las modalidades y el contrato se entenderá celebrado por tiempo indeterminado.

El Acta del 16.12.13 menciona la constitución de un Registro Unico Nacional de Contratos a Plazo Fijo dentro del Ministerio de Educación, en el cual deberán registrarse todos los contratos que se firmen en el país, previéndose la posibilidad de hacerlo vía Internet, aunque el mismo aún no ha sido iniciado.

Deberíamos ver de qué manera se instrumentará esta obligación de registro en la provincia de Santa Fe, ya que aquí no hay relación alguna con el CGEP y estimo que la falta de registración de los contratos en el mismo no debería invalidar lo que la ley permite en cuanto a la contratación a plazo.

5.2.3. Actividades cuatrimestrales y semestrales

Se podrá celebrar contrato de trabajo docente por cuatrimestre o semestre cuando el Plan de Estudios aprobado por la autoridad educativa prevea expresamente que las actividades sean de una duración igual o inferior a seis meses en cada ciclo lectivo. Con antelación no menor a 30 días antes del inicio del siguiente período de trabajo, el empleador deberá notificar en forma fehaciente al docente su voluntad de continuar o no la relación laboral en los términos del ciclo anterior y el docente deberá manifestar su decisión de continuar o no la relación laboral en un plazo de quince días de notificado, sea por escrito o presentándose a trabajar. En el caso de que el empleador no notifique su voluntad de no continuar la relación laboral, se entenderá que ha manifestado su voluntad de otorgar efectivamente tareas al docente en el siguiente cuatrimestre o semestre. En todos estos casos se aplicarán las prescripciones de los Arts. 96 a 98 LCT.

. escripción de los tipos de empleos docentes

La ley 14.473, denominada también "Estatuto del Docente" hace una descripción del docente en su art. 1: *"Se considera docente, a los efectos de esta ley, a quien imparte, dirige, supervisa u orienta la educación general y la enseñanza sistematizada, así como a quien colabora directamente en esas funciones, con sujeción a normas pedagógicas y reglamentaciones del presente estatuto".*

A su vez, el decreto 8.188/59 que la reglamenta, efectúa las siguientes precisiones:

"Imparten enseñanza los maestros, profesores y directores sin dirección libre, que tienen a su cargo, en forma permanente y directa, la educación de alumnos.

Dirigen la enseñanza los docentes que tienen a su cargo en forma permanente y directa, el asesoramiento y contralor del personal encargado de impartir enseñanza.

Supervisan la enseñanza los docentes que tienen a su cargo funciones de asesoramiento, contralor y coordinación, en forma permanente y directa, del personal encargado de impartirla o dirigirla.

Orienta la enseñanza el personal directivo superior que tiene a su cargo el gobierno y la administración de los organismos escolares, con sujeción a normas educativas

Colaboran en la enseñanza los auxiliares que con sujeción a normas pedagógicas actúan directamente a las órdenes de quienes imparten, dirigen, supervisan u orientan la enseñanza".

El concepto de personal docente según la ley es amplio, abarcando a aquellos que llamamos docentes por su condición profesional, y a otros a los que calificamos por extensión.

De esta manera, debemos considerar personal docente a los maestros de nivel inicial, y primario, y a los profesores titulares de horas cátedra en el nivel secundario y terciario, entendiéndose como tal al que se encuentre frente a alumnos, no importando en este caso la cantidad de ellos porque también lo será el profesor de música que enseña a un solo alumno, por ejemplo.

Personal directivo son el Director, Vicedirector y Regente, que tienen a su cargo en forma permanente y directa el asesoramiento y contralor del personal encargado de impartir enseñanza.

Supervisan la enseñanza los Inspectores o Supervisores de los distintos niveles educativos del sistema.

Colaboran con la educación, con sujeción a normas pedagógicas, los preceptores, Regentes de internado, Jefes de Talleres, es decir, *"los auxiliares que con sujeción a normas pedagógicas actúan directamente a las órdenes de quienes imparten, dirigen, supervisan u orientan la enseñanza."*

Sólo por extensión legislativa puede decirse que el Secretario, Prosecretario y Bibliotecario sean docentes (más allá que se les exija títulos docentes para ejercer su función) porque la naturaleza de sus tareas se halla como regla bastante alejada de la aplicación de normas pedagógicas, acercándose más bien en la mayoría de su tiempo a la aplicación de normas de trámite administrativo.

Por otra parte no es considerado personal docente el representante legal, tesorero, subtesorero, contador, auxiliar administrativo, auxiliar de secretaría, empleado de maestranza o mantenimiento, etc.

No debemos olvidar que la ley 13.047 se encuentra vigente, aunque su aplicación en la provincia de Santa Fe se encuentra limitada por la sanción de nuestra propia ley de educación de gestión privada, la ley 6.427.

No obstante lo dicho, existen elementos de la misma que se encuentran vigente al tratarse de una ley nacional que regula el derecho de fondo respetando el reparto de competencias constitucionales en concordancia con lo establecido por el art. 75 inc. 12 CN, ya que ella atribuye al Congreso de la Nación la facultad de dictar el Código del Trabajo, sea en un cuerpo unificado o en leyes separadas.

Las provincias deben acatar la legislación nacional, no obstante cualquier disposición en contrario que contengan sus constituciones o legislaciones locales, sin perjuicio del llamado poder de policía que ellas aún conservan (arts. 5; 31 y 121 CN).

El art. 2 de la LCT ratifica la posibilidad de aplicabilidad de estatutos especiales como el docente, al decir que *"La vigencia de esta ley quedará condicionada a que la aplicación de sus disposiciones resulte compatible con la naturaleza y modalidades de la actividad de que se trate y con el específico régimen jurídico a que se halle sujeta"*.

Junto con esta ley, se aplicará también las normas de la ley 6.427, que en algunos casos le reconocen mayores derechos a los docentes que la ley 13.047 (estatuto especial, que como ley principal se les aplica)

Las normas provinciales son complementarias al régimen laboral privado ante la autorización conferida por las normas nacionales precitadas, que son las leyes emanadas del Congreso de la Nación como la LCT, y como consecuencia de la autorización para el funcionamiento de los establecimientos educativos de gestión privada.

La Provincia entonces, por imperio de este marco normativo, tiene facultad para regular materias del contrato de trabajo docente de los que laboren en establecimientos educativos autorizados en tanto las mismas respeten las leyes nacionales que han reenviado a sus normas; pero no puede regular otras materias propias del contrato de trabajo en las que no hay autorización para ese reenvío.

Como opinión jurisprudencial es importante recordar lo dicho por la CSJN, en cuanto a que la relación de empleo privada es propia del derecho privado y en un todo ajena al derecho público. En el ya citado fallo "Asociación Civil Escuela Escocesa San Andres y Otros c/ Buenos Aires, Provincia de y otra s/ declarativa" (Fallos, 312:418) la Corte dijo: ..."*Que el tratamiento del punto lleva a considerar la naturaleza de la actividad que llevan a cabo los institutos privados de enseñanza. En tal sentido, el Tribunal también comparte la opinión expuesta en el dictamen del Sr. Procurador que la incluye, conforme un criterio arraigado en el derecho administrativo, dentro de los casos en los cuales se manifiesta lo que ha dado en llamarse colaboración de los particulares en la prestación de un servicio público, caracterización conceptual en la que se subsume la de "colaboración por actividades paralelas" en la que la intervención de aquellos concurre con la del Estado en la satisfacción del beneficio general de la comunidad. (...) Definida así la labor de los institutos privados de enseñanza, no cabe sino concluir que el personal que allí presta servicios se vincula a ellos por una relación de empleo privado, ajena por completo a la que caracteriza el empleo público".*

Por su parte, en el fallo "OSPLAD c/Buenos Aires, Provincia de s/ sumario", se estableció específicamente para la actividad docente privada que *"los docentes que prestan servicios en establecimientos privados de enseñanza en jurisdicción provincial no ostentan tal carácter –personal dependiente de los gobiernos provinciales y sus municipalidades–..."*

La misma CSJN, al rechazar la demanda interpuesta por el SADOP en autos caratulados "Sindicato Argentino de Docentes Particulares c/ Santa Fe, Provincia de s/ acción declarativa de nulidad" declaró que la relación entre docentes y patronales de establecimientos educativos de gestión privada es de derecho privado, en una demanda de declaración de inconstitucionalidad de los decs. 2991/00 y 2992/00.

Dijo la Corte que *"(...)el hecho de que la provincia haya dictado normas que pueden afectar los derechos y obligaciones de los trabajadores y empleadores locales no la transforma en parte de dichas relaciones jurídicas. La actividad normativa provincial sólo determina el marco jurídico aplicable; su cuestionamiento debe ser encauzado entre quien se dice afectado por el régimen impugnado y quien resulta su beneficiario, por la vía procesal que en cada supuesto corresponda (doctrina de Fallos: 321:551)". (...) para que (la demanda) sea admitida resulta una condición ineludible que se configuren los requisitos que determinan su intervención en instancia originaria, cual es que un Estado provincial sea parte adversa de quien efectúa el cuestionamiento (confr. los pronunciamientos publicados en Fallos: 307:1379, 2384; 308:1489; 310:142 y 321:551). De lo contrario, la vía escogida no puede ser admitida. Esto es lo que sucede en la especie, pues no cabe calificar al Estado provincial como "parte adversa" en tanto no integra las relaciones jurídicas sustanciales sobre la base de las cuales se demanda"*, es decir, no interviene en la relación docente – institución educativa de gestión privada.

. **Caracter sticas propias del contrato docente**

- *Consensual.* Es un contrato simple que se perfecciona por el mero consentimiento de las partes sin necesidad de otra formalidad. No obstante lo dicho debemos recordar la necesidad de la aprobación estatal para que los docentes integren la planta escolar.

- *Intuitu personae o de carácter personal.* Es un contrato en el cual, en los términos del art. 37 LCT, se contrata una actividad personal e infungible del trabajador en razón de sus condiciones personales, sus cualidades profesionales, su formación, conocimiento, compromiso personal con la institución educativa en el proyecto ideológico o religioso.

- *Bilateral,* porque las existen obligaciones recíprocas entre las partes, que parten de la obligación principal del trabajador, que es poner su fuerza de trabajo a disposición del empleador y del empleador de abonar el salario comprometido.

- *Oneroso,* porque todo trabajo se presume efectuado a cambio de una contraprestación dineraria denominada salario. El art. 115 LCT establece que el trabajo no se presume gratuito y en el art. 107 LCT dice que toda la remuneración debe ser abonada en dinero.

- *Conmutativo,* ambas prestaciones, el trabajo realizado y el pago del salario por el mismo, no son simultáneas pero si correlativas.

- *De ejecución continuada o tracto sucesivo,* porque su ejercicio se proyecta en el tiempo, generalmente al menos por un ciclo lectivo, existiendo algunas particularidades como lo son la cobertura de licencias de docentes titulares por suplentes que pueden ser limitadas en el tiempo.

- *Autónomo*, porque sus características son intrínsecas a la actividad docente, no existiendo la posibilidad de confundirse con otros actos o negocios jurídicos.

- *No formal, en general.* Si bien, como ya dijimos, el contrato se completa de manera consensual, en el contrato del docente privado existe una instancia administrativa posterior para el nombramiento del personal de planta escolar, que es la aprobación de la designación por parte de la autoridad administrativa, es decir, el Servicio Provincial de Enseñanza Privada.

- *Divisibilidad o fragmentación.* Se plantea la situación en razón de la posibilidad que existe para el nombramiento de docentes por horas cátedra o cargo a las órdenes de un mismo empleador. Esto resulta de vital importancia para las consecuencias jurídicas en el caso de despido, renuncia o jubilación, ya que de acuerdo a la opinión que tengamos sobre el tema, podremos evaluar el mejor camino a tomar.

Nuestra opinión es que la divisibilidad del contrato de trabajo docente es posible, ya que como es posible que el mismo puede iniciarse con determinada cantidad de horas cátedra o cargos y luego ir incrementando el mismo mediante sucesivas designaciones en horas o en nuevos cargos hasta llegar al límite de la ley de incompatibilidad, también es posible su disminución parcial mediante la pérdida de horas o cargos por cierre de cursos o decisiones de las partes.

De hecho, la ley 13.047 en sus arts. 16 y 17 establecen la posibilidad de que los docentes queden en disponibilidad en horas o cargos por cambio de planes de estudio, supresión de cursos, divisiones o grados.

Esta posición estaría sustentada también por la realidad de la variabilidad de inscripciones que normalmente se dan en ciclos lectivos sucesivos y en la posibilidad que el docente que pierde horas o cargo en una división o grado pueda continuar trabajando en otra que permanece abierta, y tal vez en ciclos lectivos posteriores, recuperar las horas originalmente perdidas, para lo cual existe el acuerdo de horas o cargo en disponibilidad, que no es otra cosa que la suspensión de los efectos de la relación laboral durante un ciclo lectivo.

Reciente jurisprudencia nacional ha receptado tal postura al señalar que *"...el Consejo Gremial de Enseñanza Privada, en uso de las atribuciones que le otorga el art. 31 de la ley 13.047, admite la indemnización parcial para atender al problema de las disminuciones horarias, sin mengua de la continuidad de la relación de trabajo, y que la tarea docente, en particular en el nivel medio y superior en los institutos de enseñanza general, es fragmentada"* (CNAT Sala II, "Palenque, Delia c/ Fundación I.T.E.S.E.L. s. Despido" SD 87.537 del 10-3-00).

El voto del Dr. Vilela dice que hay que tratar las horas del docente como una unidad a la que puede renunciar o ser desvinculado, con independencia de la continuidad del resto de la vinculación, criterio jurídico sustentado en la particularidad del empleo docente y en la necesidad de la conservación del contrato de trabajo (art. 10 LCT).

En síntesis, nuestra opinión es que el contrato de trabajo es uno solo entre docente e institución educativa y que puede iniciarse por menos horas cátedra o cargo hasta llegar al tope legal, pudiendo ampliarse o disminuirse la cantidad de horas de trabajo durante la duración de la relación por el principio de divisibilidad..

Durante todo el transcurso de la relación laboral este contrato es único, pero en algún momento de esta relación pueden darse situaciones puntuales que afecten a la continuidad de partes de ese contrato como horas cátedra o cargo, que pueden ser dadas de baja sin perjuicio de la continuidad de la relación laboral entre el docente y la institución.

Es necesario evaluar que cualquier desvinculación laboral decidida por la institución educativa genera derechos indemnizatorios al docente afectado, salvo que el despido sea con justa causa y la misma sea probada luego en sede judicial.

En el caso de cierre de cursos, entre las partes se puede acordar la disponibilidad parcial de las horas afectadas, que no es otra cosa que un convenio de suspensión de la relación laboral por un ciclo lectivo, sin obligación alguna para las partes, es decir que el trabajador no pone su fuerza de trabajo a disposición de la institución ni la misma tiene obligación de abonarle los salarios y demás correspondientes a esas horas, continuando en forma normal las obligaciones por el resto de horas o cargo.

No existiendo aceptación por parte del empleado de esta disponibilidad, el mismo tiene derecho a obtener la indemnización de esas horas, que pueden ser entendidas como la de un despido por fuerza mayor o falta de trabajo en los términos del art. 247 LCT en las horas afectadas, abonándose la media indemnización, pero luego el docente tiene la posibilidad de perseguir el cobro de la indemnización total en sede judicial, lo que generalmente se logra por entender la jurisprudencia que las fluctuaciones en las inscripciones y la matrícula escolar entran dentro del riesgo empresario y sus consecuencias deben ser asumidas por la propia institución.

Por último, debe evaluarse en tal caso la continuidad de un docente en la institución que no acepta los vaivenes propios de la actividad y para el caso de decidirse la finalización de toda la relación laboral, se le indemnizará por el total de horas o cargos, extinguiéndose en forma completa la relación laboral.

También se concluirá todas las horas y cargos docentes para el caso de que el mismo llegue a las condiciones legales para la jubilación docente y la misma fuera concedida, porque la condición de jubilado es personal y extensible a la totalidad de su desempeño docente y no solo a algunas horas o cargos.

. ituación de revista

Los docentes que se desempeñan en instituciones educativas de gestión privada solamente pueden encontrarse en dos situaciones de revista: titulares o suplentes.

El docente titular es el que accede a un cargo vacante de planta escolar luego de la aprobación del SPEP o sin su aprobación si es fuera de planta.

Es necesario recordar que el ingreso a la docencia de gestión privada se hace por elección exclusiva del empleador, no existiendo escalafones, ni regímenes de concurso abiertos de antecedentes y oposición, como ocurre con los docentes oficiales.

La ley 6.427 en su art. 37 establece la necesidad de confección de escalafones docentes por escuelas, pero dicha disposición en particular se encuentra derogada de hecho por los usos y costumbres ya que por más de 40 años no se aplicó ni tiene sentido plantear su aplicación por la dinámica propia del sistema educativo provincial.

Estos docentes son titulares desde su designación y gozan de los derechos laborales generales de la LCT y normas especiales. Asimismo, la contratación es por tiempo indeterminado por aplicación de la norma del art. 90 LCT.

El suplente, en cambio, es aquel que reemplaza de manera transitoria al docente titular que se encuentra en uso de licencia o sometido a sumario administrativo. La duración de la suplencia depende de la duración de la ausencia del titular.

No existen docentes interinos en la educación de gestión privada (aquel que accede a un cargo vacante sin concurso de modo temporario y sin confirmación oficial).

La situación del personal docente es asimilable a la que surge del art. 99 del contrato de trabajo eventual (arts. 99 y 100 LCT), aunque con las especificaciones consecuentes del reconocimiento de los mismos derechos que tienen los docentes de los establecimientos oficiales que se encuentran en la misma situación (art. 11, ley 13.047), como el derecho de percibir haberes proporcionales durante el periodo de receso escolar, las mismas remuneraciones que los titulares y al uso de ciertas licencias.

Se trata de un verdadero trabajador reemplazante, que cubre una vacante temporaria cuya cobertura es necesaria para mantener el normal funcionamiento institucional, lo que justifica la temporalidad del nombramiento.

El art. 69 de la ley 24.013 exige que se suscriba con el reemplazante un contrato escrito con determinación de la persona a la que reemplaza, causa y plazo de la licencia o ausencia. Este contrato tiene validez como medio de prueba de la relación, pero no es constitutivo de la relación en sí.

. Personal directivo de los establecimientos educativos

El decreto 456/86 ha fijado las normas generales para los Directores y Vicedirectores de establecimientos educativos que sirven como una guía de sus funciones, aunque siempre interpretándolas desde la órbita de la relación de empleo privada y el cumplimiento del Ideario y del proyecto educativo institucional del establecimiento.

9.1. Funciones del Director

- Organizar, cooperativamente, la labor general de la escuela como unidad educativa y administrar los recursos humanos, técnicos y materiales, a fin de lograr su máximo aprovechamiento, informando de inmediato las necesidades y los excedentes con que se contare en materia de bienes y personal.

- Coordinar la actividad general del establecimiento en los aspectos orgánico-administrativo, técnico-pedagógico y de relaciones con la comunidad.

- Orientar y evaluar en forma sistemática la labor docente, en especial en lo que refiere al proceso enseñanza-aprendizaje y evolución de los alumnos.

- Arbitrar y/o proponer todas las medidas conducentes a asegurar la eficiencia del servicio educativo, conforme con el fin y objetivos de la educación fijados por la política educativa provincial, sus lineamientos curriculares y el ideario del establecimiento.

- Propiciar un ambiente de convivencia escolar basado en una disciplina racional encaminada al autogobierno de los alumnos.

- Estimular la adquisición de hábitos deseables para la formación integral de los niños.

- Promover y coordinar en la comunidad educativa, todas las acciones que contribuyen a garantizar el cumplimiento de la escolaridad obligatoria, a elevar los índices de retención de la matrícula y a reducir la deserción.

- Coordinar los esfuerzos del equipo directivo-docente en el acrecentamiento de las interrelaciones escuela-hogar, escuela-comunidad.

- Asegurar el conocimiento y cumplimiento por parte del personal a su cargo, de las normas vigentes y de las disposiciones superiores.

9.2. Deberes y atribuciones del Director

9.2.1. Con relación a la organización y funcionamiento del establecimiento educativo, y de las actividades técnico-administrativas

- Elaborar la planificación a nivel institucional en forma cooperativa, incluyendo los cambios curriculares que correspondan.

- Organizar las secciones de grado y designar al personal docente para su atención.

- Supervisar la planificación a nivel aula, orientando y asesorando a los docentes en la selección de contenidos, métodos, recursos, actividades y criterios de evaluación.

- Orientar el personal docente en lo concerniente a la distribución horaria asegurando el desarrollo equilibrado de todas las áreas de aprendizaje.

- Coordinar con los Vicedirectores la labor técnica, pedagógica y administrativa para unificar criterios acerca de la conducción del proceso aprendizaje y la organización del trabajo escolar.

- Realizar las reuniones plenarias y/o parciales que estime necesarias, con el personal del establecimiento, como mínimo una plenaria mensual, haciendo conocer el temario con una anticipación no menor de cinco (5) días cuando se trate de asuntos de carácter técnico-pedagógico.

- Librar circulares al personal a su cargo para comunicar disposiciones internas, para asesorar sobre el cumplimiento de normas y directivas de la Superioridad y para orientar sobre el desarrollo de la labor educativa.

- Realizar en forma sistemática el seguimiento de la labor docente en todos los aspectos, con especial atención en los referidos al proceso enseñanza aprendizaje, documentando resultados y brindando orientaciones para superar las dificultades detectadas.

- Evaluar los resultados del proceso enseñanza-aprendizaje en las distintas secciones de grado, mediante una comprobación inicial (prueba de nivel), excepto primer grado, y las comprobaciones de rendimiento que se consideren necesarias, en su oportunidad.

- Documentar la actuación profesional de los maestros de grado y demás personal docente que compone la planta escolar, reflejando la labor cumplida en todos los aspectos por, cada uno de ellos en el transcurso del año y en particular la acción educativa desarrollada.

- Al personal no docente se le documentará la eficiencia, laboriosidad, disciplina y espíritu de colaboración puestos de manifiesto en el cumplimiento de su función.

- Designar al personal para la organización de actos públicos y escolares y para el cumplimiento de otras actividades programadas por la unidad escolar.

- Cumplir seis horas diarias (360 minutos).

- Firmar el libro de asistencia consignando la hora de entrada y dejando constancia de la de salida y de los motivos, cuando deba retirarse de la escuela antes del horario establecido.

- Planificar sus clases, llevar toda la documentación correspondiente al maestro de grado y autoevaluar el rendimiento de la enseñanza, cuando cuente con grado/s a su cargo.

- Disponer la suspensión de las actividades escolares, total o parcialmente, dando cuenta al Supervisor de circuito, en los casos expresadamente contemplados en las normas vigentes.

- Autorizar la realización de observaciones y prácticas de la enseñanza a solicitud de los institutos de formación docente, de acuerdo con las normas vigentes.

- Organizar y ejecutar el censo escolar permanente, conforme con las normas vigentes, y coordinar con sus pares y autoridades correspondientes las acciones tendientes al cumplimiento de la obligatoriedad escolar.

- Autorizar y supervisar la realización de exámenes libres de 4to. a 7mo. grado encuadrados en la reglamentación vigente, dando intervención al respectivo Supervisor para la aprobación de lo actuado, cuando se trate de exámenes de 7mo. grado.

- Constituir las mesas para la recepción de exámenes libres y complementarios.

- Autorizar la realización de excursiones organizadas por el personal docente, de acuerdo con la reglamentación vigente, informando con anticipación al Supervisor cuando se realicen fuera de la localidad.

- Aplicar a los alumnos las siguientes sanciones disciplinarias ante hechos graves debidamente comprobados:
Cambio de turno o de sección
Cambio de escuela, con intervención del Supervisor.

- Aprobar las promociones de los alumnos.

- Remitir puntualmente dentro de los plazos determinados y con la mayor exactitud las planillas y demás documentación oficial del establecimiento.

- Devolver dentro de los cinco días todo trámite pasado a su información, debiendo expedirse concretamente en cada caso y en cuanto sea de su conocimiento y competencia.

- Tomar posesión del cargo ante el Director saliente o el que haga las veces, recibiendo el establecimiento bajo inventario.

- Supervisar, oportunamente, toda documentación emanada del personal del establecimiento.

- Remitir, dentro de los cinco días de recibidas, las actas de supervisión, dejando copia fiel de las mismas en el libro correspondiente. Notificará al personal sobre el que se haya opinado, las partes pertinentes y dará a conocer las consideraciones generales que se estime de interés.

- Mantener ordenado y actualizado el archivo y documentación del establecimiento.

- Hacer conocer a su personal, en forma inmediata, las normas y disposiciones superiores, adoptando las medidas pertinentes para su adecuado cumplimiento.

9.2.2. Con relación al personal

- Intervenir en los casos de conflictos entre el personal escolar y de éste con la comunidad, realizando las actuaciones pertinentes, procurando adecuada solución y adoptando con los debidos fundamentos, las medidas previstas por la reglamentación vigente.

- Practicar un principio de investigación y redactar acta, en caso de observar y comprobar cualquier irregularidad por parte del personal o de haberle sido denunciada y dando cuenta de ello a la patronal del establecimiento.

- Entender en todo lo relacionado con la aplicación de las reglamentaciones vigentes en materia de suplencias del personal escolar, docente y no docente.

- Disponer el cese del personal suplente, en los casos determinados por la reglamentación vigente.

- Aplicar y/o proponer, con los debidos fundamentos, las medidas disciplinarias previstas por la reglamentación vigente.

- Entender en los trámites de licencias del personal escolar docente y no docente, de acuerdo con las reglamentaciones vigentes.

- Dar posesión o cese el personal escolar, de acuerdo con las normas vigentes, efectuando las pertinentes comunicaciones.

- Controlar la asistencia y puntualidad del personal bajo su dependencia en el cumplimiento de sus actividades específicas y en todo acto en que éste deba participar.

- Atender las reglamentaciones del personal y darles adecuada actuación, dentro de las normas en vigor.

9.3. Funciones del icedirector
Deberá colaborar con el director, compartiendo sus responsabilidades, en todo lo que se relacione con los aspectos técnico-administrativos, de organización y de conducción del establecimiento.

Asumir, como reemplazante natural del director, en casos de ausencia de éste, la dirección del establecimiento, con sus mismas funciones, deberes y atribuciones.

1 . Personal docente no docente asistentes escolares

De acuerdo a las funciones que desempeñan en el establecimiento, los dependientes se clasifican en dos categorías según desempeñen funciones docentes y no docentes.

Además, y a diferencia de los docentes oficiales, la situación de revista en la docencia privada solamente es de titular o suplente, no existiendo la diferenciación entre interinos y reemplazantes, como así tampoco la carrera docente.

Tienen carácter docente y resultan equiparados a los docentes oficiales (art. 22 ley 6.427) aquellos que cumplan funciones en la planta funcional del establecimiento.

No revisten ese carácter los que no la integran, o sea, el personal administrativo, de maestranza y servicios que deberán inscribirse dentro del Convenio Colectivo de SOEME.

Este gremio y determinadas asociaciones patronales de la Capital Federal y la provincia de Buenos Aires han suscripto el Convenio 318/99 que comprende a todo el personal que se desempeñe en relación de dependencia en tareas administrativas, técnicas, de maestranza, servicios, mantenimiento y en general toda actividad que contribuya a la prestación del servicio educativo en los establecimientos privados de todo el país.

Entendemos que, si bien esta convención colectiva suscripta con SOEME es la más específica para el sector, dado que se refiere expresamente a *"establecimientos privados de todo el país"*, siendo sus cláusulas claras y precisas para regular el personal no docente de los establecimientos educativos, en la provincia de Santa Fe se da una situación particular con el personal no docente incorporado, ya que por el art. 29 del decreto 2.880/69 *"el personal de servicio tendrá las mismas obligaciones y derechos que los establecidos en el orden oficial, en cuanto sea compatible con el régimen de la ley"*.

Con ese antecedente normativo, y al no existir en la provincia una presencia real y seria del gremio SOEME en lo relacionado con servicios gremiales y sociales para sus afiliados, la interpretación generalizada es que el personal no docente incorporado y autorizado se encuentra regido por las normas del régimen oficial establecidas por el decreto 516/10, reglamentaria de la ley 10.052 "Convención Colectiva de trabajo para el sector público comprendido en Estatuto Ley 8525", suscripta entre el Estado provincial y el gremio UPCN.

Dado que el gremio SOEME en el último tiempo ha comenzado a efectuar reclamos de encuadramiento sindical y de supuestos aportes adeudados a numerosos establecimientos de gestión privada, queda al arbitrio de la institución la aplicabilidad del convenio de SOEME a su personal, tomando en cuenta que la adscripción al régimen provincial del decreto 516/10 tiene sólidos fundamentos jurídicos.

11. Modalidades especiales de la contratación laboral

11.1. Contrato de trabajo de temporada

El contrato de trabajo de temporada es un contrato de tiempo indeterminado de ejecución o prestación discontinua. Se encuentra previsto por el artículo 96 LCT y la prestación de servicios solo se produce durante determinadas épocas del año por circunstancias ajenas a la voluntad de las partes, repitiéndose año a año en los mismos períodos.

11.1.1. Requisitos

a) necesidad permanente de la empresa o explotación,

b) que la tarea se cumpla en determinadas épocas del año, y

c) que la tarea esté sujeta a repetirse por un lapso dado en cada ciclo, en razón de la naturaleza de la actividad.

El deber del trabajador de poner su fuerza de trabajo a disposición del empleador y el consecuente derecho a percibir la remuneración quedan suspendidos durante el periodo de carencia o espera. Pero deberes como el de buena fe siguen vigentes durante todo el vínculo contractual, se presten o no servicios.

El trabajador de temporada se encuentra protegido frente al despido arbitrario y tiene derecho a indemnización por antigüedad en caso de ser despedido sin causa.

Debe notificarse al trabajador con treinta días de antelación al reinicio de la actividad y este debe manifestar en el plazo de cinco días su voluntad de continuidad, caso contrario se lo considera renunciado.

11.1.2. Casos en que se recomienda su utilización
Se recomienda utilizarlo en caso de:
- Dictado de materias extraprogramáticas de corta duración (natación) o colonia de vacaciones.
- Docentes que dicten materias cuatrimestrales en institutos terciarios.

11.2. Contrato de trabajo a plazo fijo
El contrato de trabajo a plazo fijo es un contrato de tiempo determinado y de prestación continua. A diferencia del resto de las modalidades contractuales previstas en la LCT, el inciso a) del artículo 90 y el artículo 93 exigen que se instrumente por escrito, se exprese su plazo de duración y que este no exceda de cinco años.

El inciso b) del artículo 90 LCT dispone que solo se podrá utilizar esta modalidad cuando la naturaleza de la actividad lo justifique.

11.2.1. Requisitos
a. suscripción por escrito,
b. con expresión del plazo de duración,
c. que el plazo no exceda de cinco años y
d. que la naturaleza de la actividad lo justifique.

Si no se cumplen estos supuestos, el contrato se convierte en contrato de trabajo por tiempo indeterminado.

Se destaca que no basta el cumplimiento de requisitos formales como su instrumentación por escrito y la determinación del plazo para que la vinculación jurídica se enmarque como contrato a de trabajo a plazo. Se debe cumplir también el requisito sustancial, es decir que la naturaleza de la actividad lo debe justificar

11.2.2. Preaviso
En esta modalidad contractual la función del preaviso es ratificar la extinción del vínculo en su fecha de vencimiento. A los efectos extintivos, no basta la consignación de la fecha de vencimiento en el instrumento contractual, es necesario que el empleador confirme, mediante el preaviso, su decisión de desvincularse del trabajador.

En el artículo 94 LCT se consagra el deber de preavisar la decisión de extinguir con una anticipación de no menor de un mes y no mayor de dos, respecto de la expiración del plazo acordado, salvo que la duración del contrato fuese inferior a un mes.

El artículo 94 LCT consagra el deber de preavisar y penaliza la omisión de este deber con la conversión del contrato de trabajo a plazo fijo en uno típico, salvo que las partes renueven el contrato por un plazo igual o distinto al previsto originalmente.

11.2.3. Despido en el contrato de trabajo a plazo fijo

El empleador puede despedir al trabajador por vencimiento del plazo o puede extinguir el vínculo en forma anticipada previo al vencimiento del plazo acordado. Cada uno de estos supuestos provoca distintas consecuencias económicas.

11.2.4. Despido por vencimiento del plazo

El despido por vencimiento de plazo debe hacerse cumpliendo las disposiciones previstas en el artículo 94 LCT y su consecuencia económica es la siguiente: el empleador debe pagar al trabajador una indemnización equivalente a la mitad de la indemnización prevista en el artículo 245 LCT.

11.2.5. Despido antes del vencimiento del plazo o ante tempus

El despido inmotivado ante tempus, es decir previo al vencimiento del plazo pactado, genera a favor del dependiente el derecho a percibir la indemnización por antigüedad o despido, más la reparación económica por los daños y perjuicios prevista por el derecho común.

Con respecto a la indemnización sustitutiva de preaviso, la última parte del artículo 95 LCT dispone que si el espacio de tiempo que faltase para cumplir el plazo del contrato fuese igual o superior al que corresponda al del preaviso, el reconocimiento de la reparación económica por daño suple al que corresponde por omisión de éste, si el monto reconocido fuese también igual o superior a los salarios del mismo.

11.2.6. Casos en que se recomienda su utilización

Se recomienda utilizarlo en caso de:
- Renuncia intempestiva del titular restando poco tiempo para la finalización del ciclo lectivo. Se contrata un personal hasta la finalización del mismo.

- Implementación de cursos de ingreso o nivelación.

- Implementación de materias extraprogramáticas, apertura de nueva carrera, modalidad o plan de estudio. El personal será contratado a plazo fijo para evaluar la continuidad del proyecto.

11.3. Contrato de trabajo eventual

El contrato de trabajo eventual es un contrato de tiempo determinado de ejecución continua. Es de plazo incierto y está dirigido, básicamente, a cubrir un lugar de trabajo en circunstancias excepcionales.

El contrato de trabajo eventual se halla regulado en el artículo 99 LCT, no exige formalidad alguna para su perfeccionamiento. Solo a los efectos probatorios, la doctrina sugiere instrumentarlo por escrito.

La carga de la prueba de que el contrato de trabajo es eventual y no es típico es puesta en cabeza del empleador por la última parte del artículo 99 LCT Si el empleador no prueba que la vinculación con el trabajador se halla enmarcada en las previsiones del artículo 99 LCT, el contrato deviene en contrato de trabajo típico.

11.3.1. Preaviso. Improcedencia

Dada la característica de esta modalidad contractual el trabajador tiene conocimiento que su contrato se extingue cuando termina el evento o situación extraordinaria. Por ese motivo el empleador no se encuentra obligado a preavisar al trabajador.

11.3.2. Indemnización por antig edad o despido. Distintos supuestos

Con respecto al derecho del trabajador vinculado por un contrato de trabajo eventual a percibir indemnización por antigüedad o despido se distinguen dos supuestos:

- Despido una vez finalizada la obra o tarea asignada

Cuando el vínculo se hubiese disuelto finalizada la obra o la tarea asignada el trabajador no tiene derecho a percibir indemnización por antigüedad o despido.

- Despido inmotivado en forma anticipada

Por la naturaleza de esta modalidad contractual, el empleador solo se libera de pagar las indemnizaciones derivadas del despido cuando extingue el vínculo una vez finalizada la obra o tarea asignada. Si el empleador extingue sin causa el contrato de trabajo eventual antes de finalizada la obra o tarea asignada debe pagar al trabajador el resarcimiento previsto por el artículo 95 LCT, pues el dependiente crea legítimas expectativas de trabajar hasta que finalice la obra o tarea para la cual fue incorporado a la comunidad laboral.

11.3.3. Casos en que se recomienda su utilización

Es el contrato clásico para la contratación del docente suplente designado para cobertura de un cargo donde el titular se encuentra de licencia. Reintegrado el titular, el contrato se extingue sin obligación indemnizatoria.

12. oluntariado social. eligiosos profesos. Miembros de cooperativas de traba o

12.1. oluntariado social

La ley 25.855 regula el voluntariado social como instrumento de la participación solidaria de los ciudadanos en el seno de la comunidad realizando actividades sin fines de lucro y las relaciones entre esos voluntarios y las organizaciones en las que se desempeñan.

Se entenderá por organizaciones en las que se ejerce el voluntariado social a las personas de existencia ideal, públicas o privadas, sin fines de lucro, cualquiera sea su forma jurídica, que participen de manera directa o indirecta en programas y/o proyectos que persigan finalidades u objetivos propios del bien común y del interés general, con desarrollo en el país o en el extranjero, ya sea que cuenten o no con el apoyo, subvención o auspicio estatal.

Son voluntarios sociales las personas físicas que desarrollan, por su libre determinación, de un modo gratuito, altruista y solidario tareas de interés general en dichas organizaciones, sin recibir por ello remuneración, salario, ni contraprestación económica alguna.

No estarán comprendidas en la ley las actuaciones voluntarias aisladas, esporádicas, ejecutadas por razones familiares, de amistad o buena vecindad y aquellas actividades cuya realización no surja de una libre elección o tenga origen en una obligación legal o deber jurídico.

La prestación de servicios por parte del voluntario no podrá reemplazar al trabajo remunerado y se presume ajena al ámbito de la relación laboral y de la previsión social. Debe tener, carácter gratuito, sin perjuicio del derecho al reembolso de gastos ocasionados en el desempeño de la actividad.

Se entienden por actividades de bien común y de interés general a las asistenciales de servicios sociales, cívicas, educativas, culturales, científicas, deportivas, sanitarias, de cooperación al desarrollo, de defensa del medio ambiente o cualquier otra de naturaleza semejante que puedan ser autorizadas por la autoridad de aplicación.

Entre las partes deberá suscribirse de forma previa un Acuerdo Básico Común del Voluntario Social con las condiciones y plazos de la tarea y luego registrar el mismo ante el registro especial creado al efecto por la autoridad de aplicación de cada provincia.

Cabe preguntarse sobre la aplicabilidad del sistema del voluntariado social a las actividades de establecimientos educativos en nuestra provincia.

La respuesta más adecuada se refiere a la necesidad de que la entidad patronal sea una persona jurídica sin fines de lucro, ya que la prestación de servicios educativos puede ser considerado un objetivo de bien común, pero como la redacción de la ley es restricta y la reglamentación nada ha dicho sobre ello, sería conveniente la presentación de un proyecto informativo de la actividad.

No obstante su aplicabilidad a las actividades educativas no debe enmascarar relaciones laborales, es decir que debe tenerse presente la necesaria existencia de eventualidad y discontinuidad de la prestación por parte del voluntario y no la realización de tareas continuas, prolongadas en el tiempo y con cumplimiento de un horario de tareas extenso.

Podría tenerse en cuenta la aplicación de este sistema a actividades de beneficencia realizadas por las instituciones educativas (visita a hogares o barrios marginales, recogida de ropa, alimentos o juguetes, realización de festejos del Día del Niño, etc.)

12.2. Religiosos profesos

Los religiosos profesos que han hecho votos de pobreza, castidad y obediencia a favor de la comunidad religiosa a la que pertenecen pueden desarrollar tareas como maestros o profesores en establecimientos educativos de la comunidad, pero la relación con ella no es de índole laboral, más allá de que sean beneficiarios de prestaciones de seguridad social y jubilaciones propias del resto de los docentes.

La presunción de laborabilidad establecida por el art. 23 LCT no se aplica en este caso, ya que se entiende que la tarea forma parte de un compromiso asumido con la comunidad que ha tomado a su cargo su mantenimiento actual y futuro, es decir, que no se trata de un tercero extraño, sino un integrante activo de la misma.

Distinto es el caso del personal religioso que se desempeñe en instituciones educativas de otras congregaciones, a los que sí se le aplicarán las disposiciones de la LCT por no existir esa situación de compromiso personal que hemos descripto.

La ley 6.427 hace mención en su art. 23 que la estabilidad relativa del docente en el caso de personal escolar religioso estará sometida a la reglamentación de la orden o congregación a que pertenecen.

12.3. Miembros de cooperativas de trabajo

La ley 6.427 en su art. 11 inc. b) posibilita a las cooperativas de trabajo regularmente constituidas ser propietarias de establecimientos educativos de gestión privada, por ello cabe preguntarse si el socio de una cooperativa de trabajo puede, al mismo tiempo, ser trabajador subordinado a la entidad que integra.

Para evaluar los extremos de la relación es necesario discriminar entre el acto cooperativo y el trabajo dependiente tomando en cuenta la causa de las obligaciones. El trabajador cooperativo es parte de un proyecto y no es extraño al resultado del mismo, mientras que el trabajador subordinado es ajeno al resultado y el devenir de la misma.

Se entiende por ello que un asociado a una cooperativa de trabajo regular no podría a su vez revestir la condición de trabajador dependiente, ya que su actividad laboral constituye precisamente la materia asociativa que hace a la finalidad del ente cooperativo que integra, por ello nunca el acto cooperativo podría estar investido de las normas laborales. No existe dualidad entre asociado y trabajador porque las grandes líneas de diseño y gestión escolar son decididas por todos en asambleas en que cada miembro tiene voz y voto.

Ello se refuerza con la resolución INAC 182/91 que dice que *"no existe relación entre la cooperativa y sus socios"* y de acuerdo al ANSES *"los socios son trabajadores autónomos"*).

De cualquier manera deberá estarse a la realidad de la relación entre las partes a fin de que la figura cooperativa no enmascare una verdadera relación laboral.

13. Libro especial del artículo 52 de la Ley de Contrato de Trabajo

Todos los empleadores del país deben llevar obligatoriamente el Libro especial establecido por el art. 52 LCT.

El libro especial, registrado y rubricado deberá tener las mismas condiciones que se exigen para los libros principales de comercio.

En él deben consignarse los siguientes datos:
- Individualización íntegra y actualizada del empleador.
- Nombre del trabajador.
- Estado civil.
- Fecha de ingreso y egreso.
- Remuneraciones asignadas y percibidas.
- Individualización de personas que generen derecho a la percepción de asignaciones familiares.
- Otros datos que establezca la reglamentación.

Se prohíbe:
- Alterar los registros correspondientes a cada persona empleada.
- Dejar blancos o espacios.
- Hacer interlineaciones, raspaduras o enmiendas, las que deberán ser salvadas en el cuadro o espacio respectivo, con firma del trabajador a que se refiere el asiento y control de la autoridad administrativa.
- Tachar anotaciones, suprimir fojas o alterar su foliatura o registro. Tratándose de registro de hojas móviles, su habilitación se hará por la autoridad administrativa, debiendo estar precedido cada conjunto de hojas, por una constancia extendida por dicha autoridad, de la que resulte su número y fecha de habilitación.

Las autoridades administrativas (AFIP, ANSES, Ministerio de Trabajo, Obras Sociales, etc) o judiciales pueden exigir la exhibición del libro, por lo que su falta de exhibición, así como de registros, planillas u otros elementos de contralor; será tenida como presunción a favor de las afirmaciones del trabajador sobre las circunstancias que debían constar en tales asientos si existe un conflicto sobre ello.

En nuestra provincia el Ministerio de Trabajo y Seguridad, por medio del Departamento de Recaudos y Control de las Direcciones Regionales Santa Fe y Rosario es el organismo encargado de la recepción de este libro.

Se pueden realizar trámites on line y de manera personal para la habilitación de libros de sueldos y jornales o registro unificado de personal para empresas nuevas, rúbrica de libro manual de sueldos y jornales, para empresa existente (en el caso de finalización libro anterior), resellado anual de libros de sueldos o registro unificado, autorización de hojas móviles para empresas nuevas, etc.

Hay que recordar, por su parte, que el Ministerio de Trabajo, Empleo y Seguridad Social de la Nación solamente tiene competencia en la registración laboral del personal, siendo facultad del Ministerio de Trabajo de la provincia el control de los recaudos laborales y del cumplimiento del resto de las obligaciones laborales por parte de los empleadores.

14. Empleo no registrado. Procedimiento sanciones

La ley 24.013 denominada "Ley de Empleo" es la norma que ha fijado importantes sanciones contra los empleadores que registren falsamente, en forma total o parcial, la remuneración o la fecha de ingreso de los trabajadores.

Dicha ley ha generado una novedad en lo que hace a las acciones desarrolladas en los últimos años contra el trabajo no registrado (que vulgarmente se denomina: "trabajo en negro") y contra la economía clandestina y la evasión previsional.

En ella se establecen distintas situaciones de irregularidad:

- el trabajador que se encuentre con su contrato laboral total o parcialmente no registrado deberá intimar por sí, o por medio de la entidad gremial que lo representa, a su empleador para que normalice la situación irregular en un plazo de 30 días; a la vez, el trabajador tendrá que cursar copia de la intimación a la AFIP, dentro de las 24 horas de intimado el empleador, a fin de que resulten viables las indemnizaciones previstas en los arts. 8, 9 y 10 de la ley (incorporado por la ley 25.345);

• cursada la intimación, el empleador debe regularizar la situación para evitar las eventuales sanciones, para lo cual deberá depositar los aportes y contribuciones no ingresados a los entes sindicales y de la seguridad social y confeccionar los recibos y demás documentación laboral.

• si el empleador no regulariza la situación, el trabajador tendrá derecho al 25% de las retribuciones no registrados por la vigencia de la relación laboral, o al 25% de la parte no registrada, si la remuneración se encontrara parcialmente registrada;

- si el empleador falseó la fecha de ingreso, registrando una posterior a la real, deberá abonarle al trabajador el 25% de las retribuciones devengadas entre la fecha de ingreso real y la falsa consignada en la documentación laboral;
- si el trabajador fuera despedido dentro de los dos años posteriores a haber intimado la regularización, que el empleador obviamente concretó, o si se lo despidiera o se diera la situación de despido indirecto, por la no registración del trabajador, la registración parcial o el falseamiento de la fecha de ingreso, tendrá derecho a la duplicación de la indemnización por despido del art. 245 LCT y en su caso al otorgamiento del doble del período de preaviso al cual el trabajador tuviera derecho;
- el pago de las indemnizaciones contenidas en los arts. 8, 9 y 10 (recargos del 25% sobre el salario no registrado) de la ley se deberán hacer ante la autoridad administrativa y judicial, las que darán cuenta a los entes recaudadores y al Sistema Único de Registro Laboral.
- una curiosidad del régimen establecido por la Ley de Empleo está dado por la posibilidad que tenía el empleador de eludir los efectos del procedimiento que resumimos precedentemente, si antes de que el trabajador lograra formular la intimación, el empleador procedía a su despido. En tal hipótesis no se generaban los derechos a los recargos del veinticinco por ciento (25%) ya referidos, ni se operaba la duplicación de las indemnizaciones por despido.

Este efecto no deseado por el legislador de la ley fue recientemente corregido por la ley 25.345 (llamada Ley Antievasión) al establecer que la extinción del vínculo no enerva los derechos a las indemnizaciones previstas en la norma original;
- según la interpretación realizada por calificadas opiniones, la duplicación se podría obtener en forma no acumulativa si el trabajador cumple con la intimación prevista en la ley y, luego, el empleador no formaliza la regularización, con lo cual se cobraría una indemnización por la ley 24.013 y otra igual por la ley 25.345;
- se crea además un sistema integrado por los entes que pueden cruzar información a fin de luchar contra la evasión, que son la AFIP, el ANSeS, el Registro Nacional de las Personas y los registros de la propiedad (inmuebles, buques, aeronaves, automotores, Público de Comercio, etc.);
- en los acuerdos transaccionales o conciliatorios del art. 15 LCT habrá que dar vista a la AFIP cuando de los mismos surja una relación

laboral total o parcialmente no registrada, a cuyos fines dicho organismo será un tercero interesado, velando por el pago de las cargas sociales e impuestos;

• se debe también dar vista a la AFIP cuando exista una sentencia condenatoria en la que se haya acreditado la existencia de una relación laboral parcial o totalmente no registrada;

• si el empleador no entregare al trabajador desvinculado de la empresa los certificados previstos en el art. 80 LCT dentro de los dos días hábiles posteriores a la intimación fehaciente que el mismo formulara, tendrá derecho a una sanción de tres salarios tomando la mejor remuneración mensual, normal y habitual;

• si el empleador retuvo aportes del trabajador y no los depositó, se crea una multa consistente en salarios continuatorios hasta tanto dicha situación no se haya regularizado;

• si el empleador no abonare en término las indemnizaciones por preaviso y por antigüedad, a pesar de haber producido un despido incausado, previa intimación, se generará un incremento del 50% del valor de las mismas a favor del reclamante.

Capítulo XI
Designación del personal docente

1. Condiciones personales del postulante

La relación laboral docente tiene una característica fundamental que es el tipo de servicios que se brinda. Al establecimiento le interesa determinada calidad de docentes, de acuerdo al proyecto educativo que ejecuta, por lo cual la elección de su personal es una tarea que generalmente se efectúa a conciencia, a los fines que la relación laboral se inicie y desarrolle en un marco de armonía y entendimiento de las funciones de ambas partes del contrato.

La prestación del servicio docente es uno de los casos paradigmáticos de elección del trabajador por sus condiciones personales, intelectuales y compromiso con un proyecto educativo que puede tener una raigambre ideológica, cultural, sindical o religiosa.

Resulta por ello de importancia superlativa en la tarea de elección del personal, la entrevista previa de selección, para determinar las cualidades del postulante en lo que hace a los objetivos técnico-pedagógicos y éticos del establecimiento.

En esta entrevista, además de controlar el cumplimiento de los requisitos reglamentarios, el empleador tiene la posibilidad de explicar los objetivos del proyecto educativo, las necesidades para las cuales se postula el empleado y evaluar las condiciones del postulante.

En esa entrevista es ineludible que se pongan en conocimiento del postulante, en forma clara, todas las condiciones del empleo, esto es, cargo a desempeñar, horario, remuneración, proyecto pedagógico, obligaciones del personal, reglamento interno si lo hubiere, etc., a los fines de que la relación laboral se inicie en un marco de buena fe y se eviten posteriores situaciones enojosas.

2. e uisitos reglamentarios de ingreso a la docencia

Una vez aprobadas las condiciones personales del postulante, debe controlarse el cumplimiento de los requisitos reglamentarios para el ingreso a la docencia, que son:

2.1. Ser argentino, nativo o naturalizado

2.2. Tener la edad y la aptitud física requeridas para el cargo y establecidas en el orden oficial

La edad y aptitud psicofísica se corresponden directamente con el tipo de trabajo a desarrollar, pero la evaluación de la misma corre por cuenta del propietario, que establece qué criterios de selección aplica al caso determinado.

No debemos olvidar que el límite de edad para el ingreso a la docencia se ha fijado en 40 años. El motivo de ello radica en la necesidad de completar los aportes jubilatorios necesarios para la jubilación ordinaria, por lo que se estima que la persona que ingresa a la docencia y trabaja hasta los 70 años, habría cumplido a esa edad los 30 años de servicio necesarios para obtener el beneficio de la jubilación ordinaria.

Este límite de edad se encuentra establecido por la ley 8.927 de Ingreso a la Docencia, que en su art. 2 inc. c establece: *" no tener más de cuarenta (40) años cumplidos al cierre de la inscripción cuando se trate de ingreso. Si el aspirante excediera esa edad se le descontarán los años de servicios docentes reconocidos y por los cuales se hayan realizado los aportes jubilatorios correspondientes".*

Cuando se trata de un ingreso docente en instituciones oficiales, cada aspirante que tenga más de 40 años de edad podrá hacerlo si tiene aportes jubilatorios reconocidos en la docencia y la resultante será, en definitiva, la edad de ingreso, pero para el ingreso a instituciones de gestión privada, se puede solicitar la compensación de aportes jubilatorios efectuados a otras Cajas, aún por servicios no docentes, a fin de completar los años de aportes en la provincia.

La ley 11.149 determinó que esta limitación no se aplica a aquellos docentes que ingresen a la docencia en carácter de suplente.

La jurisprudencia provincial ha impugnado esta norma por considerarla inconstitucional, pudiendo citar los autos caratulados "LAMBERTI JUAN ADOLFO C/PROVINCIA DE SANTA FE S/ RECURSO DE AMPARO" (Expte. 280/07) en el cual la Sala 2da. de la CAT de Rosario declaró la inconstitucionalidad de la prohibición de ingreso a la docencia de personas mayores de 40 años, por considerar que la decisión estatal resulta irrazonable y discriminatoria al no justificar los motivos técnico pedagógicos de tal norma y sin aclarar en qué medida afecta la edad al principio de idoneidad del agente, entendiendo así que el principio de idoneidad para el cargo era más importante que la reglamentación relacionada con la Caja de Jubilaciones y Pensiones de la provincia.

De acuerdo al decreto 4.597/83, para poder ingresar a la docencia el aspirante debe aprobar el examen médico de aptitud psicofísica, que es, no la capacidad total, sino la suficiente para poder desempeñar el cargo asignado. El art. 51 expresa que *"Se considera aptitud psicofísica para el ingreso, la suficiente para desempeñar el cargo asignado. Para determinar la capacidad física, se tendrá en cuenta la naturaleza de las funciones docentes, de tal manera que aun cuando tuviere una disminución activa o potencial, que impida satisfacer las exigencias de una capacidad ideal, se considere que cumplirá satisfactoriamente con las obligaciones emergentes de las tareas que debe realizar".*

El examen de ingreso puede determinar

- *Aptitud absoluta*: Cuando el agente reúna todas las cualidades requeridas a los efectos de su ingreso al mercado laboral.

- *Aptitud relativa:* Cuando no se reúnen la totalidad de las cualidades requeridas por la preexistencia de patologías al momento del examen. En este caso el agente no podrá ejercer derechos fundados en las causas que impidieron calificarlo Apto Absoluto, o en sus consecuencias.

- *Aptitud condicional:* Cuando no pudiera completarse el examen médico por las características del caso, o surja la inaptitud total para el ingreso y estas circunstancias pudieran ser modificadas, se cumplirá un nuevo examen médico transcurridos los ciento ochenta (180) días del primero.

- *Inapto:* Cuando del examen psicofísico surja la inhabilitación total y permanente para el ingreso.

Si no se presenta el correspondiente certificado médico de salud y aptitud psicofísica expedido por el Servicio de Reconocimientos

Médicos, la posesión del cargo es condicional, por un plazo de 60 días hasta que lo presente. En el caso de no hacerlo, se le retendrán los haberes hasta la presentación, cuando se le abonarán sin más trámite.

En el caso de que el resultado de examen sea negativo, quedará cesante por ese motivo, con el solo derecho de percibir el sueldo por el tiempo efectivamente trabajado, sin derecho a indemnización alguna.

Este es un caso de contrato sujeto a condición resolutiva, ya que la existencia del mismo depende de la aprobación del examen médico, y la no aprobación no hace nacer ningún derecho indemnizatorio en el trabajador, porque era una situación conocida y aceptada al momento de inicio de la relación laboral.

El Servicio de Reconocimientos Médicos llevará una ficha clínica de cada docente con la constancia del examen de aptitud y las posteriores licencias por causa de enfermedad.

2.3. Poseer título de profesional habilitante para el cargo o las horas propuestos, debidamente registrado en el Servicio Provincial de Enseñanza Privada

Se consideran títulos habilitantes a los expedidos por los institutos o universidades nacionales, provinciales, oficiales y privados reconocidos para el ejercicio de la docencia oficial. En el caso de nuestra provincia, son necesarios título terciario, universitario o similares.

Para aquellas personas que ingresan a la docencia, se debe presentar el formulario de alta en el sistema AL-01 para que obtengan su Credencial Única Docente (C.U.D.) documento de tenencia obligatoria para los docentes que certifica sus desempeño a lo largo de su carrera docente.

3. gimen de incompatibilidad docente

Otro requisito que no está enumerado expresamente, pero que es crucial para la posibilidad de contratar al personal, es el de la incompatibilidad, es decir, que las horas o el cargo propuesto no se encuentren en situación de incompatibilidad con las que ya tiene a su nombre la persona propuesta, ya que sería imposible de contratar.

La incompatibilidad *"es el deber que nace de la imposibilidad de acumular un mismo empleado varios empleos"* según enseña Diez, Manuel María en su Manual de Derecho Administrativo, T 2, p. 114.

Se ha establecido este principio de incompatibilidad porque se entiende que los funcionarios públicos remunerados tienen deber de consagrarse al servicio y la imposibilidad material de dedicarse a otro cargo distinto, lo que supone una defensa y garantía del interés público en la actuación de las autoridades y a la consecuente dedicación de los funcionarios al cargo público y sus especiales exigencias.

Como vemos, es un instituto eminentemente ligado al ejercicio del empleo público, ya que el principio general es que no se pueden acumular dos cargos públicos, salvo contadas excepciones, por lo que cabe preguntarse sobre la extensión de esta regulación, establecida bajo las normas del derecho administrativo público, a los docentes que se desempeñan en instituciones educativas de gestión privada.

En la provincia de Santa Fe la ley 11.237 denominada *"Régimen de acumulación de cargos y funciones para el personal docente titular y suplente"* es la que regula las condiciones de incompatibilidad de los docentes, y, en mi opinión, no es de aplicación a los docentes de gestión privada porque la equiparación existente entre personal oficial y privado se limita a las características propias del contrato de empleo privado, de acuerdo al art. 23 de la ley 6.427, que dice expresamente *"en todo cuanto sea compatible con el carácter de su relación de dependencia"*.

Esta limitación excluye, en mi opinión, a los docentes que se desempeñan en instituciones educativas de gestión privada de la aplicación de la ley 11.237, en razón de que no son *"personal dependiente del Ministerio de Educación"* sino dependientes de su patronal privada.

El art. 1 de ley 11.237 expresa que *"El régimen de acumulación de cargos y funciones para el personal docente titular y suplente, dependiente del Ministerio de Educación de la Provincia de Santa Fe, se ajustará a las normas que establece la presente ley"*.

La ley excluye expresamente a los docentes privados de la aplicación del régimen de incompatibilidad, porque el empleador de los mismos no es el Estado sino los empleadores particulares, dando por ello sustento a una posible tacha de inconstitucionalidad en los siguientes puntos.

El art. 2 de la ley 11.237 dice que *"Estas normas serán aplicables al citado personal respecto de otros cargos y funciones que se desempeñen en los ámbitos nacionales, municipales y/o privados"*.

La aplicación de una norma de este tipo implica ir contra la dignidad y libertad del ser humano, ya que estaríamos frente a una concepción absolutista del Estado, que pretende controlar y determinar lo que hace el agente fuera de la función pública.

No se desconoce el derecho del Estado a regular al empleo público, pero limitar la órbita de la libertad de trabajo de esos agentes en ámbitos en los que no es empleador es arbitrario y discriminatorio, porque sólo a los docentes se les niega la posibilidad, que si tiene el resto de los empleados públicos, de elevar sus ingresos con trabajos en establecimientos privados o cualquier actividad comercial privada.

Esta ley invade claramente competencia delegada exclusivamente a la Nación, al incluir a los servicios prestados en establecimientos de educación privada en el cómputo de las horas y cargos, con el agravante de que la obligatoriedad no surge de la ley sino de su decreto reglamentario, por lo que su aplicación es notoriamente inconstitucional, convirtiéndose en un exceso de la facultad de reglamentar por parte del Poder Ejecutivo de la provincia.

También sería violatoria de la Constitución es el art. 12 de la misma ley que dice: *"Las disposiciones de la presente ley son de orden público, serán interpretadas en concordancia con otras de similar naturaleza contenidas en la legislación vigente y prevalecerá en caso de duda o conflicto sobre su aplicación"*

La inconstitucionalidad surge patente porque es una norma que afecta derechos constitucionales pero se proclama superior a los mismos, auto declarándose de orden público y de aplicación en caso de dudas, como si no hubiera posibilidad de interpretación distinta a la misma.

No obstante lo apuntado, el Ministerio de Educación continuó con la indebida extensión del este Régimen de Incompatibilidad a los docentes de gestión privada, decisión que si bien tuvo fallos judiciales en contrario, el tiempo y la falta de decisión política en su resistencia por parte de los gremios que representan al personal afectado, terminó consintiendo este estado de cosas que no hace más que perjudicar al personal docente al ponerlo en desigualdad de condiciones que el resto de los agentes públicos de la provincia.

4. plicabilidad del decreto 3. 2 12
   a los docentes de instituciones educativas de gestión privada

En el mes de octubre de 2012 se emitió el decreto 3.029/12 como una consecuencia de la homologación del Acta Paritaria suscripta entre el Ministerio de Educación de la Provincia de Santa Fe, la Asociación del Magisterio de Santa Fe –AMSAFe–, la Unión Docentes Argentinos –UDA–, la Asociación de Magisterio de Educación Técnica –AMET– y el Ministerio de Trabajo y Seguridad Social de la Provincia, mediante la cual se estableció el "Sistema Único de Reglamentación de la Carrera Docente" para todo el personal docente dependiente de todos los niveles y modalidades del Sistema Educativo Provincial, a excepción de los establecimientos y organismos dependientes de la Dirección Provincial de Educación Artística del Ministerio de Innovación y Cultura.

El decreto se compone de cuatro Anexos que incluyen el Sistema de Ponderación de Antecedentes Profesionales Docentes, el Reglamento General de Suplencias, el Reglamento General de Concursos de Titularización y Ascenso para Cargos y Horas Cátedra y el Reglamento General de Traslados y Permutas.

Cabe preguntarse sobre la aplicabilidad de este decreto a las relaciones laborales existentes en las instituciones educativas de gestión privada, ya que, como hemos dicho, no existe derecho a la carrera docente para los docentes privados, tal como lo determina la ley 26.206 en su art. 69 al restringir la misma al ámbito estatal.

Ello ha sido ratificado por este nuevo decreto, que ha tratado de regularizar y ordenar toda la normativa referida al tema, dejando también la certeza de que para la contratación del personal docente en los establecimientos educativos de gestión privada no es necesaria la confección de ningún escalafón docente.

Si bien el art. 37 de la ley 6.427 dispone que *"El escalafón del personal docente de los establecimientos de enseñanza privada, se confeccionará por escuela"* y su decreto 2.880/69 en su punto 16 dice *"A los fines del art. 36 de la Ley (numeración anterior, N.A.), el escalafón del personal docente se confeccionará anualmente por escuela, debiéndose llevar por orden numérico correlativo en cada rama y especialidad"*, el decreto 3.029/12, que debería haber reglado la situación, no solamente no lo hizo, sino que desconoció expresamente el desempeño en gestión privada de los docentes como antecedente válido para los concursos.

Al no incluir la antigüedad como docente en los establecimientos de gestión privada como válidos para sumarlos en el Sistema de Ponderación de Antecedentes Profesionales Docentes, implícitamente reconoce la inexistencia de obligatoriedad de la confección de escalafones en estos establecimientos educativos y ratifica el derecho a la designación de su personal que tienen los propietarios.

En los cuatro anexos solamente se nombra a las instituciones educativas de gestión privada en el Anexo IV cuando limita la posibilidad de cargos a titularizar a dos tomando en cuenta los de gestión pública y privada.

Por otra parte, las condiciones de acceso a los suplentes y quienes concursen para cargos titulares serán evaluados por la Junta de Escalafonamiento Docente, la que no evaluará el desempeño en instituciones educativas de gestión privada, de lo que cabe concluir que las condiciones de nombramiento más estrictas establecidas por el decreto no deberán ser cumplimentadas expresamente por el personal designado en establecimientos de gestión privada, siendo responsabilidad de la misma dicho nombramiento y sus consecuencias.

No obstante lo dicho, es conveniente considerar las condiciones de ingreso establecidas por el decreto 3019/12 como una guía informativa de cuestiones a tener en cuenta al momento de contratar al personal.

4.1. Sistema de ponderación de antecedentes profesionales docentes

Ha establecido que los títulos con competencia, es decir, aquellos requeridos para desempeñarse en el cargo o espacio curricular al que se aspira titularizar, ascender o suplir, de acuerdo con la competencia otorgada por la Unidad de Incumbencias y Competencia de Títulos del Ministerio de Educación de la Provincia de Santa Fe, pueden ser Título Docente, Habilitante, Supletorio e incluyó el Idóneo, es decir aquella persona que sin tener titulación formal puede desempeñarse en un cargo docente.

El idóneo no suma puntos para el caso de concursar en gestión oficial, pero abre la posibilidad de su nombramiento directo en gestión privada para el caso de ser necesario.

En cuanto a la antigüedad docente, como ya dijimos, solamente se tomará en cuenta la obtenida en instituciones educativas de gestión oficial, no pudiendo ser incorporada la antigüedad en gestión privada como válida para concursar.

*4.2. Reglamento general de suplencias
para el personal docente*

Considera personal suplente al que se desempeña en instituciones educativas de la Provincia de Santa Fe con carácter transitorio. Se denominan:

- Interino: al que se desempeña en horas o cargos vacantes.
- Reemplazante: al que desempeña funciones en lugar de un titular, de un interino o de otro reemplazante.

En cuanto a sus funciones, derechos y obligaciones, los suplentes tendrán los mismos establecidos para los titulares.

Este Anexo establece las siguientes condiciones de ingreso:

- Tener dieciocho (18) años de edad como mínimo.
- No exceder el límite de edad impuesto por el régimen jubilatorio ordinario, independientemente si reúne o no los requisitos para acogerse al beneficio jubilatorio.
- No hallarse jubilado.
- Poseer título con competencia otorgada por el Ministerio de Educación Provincial, el que deberá estar registrado previamente ante dicha Jurisdicción.
- De no poseer título con competencia, podrán inscribirse los aspirantes que acrediten los niveles de enseñanza obligatoria, sólo en los casos y bajo las condiciones que establezca el Ministerio de Educación mediante la Secretaría de Educación.
- No estar comprendido en los siguientes supuestos:

1. Condenado por delito contra o en perjuicio de la Administración Pública;

2. Condenado por delito doloso cuando no haya transcurrido un plazo igual a tres veces el de la condena, el cual no puede ser nunca inferior a diez años;

3. Condenado por delito doloso reprimido sólo con pena de multa, cuando no hayan transcurrido cinco años a contar del cumplimiento de la sanción o de la prescripción de la pena si ésta es efectiva, o a partir de la ejecutoria de la sentencia en caso contrario;

4. El concursado hasta que obtenga su rehabilitación

5. El que tenga proceso penal pendiente por delitos establecidos en los incisos 1 y 2.

6. El inhabilitado para el ejercicio de la docencia por haber sido condenado/a por delitos contra la integridad sexual, conforme a lo establecido en el Título III, Capítulos II, III, IV y V del Libro

Segundo del Código Penal, aun cuando se hubieren beneficiado por el indulto o la conmutación de la pena.

- No haber sido condenado/a por delito de lesa humanidad o haber incurrido en actos de fuerza contra el orden institucional y el sistema democrático, conforme a lo previsto en el art. 36 de la Constitución Nacional y el Título X del Libro Segundo del Código Penal, aun cuando se hubieren beneficiado por el indulto o la conmutación de la pena. (Cfr. art. 70 de la LEN 26.206).

- No encontrarse dentro del período de prohibición de reingreso a consecuencia de una cesantía en el ámbito de la administración pública nacional, provincial o municipal.

- No haber sido sancionado con exoneración en el ámbito de la administración pública nacional, provincial o municipal.

- Poseer aptitud física y psíquica que no impidan el desempeño de la función para la que se inscribe.

- No encontrarse en cumplimiento de tareas diferentes definitivas en cualquier cargo u horas cátedra.

Se reglamentó también el derecho de continuidad del personal suplente, para los casos que un suplente se haya desempeñado por quince (15) días hábiles o más y deba cesar por reintegro del agente cuya ausencia motivó aquélla suplencia y dicho reintegro sea por un lapso de uno (1) a cuarenta y cinco (45) días corridos, a los fines de la continuidad pedagógica, el suplente que cesó tiene derecho a seguir ocupando dicha suplencia, independientemente de que cambie la causa de la licencia y/o que implique un cambio en el tipo de suplencia (reemplazo / interinato). No se computa dentro del plazo antes indicado el receso escolar de verano/invierno hasta el inicio del período escolar.

También se ratifica que a los reemplazantes que se encontraren prestando servicios a la finalización del período escolar se limitará el reemplazo al 31 de diciembre y tendrán derecho a continuar en la misma suplencia o su prórroga a partir del inicio del nuevo ciclo escolar, siempre que no se configure alguna de las causales de cese previstas en el reglamento.

La limitación no afectará a los reemplazantes que hubieren sido designados como consecuencia del otorgamiento de una tarea diferente definitiva o a quienes hayan sido designados como reemplazantes y que al 31 de diciembre acumulen una antigüedad ininterrumpida de 180 días de reemplazo en dicho cargo.

Por último, establece que el cese del personal suplente se producirá en cualquier época del año por las siguientes causas:
- Reintegro del titular o suplente que hubiere hecho uso de una licencia prevista por el respectivo reglamento.
- Ocupación del cargo /horas cátedra por un titular.
- Supresión del cargo/ horas cátedra o de la asignatura de la planta escolar.
- Aplicación de medidas disciplinarias expulsivas (cesantía y exoneración) previstas en la normativa específica.
- Reconsideración de la adjudicación de una suplencia por parte del responsable del ofrecimiento ante el reclamo de un aspirante ubicado en mejor orden escalafonario, siempre que se cumplimente con el plazo previsto en el art. 26.
- Aceptación de una suplencia en contravención de lo dispuesto en el reglamento.

Por último, el Anexo IV establece que en ningún caso se podrá titularizar más de 2 cargos en gestión oficial y privada de la provincia, y si fuera titular en un cargo, solo podrá concursar uno más y tampoco se podrá titularizar en más de tres establecimientos de gestión pública y privada.

5. La formación del contrato de traba o

El contrato de trabajo entre el establecimiento y su personal se perfecciona cuando ambas partes han manifestado su consentimiento en forma expresa o tácita, según se haya establecido una forma de prueba formal o una no formal.

El consentimiento expreso se da cuando el dependiente suscribe un instrumento contractual en el cual se encuentran determinadas expresamente las normas que regirán esa relación contractual.

El art. 48 LCT consagra la libertad de formas en la contratación laboral, mientras que el consentimiento pueda probarse por actitudes inequívocas de las partes (por ejemplo, tomar el cargo propuesto, firmar el Registro de Asistencia del Personal).

Mientras el consentimiento se dé sobre la parte esencial del contrato, las demás pautas estarán regidas por lo que dispongan las leyes, reglamentos, estatutos profesionales o convenciones colectivas.

Es conveniente suscribir los contratos por escrito cuando la relación laboral se integre en alguna de las formas contractuales novedosas de nuestra legislación, como contrato de fomento de empleo, tarea eventual, por temporada, inicio de nueva actividad, plazo fijo, etc. Ello facilita la prueba de las condiciones y el plazo en caso de conflicto laboral.

. **esignación del personal**

La ley establecía que una vez cumplidos los requisitos formales por parte del postulante, el propietario efectuaba la designación en el cargo, y lo notificaba al Servicio Provincial de Enseñanza Privada, que emitía una disposición aprobando el nombramiento.

Ese es el sistema de designación del personal escolar fijado por la ley 6.427, dependiente de la propuesta de los propietarios. El que efectúa el control de los requisitos del personal propuesto es el propietario, y la función del Servicio se limita a la aprobación de la propuesta, previo control formal de cumplimiento de las disposiciones reglamentarias.

6.1. Procedimiento administrativo ante el SPEP para el nombramiento del personal

En la actualidad la designación del personal se encuentra regulada por la Disposición N° 138/09 que estableció "Nuevos Procedimientos relativos a movimientos de personal de Planta Orgánico Funcional (POF) de establecimientos educativos de gestión privada".

Los pasos administrativos para la designación del personal son:

a. Se debe presentar un formulario de altas y bajas cuando se produzca el movimiento de personal. Este formulario, denominado F2001 contiene hasta 8 movimientos de alta y baja del personal y debe ser completado cada vez que se produzca un movimiento o se proceda al rechazo de una tramitación que implique la devolución y/o corrección. Dado el carácter de Declaración Jurada del Formulario 2001, se debe presentar sin raspaduras ni enmiendas y todas sus copias deben presentar firmas y sellos originales.

Todo trámite que implique movimiento de personal deberá ingresar exclusivamente por la Mesa de Entradas de la zona correspondiente.

La nota de ingreso, firmada por el Representante Legal, al igual que para todos los trámites, debe coincidir en un todo con lo que se tramita debiendo ceñirse lo que se gestiona a lo estrictamente solicitado por la Institución.

b. Se diligencian mediante F2001 por duplicado con firmas auténticas en ambos.
- Alta y bajas comunes de personal escolar docente y no docente.
- Reemplazos a Directivos, Jefes Generales e Enseñanza Práctica, Jefe Sectorial de la Enseñanza Práctica de Jornada Completa Agrícola (cargos mayores a 300 puntos) y Secretario/a/s de todos los niveles.

c. Se diligencian con Nota de elevación firmada por el Representante Legal y posterior dictado de Disposición.
- Alta y baja de personal directivo, Regentes, Jefes Generales de enseñanza Práctica, Jefe Sectorial de Enseñanza Práctica de Jornada Completa Agrícola (cargos mayores de 300 puntos) y Secretarios/as.
- Solicitudes de conversiones de cargos u horas cátedra incorporados/as en equivalentes presupuestarios.
- Movimientos de casos que afectan Plantas Orgánico Funcionales excedidas.
- Nuevas autorizaciones de cargos y/u horas cátedra.
- Baja de cargos y/u horas cátedras.

Es importante aclarar que en estos trámites no se deberá dar posesión a los agentes hasta contar con la respectiva Disposición.

d. En ambos casos, la documentación que se adjuntará será la siguiente:

d.1 Para Personal Docente:
- Fotocopia autenticada del Título docente, habilitante o supletorio debidamente registrado.
- Declaración Jurada de Datos y Servicios Personales completa conforme las siguientes pautas:
- Mención precisa del cargo o materia o módulo o espacio curricular para el que es propuesto.
- Detalle completo del horario del agente: Para cargos de maestros / MET / MEP/ ATTP/ ATP/ METJS/ etc., deberá discriminarse obligación por obligación hasta cubrir el total que le corresponde indicando la división o grupo con la que se trabaja en cada caso.
- Directivos, secretarios, porteros, bibliotecarios, preceptores, prosecretarios, etc., indicarán sólo horarios de ingreso y salida, siempre conforme a reglamento. Los agentes discriminarán en sus declaraciones juradas, hora cátedra por hora cátedra hasta completar el total de sus obligaciones, cumplimentando las declaraciones juradas en el siguiente orden: Primer o primeros renglones para las horas / cargos a asumir, indicando en un margen "Nuevo", a continuación e identificándolas:

cargos / horas activas, indicando en un margen "Activo", incluyendo suplencias y finalmente e identificándolas también: horas / cargos licenciados.

- En el caso de propuesta de personal directivos, regentes, Jefes Generales de Enseñanza Práctica, Jefe Sectorial de Enseñanza Práctica, de Jornada Completa Agrícola, constancia de antigüedad en el nivel en que es propuesto.

d.2. Para Personal No Docente:
- Certificado de estudios completos (primarios o secundarios, según corresponda).
- Certificado de Conducta.
- Declaración Jurada de Datos y Servicios Personales completa conforme a las pautas establecidas para el personal docente.

. ec azo del personal designado. Per odo de prueba

Si bien el control inicial de los requisitos para el nombramiento del personal corresponden a la institución educativa y se supone que la propuesta presentada corresponde técnica y pedagógicamente, puede suceder que el mismo sea rechazado por el SPEP, resultando necesario evaluar la solución a ese problema.

En principio el establecimiento podría ampararse en esa decisión para dejar sin efecto la relación laboral propuesta, si esa condición se había planteado al inicio de la relación laboral, pero si la misma se inició sin reservas, su ruptura lo obligará al pago de las indemnizaciones legales al docente.

Esta situación ha sido resuelta por la introducción del período de prueba en la LCT, que estableció en su art. 92 bis que *"El contrato de trabajo por tiempo indeterminado, excepto el referido en el art. 96 (contrato por temporada n.a), se entenderá celebrado a prueba durante los primeros TRES (3) meses de vigencia. Cualquiera de las partes podrá extinguir la relación durante ese lapso sin expresión de causa, sin derecho a indemnización con motivo de la extinción, pero con obligación de preavisar según lo establecido en los arts. 231 y 232".*

Es decir que los primeros noventa días de la contratación laboral son de prueba y la relación se puede extinguir sin obligación indemnizatoria.

Ahora, para el caso de que el nombramiento haya sido rechazado y el personal continúe trabajando, lo que sería una situación muy extraña, estaríamos en presencia de un caso de trabajo prohibido, lo que habilitaría a la autoridad de aplicación sancionar al establecimiento por tal situación. Recuerdo como ya se ha dicho, que esta prohibición no puede esgrimirse contra el personal para evitar el pago de indemnizaciones y salarios para el caso de que se haya cumplido el período de prueba.

Para evitar esa situación, es conveniente establecer en todos los contratos de trabajos a suscribirse en un establecimiento que solicita la autorización, una condición resolutiva de existencia de la relación de trabajo, basada en la aprobación final de la autorización por parte del S.P.E.P., más allá de la existencia del periodo de prueba antes descripto.

. erec os de los docentes enumerados en el decreto 2.

8.1. Estabilidad

Los docentes estatales provinciales titulares tienen garantizada su estabilidad absoluta, es decir sólo pueden ser desplazados con causa probada mediante sumario administrativo, mientras que la estabilidad de los interinos y suplentes es más precaria, ya que un titular puede desplazar a los primeros, y los segundos cesan cuando se reintegra el titular o interino, aunque si se pretende su desplazamiento por otras causas también debe tramitarse el sumario previo.

En cambio, a los empleados privados, entre ellos obviamente a los docentes, la protección que establece la Constitución Nacional contra el despido arbitrario funciona como una estabilidad impropia, o si se quiere la relativa impropia, esto es la reparación económica a través de una indemnización cuando haya despido sin justa causa.

En consecuencia, la estabilidad determinada como equiparación entre el docente oficial y el privado, no es la estabilidad absoluta sino la relativa, ya que la propia ley reconoce que en caso de no ser despedido con justa causa, son de aplicación los principios de las indemnizaciones para los empleados de comercio, que se incluyeron luego en la LCT (art. 29).

La estabilidad sí se mantiene para el personal escolar oficial para ponerlo a salvo de los caprichos de los funcionarios de turno y asegurarle su fuente laboral.

Pero imponer una modalidad semejante para el personal escolar privado o establecer algún tipo de sanción al establecimiento en caso de despido, significaría una grave intromisión del Estado en la órbita privada, afectando derechos constitucionales reconocidos a los establecimientos.

En ese orden es que la ley determina en su art. 13 que todas las obligaciones contraídas por el propietario frente a terceros no obligan en modo alguno al Estado.

Por su parte, la LEN en su art. 67 inc. f, regula este derecho, condicionando su aplicación a que *"su desempeño (en el cargo) sea satisfactorio de conformidad con la normativa vigente"*.

8.2. Retribución.

Los docentes de gestión privada tienen el derecho a percibir la misma retribución que percibe el personal escolar oficial en igualdad de especialidades y cargos.

El art. 14 bis CN le garantiza al trabajador una retribución justa, salario mínimo, vital y móvil e igual remuneración por igual tarea.

Esta disposición, entonces, debe ser entendida como el establecimiento de un monto mínimo de salario, pero que deja en libertad al propietario para fijar una escala salarial superior, lo que es también de aplicación a las bonificaciones.

La ley dispone que el docente privado debe percibir al menos el mismo monto y con los mismos conceptos salariales que los docentes oficiales, pudiendo establecerse variaciones pero siempre como respetando la base de esa escala salarial. Debemos recordar que hubo épocas en las cuales se abonaban plus por presentismo o dedicación, lo que mejoraba notoriamente la suma percibida por los docentes en instituciones educativas de gestión privada.

La LEN habla en su art. 67 inc. h. al derecho a un *"salario digno"*, lo que es lo mismo que decir a una retribución justa, entendida ésta como suficiente para permitir la subsistencia del trabajador y de su núcleo familiar dependiente e implica que el empleador debe abonarlo y el Estado debe protegerlo mediante leyes como la de salario mínimo, inembargabilidad parcial, formas de pago, etc.

También el art. 64 de la LEN especifica este mismo derecho de la siguiente manera: *"Los/las docentes de las instituciones de educación de gestión privada reconocidas tendrán derecho a una remuneración mínima igual a la de los/las docentes de instituciones de gestión estatal"*, de lo que cabe concluir que es un derecho de amplio reconocimiento constitucional y legislativo.

8.3. Bonificaciones

Los docentes de gestión privada tienen derecho a percibir la bonificación por antigüedad o cualquier otra que se acuerde a su similar oficial.

Esta disposición se emparenta con la anterior, dado que en nuestra provincia el Estado es quien fija las líneas de la política salarial docente, de cumplimiento obligatorio por los particulares.

La incidencia de esta acción está dada en que las decisiones se toman sin participación alguna de los propietarios de los establecimientos educativos privados, lo que impide ponderar el impacto de las medidas salariales en sus presupuestos educativos, especialmente cuando se ordenan aumentos salariales sin permitir el consiguiente reacomodamiento de aranceles, fuente legítima y única de ingresos económicos de los establecimientos.

8.4 Inamovilidad

Los docentes de gestión privada tienen derecho a la inamovilidad de la localidad en la que se encuentre el establecimiento educativo.

Esta disposición debe conectarse con la facultad de dirección y organización de la empresa que tiene el empleador reconocidas por el art. 66 y ss. de la LCT. El caso (improbable) de que un establecimiento se mude de localidad, por ejemplo, de Rosario a Arroyo Seco, debe ser interpretado a la luz del fin de la explotación. Si ese traslado era necesario por causas económicas para el establecimiento, el empleado no puede oponer la inamovilidad de la localidad para evitar ese traslado.

Le queda la vía de considerarse despedido por injuria patronal, lo que deberá ser probado en sede judicial, porque a mi entender en este caso no se configuraría dado que no sería una actitud fraudulenta y discriminatoria, sino de cambio general de las condiciones laborales.

8.5. Licencias

Por último, se les reconoce derecho a gozar del mismo régimen de licencias que el personal oficial.

Esta norma se fijó a los fines de proteger al docente privado, dada la amplitud de causales existentes en el orden oficial, que son más que las contempladas en la LCT. El decreto 4.597/83 regula el régimen de licencias del personal docente, y es de aplicación general a los establecimientos educativos privados.

9. Derechos de los docentes reconocidos por la LEN 26.206

9.1. Derecho a la dignificación y jerarquización de la profesión
El art. 14 CN reconoce el derecho de trabajar y el art. 14 bis lo complementa al decir que *"las leyes.... asegurarán al trabajador condiciones dignas y equitativas de labor"*.
Estas condiciones dignas y equitativas deben interpretarse como el mantenimiento de condiciones objetivas de respeto del lugar y modo del trabajo y de las condiciones subjetivas personales, afectivas y valores humanos del trabajador como persona.
La jerarquización de la docencia no sólo se cumple con la fijación de un salario digno, sino que también incluye la posibilidad de profesionalización de la misma dada la especial importancia del docente en el ejercicio y cuidado del derecho a la educación de los menores.

9.2. Derecho a la capacitación, actualización
y nueva formación en servicio
El art. 67 inc b) reconoce el derecho que tiene al docente de una *"capacitación y actualización integral, gratuita y en servicio, a lo largo de toda su carrera"*.
A su vez, el art. 71 establece que *"la formación docente tiene la finalidad de preparar profesionales capaces de enseñar, generar y transmitir los conocimientos y valores necesarios para la formación integral de las personas, el desarrollo nacional y la construcción de una sociedad más justa. Promoverá la construcción de una identidad docente basada en la autonomía profesional, el vínculo con la cultura y la sociedad contemporánea, el trabajo en equipo, el compromiso con la igualdad y la confianza en las posibilidades de aprendizaje de los/as alumnos/as"*.
Este derecho tiene su fundamento en la existencia de una carrera docente, la que no existe para los docentes privados, ya que éstos no tienen la posibilidad de ascenso por escalafón como sí tienen los docentes oficiales, pero su derecho a la capacitación se encuentra reconocido por la legislación vigente.

9.3. Derecho al cuidado de la salud y a la prevención de enfermedades laborales
El art. 14 bis CN le reconoce al trabajador el derecho a *"los beneficios de la seguridad social, que tendrá carácter de integral e irrenunciable"*, como así también a un *"seguro social obligatorio"*.

El art. 75 de la LCT establece el deber de seguridad que pesa sobre el empleador, el que está obligado a *"observar las normas legales sobre higiene y seguridad en el trabajo y a hacer observar las pautas y limitaciones a la duración del trabajo establecidas en el ordenamiento legal".*

La ley de Higiene y Seguridad 19.587 resulta de aplicación a los establecimientos educativos de gestión privada, al igual que la nueva ley provincial 12.913 que crea los "Comités mixtos de Higiene y Seguridad en el Trabajo", en todo cuanto sea pertinente con la naturaleza especial de la actividad.

Capítulo XII

La representación legal

1. efinición de epresentante Legal

La figura del representante legal en instituciones educativas de gestión privada fue creada por la ley 13.047 y de allí tomada por algunas jurisdicciones provinciales en la regulación de los establecimientos educativos de gestión privada, como es el caso de la ley 6.427 de nuestra provincia.

La función y presencia del Representante Legal en las instituciones ha evolucionado mucho desde su creación, cuando en muchos casos se limitaba a ser una creación jurídica, a veces simplemente formal y lejana y casi ajena a la tarea educativa, limitada a firmar lo que los propietarios o personal directivo le acercaban y, quizás, a gestionar y activar los trámites oficiales, o a mediar en determinados problemas y conflictos.

En la actualidad en cada vez más instituciones educativas el Representante Legal ha llegado a ser una presencia activa y directiva influyente, cercana, integradora de toda la tarea educativa y responsable de la confianza y compromiso de las personas que participan en los diversos ámbitos del proyecto educativo: directivos, administrativos, docentes, auxiliar, alumnos, familias, comunidad en general.

En nuestro país no existe un estatuto especial que regule las características, funciones, derechos y obligaciones del representante o apoderado legal, por lo que es necesario efectuar un análisis de la normativa civil, comercial, administrativa y laboral vigente para poder extraer de la misma el sustrato jurídico de cargo.

Como mandatario de la institución educativa, debe ser investido de su poder de representación de manera legal, es decir, el poder debe ser suscripto por la persona autorizada para otorgarlo dentro de la persona jurídica que se trate, ya que se le está invistiendo del poder de representar a la institución frente a todos los estamentos sociales con los que está relacionado y por eso será el responsable definitivo y último de todo lo que realice la misma.

No existe una enumeración de las condiciones y cualidades que debe reunir el representante legal, aunque de la normativa vigente podemos enumerar en primer lugar al buen concepto y solvencia moral.

Debe cumplir sus funciones con un estricto cumplimiento de la Constitución y las leyes del país y la provincia.

Debe tener un adecuado conocimiento del ámbito educativo en el nivel de la institución que lo inviste de poder que posibilite el diálogo académico propio del ámbito educativo. Debe haber obtenido y mantener un conocimiento cierto y actualizado de los instrumentos legales y administrativos que se relacionan con el funcionamiento del establecimiento educativo en sus distintos niveles. Para que esto sea posible es necesario que la persona cuente con una adecuada preparación previa, cabal conocimiento de los objetivos pedagógicos, ideológicos o religiosos y mecanismos internos de su institución, capacidad para seleccionar, animar y dirigir el personal, apertura al diálogo y diligencia en el servicio que presta como autoridad.

2. aturaleza ur dica del cargo

No hay normativa específica sobre esta figura, su naturaleza jurídica, sus funciones y responsabilidades, ya que esto sería materia legislativa de las provincias, las que no han legislado sobre el tema, por ello es necesario aplicar la experiencia y la razonabilidad para identificar la calidad de la figura que se trata e identificar sus características y funciones.

El Representante Legal es aquella persona física que, por designación del propietario, ejerce la representación del establecimiento ante los organismos de control estatal del sistema educativo como ser el Ministerio de Educación, SPEP; API; Ministerio de Trabajo; AFIP, entre otros, ante sus dependientes, ante los alumnos y sus familias y demás terceros contratantes.

A los fines de la representación que ejercen quienes actúan en nombre de la entidad educativa, en principio debe tenerse presente lo dispuesto en el art. 35 CC, que prescribe: *"Las personas jurídicas pueden, para los fines de su institución, adquirir los derechos que este Código establece, y ejercer los actos que no le sean prohibidos, por el ministerio de los representantes que sus leyes les hubiesen constituido".*

A su vez, el art. 36 CC dispone *que "se reputan actos de las personas jurídicas los de sus representantes legales, siempre que no excedan los límites de su ministerio...".*

Vélez Sarsfield en la nota al art. 35 CC, aclara que *"la persona jurídica, puede sólo por medio de sus representantes, adquirir derechos y ejercer actos, y no por medio de los individuos que forman la corporación, aunque fuese la totalidad del número".*

Si bien, en ocasiones, el representante legal de un establecimiento educativo no actúa en función de un mandato específicamente otorgado a tal efecto, su sola condición de tal hace que sus actos en relación con la autoridad de aplicación o los docentes y demás dependientes sean reputados como válidos y producidos por la entidad representada.

En este sentido debe tenerse en cuenta que el art. 36 de la LCT, dispone que *"a los fines de la celebración del contrato de trabajo, se reputarán actos de las personas jurídicas los de sus representantes legales o de quienes, sin serlo, aparezcan como facultados para ello".*

También resulta de aplicación en este aspecto el art. 1874 CC, que postula que *"el mandato tácito resulta no sólo de los hechos positivos del mandante, sino también su inacción o silencio, o no impidiendo, pudiendo hacerlo, citando sabe que alguien está haciendo algo en su nombre".*

De la condición misma de mero mandatario del representante legal, se derivan algunas consecuencias, tales como que no corresponde dirigir a su nombre las comunicaciones referidas a la relación laboral, tales como cartas documento o telegramas, denuncias administrativas o demandas judiciales, ya que se trata de un mero representante, siendo siempre el destinatario de tales comunicaciones la entidad o persona física propietaria de la institución educativa.

Podemos encontrar en nuestro Código Civil una regulación bastante clara de la función del Representante legal, en la sección destinada al instituto del mandato (art. 1869 a art. 1985 CC), normas que se aplican a la relación de la institución y el Representante Legal.

El mandato del Representante Legal será registrado, con las formalidades del caso, ante las autoridades nacionales, provinciales o municipales que correspondan,

La ley 6.427, por su parte, establece la obligación para los establecimientos educativos de nombrar a un representante legal para sus relaciones con el Servicio Provincial de Enseñanza Privada.

La norma provincial no distingue entre las figuras del apoderado y del representante legal, tal como lo hace la normativa nacional.

A nivel nacional existe, aunque parezca redundante, la figura del propietario, que puede actuar por sí o por apoderado, sin necesidad de representante legal. Solamente se nombra un representante legal en las patronales pluripersonales (asociaciones civiles y sociedades). De igual manera, ese representante legal puede nombrar su apoderado si su lugar de residencia es distinto al del establecimiento o por razones de fuerza mayor o comodidad.

A nivel provincial no existe la figura del propietario ni del apoderado.

La patronal siempre debe actuar por medio de representantes legales, aún en caso de ser los dueños personas visibles. El caso del apoderado, a nivel nacional se identifica con el del representante legal a nivel provincial, por lo que tenemos solamente esa figura.

De acuerdo a nuestro Código Civil, el Representante Legal de un establecimiento educativo de gestión privada es un mandatario del propietario y está relacionado con el mismo por una relación de mandato, independientemente que sea remunerado o no.

En la Planta Escolar de aplicación a establecimientos privados no se encuentra reconocido como cargo docente, por lo que es desde ese punto de vista sería un cargo fuera de planta, por más que sea o no un puesto remunerado como empleado jerárquico.

La forma de la relación con su mandante dependerá de cada propietario, ya que puede trabajar ad honorem o a cambio de una remuneración, pago de honorarios, participación en las ganancias, gastos de representación, etc., pero esa situación siempre dependerá de cada establecimiento en particular.

Mi opinión es que el Representante Legal es un mandatario del propietario, sea éste una persona visible o una persona jurídica, por lo que la relación no se regirá por las normas del derecho laboral, sino por la regulación que del mandato establece el Código Civil.

En cuanto a su retribución, el cargo de Representante Legal por su particular importancia dentro de la estructura escolar, debe ser debidamente reconocido en lo económico, ya que se encuentra en una posición jerárquica apenas por debajo de la entidad propietaria y por sobre todo el personal directivo, por lo que su tarea debe tener una contraprestación acorde a su importancia y a las responsabilidades legales y personales que el cargo le impone.

Resulta privativo de las partes la determinación del tipo de relación que las unirá (locación de servicios civil, relación de dependencia), aunque siempre serán aplicables las normas civiles del mandato a las funciones a realizar por el Representante Legal.

3. Mandato. Caracter sticas. L mites

Como conclusión de todo lo dicho, podemos afirmar que el representante legal es un mandatario, una persona que ejecuta a nombre y cuenta del mandante, actos jurídicos.

El mandato es un acto jurídico mediante el cual se le ha dado poder a una persona para que actúe en nombre y por cuenta de otra. Para que tenga validez, la persona que recibió el poder efectivamente debe manifestar que actúa en nombre y por cuenta de otra y hacerlo dentro de los límites del poder otorgado.

El poder puede ser otorgado tácita o expresamente en el ámbito privado, pero para el Estado el poder debe ser expreso, por escritura pública, o copia certificada del libro de actas y está circunscripto a lo que el mandante pueda hacer si tratara u obrara personalmente.

Asimismo, este poder debe ser presentado ante el SPEP para su registración, y este organismo emitirá una Disposición en la cual reconocerá a la persona designada como Representante Legal.

Todo mandato otorgado puede ser revocado, aunque hay casos en que la irrevocabilidad surge del objeto del mandato, por interés del otorgante en el cumplimiento. Por ejemplo, el mandato otorgado a un socio administrador en el contrato de sociedad civil puede ser irrevocable cuando las condiciones personales de ese socio son esenciales para la continuación del objeto social.

3.1. Obligaciones del mandatario

- Si ha aceptado el mandato, debe cumplirlo o responder por los daños y perjuicios que le ocasionaren al mandante la inejecución total o parcial del mismo.
- Debe circunscribirse en los límites del poder, que son fijados por la naturaleza del negocio.
- Está obligado a rendir cuentas al mandante de sus operaciones y a entregar al mismo cuanto haya recibido por causa del mandato.
- Puede sustituir en otro su mandato, pero es responsable de la persona que lo ha sustituido cuando no tenía poder para hacerlo o cuando designe a una persona notoriamente incapaz o insolvente, siendo una atribución de responsabilidad de tipo personal.
- Puede contratar en su propio nombre o en el de su mandante en ejercicio del mandato. Si contrata en su propio nombre no obliga al mandante respecto de terceros, y si lo hace en nombre de su mandante, no queda personalmente obligado para con los terceros con quien contrató ni adquiere contra ellos un crédito especial, siempre que lo haya hecho dentro de los límites del mandato.
- El mandante puede ratificar todos los actos efectuados fuera del mandato, lo que es una consecuencia lógica del apoderamiento.

3.2. Obligaciones del mandante

- Si dos o más personas hubieran contratado un mandatario para un negocio común, quedarán obligados solidariamente. Este es el caso de los miembros de una Sociedad Civil o los miembros del Consejo Directivo de una Asociación Civil.
- Los actos jurídicos ejecutados por el mandatario en los límites de sus poderes y a nombre del mandante, como las obligaciones que hubiese contraído, son considerados como hechos por el mandante personalmente.
- Debe retribuir al mandatario el servicio mediante una cuota del dinero o de los bienes que el mandatario hubiere obtenido o administrado o por medio de una retribución previamente acordada, y también devolver los gastos efectuados a cuenta.

3.3. Cesación del mandato

- Cesa por el cumplimiento del negocio o por la expiración del tiempo si fuera determinado.

- Por la revocación del mandante en cualquier momento.
- Por la renuncia del mandatario.
- Por fallecimiento del mandante o mandatario. En caso de fallecimiento del mandante, los continuadores pueden ratificar el mandato otorgado con anterioridad, sin que haga falta otorgar un nuevo poder.
- Por incapacidad sobreviniente del mandante o mandatario que impidan la continuación de la ejecución del mandato.

4. unciones obligaciones del epresentante Legal

La entidad propietaria y el representante legal son responsables ante el Servicio Provincial de Enseñanza Privada del funcionamiento integral del establecimiento, del cumplimiento de las normas que regulan el sistema educativo y del archivo de la documentación oficial de la cual son custodia.

El Representante Legal es la cara visible del establecimiento para todos los terceros, sean éstos padres, alumnos, docentes, administración pública, aunque la entidad propietaria es la responsable final de todo lo que suceda en el mismo.

Su intervención se puede determinar en cuatro ámbitos genéricos:

- Institucional: Participar con los propietarios del establecimiento en la búsqueda e identificación de los principios, objetivos y normas internas del establecimiento educativo.
- Administrativo: Búsqueda y nombramiento del personal, tanto directivo como docente y administrativo; admisión y exclusión de alumnos; fijación de medidas disciplinarias. Tendrá muy en cuenta la autonomía de gestión, propia de cada uno de los roles institucionales, respetando la responsabilidad que corresponde al personal directivo y docente, sin que ello le impida hacer uso de sus facultades de empleador y responsable máximo de los objetivos del establecimiento.
- Técnico-pedagógico: Participar a través del Director en la organización de la tarea escolar en toda su amplitud de manera que se logren los fines educativos de manera más eficiente y completa.
- Económico-financiera: Es responsable de la estructura financiera que sostiene la institución educativa por medio de las cuotas por el servicio educativo que abonan las familias, el aporte estatal u otras vías de percepción de ingresos (donaciones, exención de impuestos, convenios con empresas, etc.) Ordenará personalmente y/o con auxiliares ad hoc, la administración y correspondiente documentación

técnico contable del colegio, asumiendo plenamente su responsabilidad en el manejo y rendiciones tanto de los aportes por subvención estatal como del total de otros ingresos.

4.1. Atribuciones y responsabilidades en particular

4.1.1. Con la propia institución

- Está relacionado con ella por un contrato de mandato y debe actuar dentro de los límites del mismo. En caso de excederse, es responsable por los daños y perjuicios que pueda causarle al mandante.

- Tiene derecho al reconocimiento de los gastos efectuados en cumplimiento del mandato y en caso de ser el mandato de tipo oneroso, tiene derecho a percibir una retribución por sus servicios.

- Control del estado y mantenimiento del edificio escolar, muebles, útiles y material didáctico.

- Responsabilidad sobre los elementos de propiedad del establecimiento otorgados a su cuidado. Deberá contratar los seguros necesarios y cumplir con las obligaciones legales, impositivas y previsionales.

4.1.2. Con los alumnos y sus familias

- Es la persona que representa a la entidad patronal frente a los padres, es el encargado de la suscripción de los contratos de servicio educativo.

- También es el encargado de controlar el pago de los aranceles y el que llevará adelante las acciones en caso de incumplimiento de pago mediante entrevistas, intimaciones y/o reclamos judiciales.

- Controla, a través del Director, la presentación, asistencia y disciplina de los alumnos.

- Controla la confección y contenido de los legajos de los alumnos y demás documentación relacionada con los mismos de cumplimiento obligatorio.

- Es responsable del cumplimiento del proyecto pedagógico y el plan de estudios, a través del Director/Rector.

- No es su atribución la observación de clases ni la realización de reuniones con padres de alumnos, salvo las que tuvieran por objeto el tratamiento de cuestiones no pedagógicas.

4.1.3. Con el personal
- Es el encargado de contratar al personal y de notificar su nombramiento al Ministerio.

- La conducción, a través del Director/Rector, de la marcha del establecimiento en lo referente a asistencia y puntualidad, al cumplimiento de las funciones por el personal docente, docente auxiliar y de disciplina.

- El pago de los haberes del personal docente, control y firma de las planillas de liquidación y su remisión al SPEP.

- Pago de aportes previsionales y sociales.

- Otorgamiento de licencias.

- Solicitar sumario por inconducta o mal desempeño de sus funciones.

- Aplicación de sanciones al personal.

- Despedir con o sin justa causa al personal.

- Certificar los servicios de los docentes y legalizar su firma ante el SPEP.

- Firmar los recibos de haberes.

4.1.4. Con el Estado. Ministerio de Educación,
Servicio Provincial de Enseñanza Privada, Ministerio de Trabajo
- Solicitud de autorización e incorporación.

- La consulta a las autoridades del SPEP y los supervisores docentes tanto en la sede del organismo cuanto en las visitas de ellos a los establecimientos.

- El control, a través del Director y el Secretario, del mantenimiento de la documentación oficial y la observación del cumplimiento de las normas legales (además de que lo sean el Director y los docentes).

- Suministrar datos de carácter estadístico contable y de funcionamiento técnico que solicite el SPEP.

- Comunicar anualmente los aranceles que se cobran.

- Elevar el reglamento interno del establecimiento y sus modificaciones al SPEP para su autorización.

- Suscripción de todas las comunicaciones que efectúe el establecimiento al SPEP.

- Recibir y contestar los requerimientos laborales del Ministerio de Trabajo.

5. epresentante Legal personal directivo

En primer lugar, quiero aclarar que se debería utilizar como sinónimos los vocablos "Director" y "Rector", ya que entiendo que para los cargos directivos de los niveles Medio y Superior la denominación adecuada es la utilizada por la normativa nacional, esto es "Rector" y "Vicerector", por la larga tradición que los mismos han tenido en la historia de la educación argentina, máxime teniendo en cuenta la transferencia de servicios educativos de la Nación a las Provincias, aunque en nuestra normativa se mantiene solamente la denominación de Director.

5.1. Diferencias conceptuales
El representante legal es un mandatario del propietario, mientras que el personal directivo (Director/Rector/Vice) es un dependiente, es personal de mayor jerarquía que el resto de los docentes, pero se encuentra regida al igual que ellos por las normas del derecho laboral y no por las normas del Código Civil como el representante legal.

No son funciones que se opongan, sino que deben ser ejercidas en consonancia: el representante legal debe intervenir en las cuestiones técnico docentes, en el control de la asistencia y disciplina de docentes y alumnos, pero no de manera directa, sino a través del Director.

El Director, a su vez, tiene como responsabilidad propia el control técnico interno del establecimiento y debe actuar con acuerdo a las directivas que sobre el tema reciba de la entidad patronal por medio del Representante Legal.

5.2. Normativa provincial
La ley 6.427 establece en su art. 38 que existe una responsabilidad conjunta del propietario y/o Representante Legal y el Director en los casos de violación de la ley.

En mi opinión la redacción de la norma es desafortunada ya que equivocadamente iguala las funciones y responsabilidades de los propietarios con la de su personal dependiente. El Director es un empleado del propietario, si bien es Personal Directivo, esa característica no inviste a su cargo de una responsabilidad similar a la del propietario, porque el mismo carece de poder propio para intervenir en el destino general del establecimiento educativo, siendo su gestión limitada al ámbito técnico pedagógico.

No podría, por ejemplo, controlar que se cumplan con las normas de Higiene y Seguridad, se hagan los aportes previsionales o se contrate y abone a una Aseguradora de Riesgos del Trabajo. Esa imposibilidad de controlar la gestión administrativa del establecimiento lo libera de responsabilidad, más allá que una norma como la que comentamos viola expresamente sus derechos constitucionales y laborales, al hacerlo solidariamente responsable de la conducta de su empleador.

En consecuencia, opino que la norma que fija responsabilidades por violación de las disposiciones de la ley se extiende indebidamente a los Directores.

La atribución de responsabilidad conjunta, que erróneamente determina la ley en toda su extensión, significa otorgarle al Director una categoría similar a la del dueño del establecimiento que, obviamente, no posee.

Privadamente puede efectuarse entre el dueño y el Director una asignación de competencia con responsabilidades compartidas, pero todo dentro del derecho privado. Excede de las atribuciones del Estado fijar ese tipo de responsabilidad de manera general como se ha hecho.

Por otra parte, la naturaleza de las sanciones excede el tipo de sanciones que puedan aplicarse al personal docente, ya que se establece en el inc. a) multas dinerarias, en el inc. b) inhabilitación temporaria o definitiva de ambos, independientemente de la sanción pecuniaria y por último, en el inc. c) la cancelación de la autorización o incorporación acordada al establecimiento.

Resultaría no solamente injusto, sino también arbitrario y contrario a derecho hacer responsable al Director del manejo de toda la institución educativa cuando su función docente le prohíbe expresamente intervenir en dichas actividades.

Uno de los pocos casos de violación de la ley 6.427, en concordancia con el artículo anterior, pero sin la misma consecuencia en el cual el Director podría ser responsabilizado sería aquel en que por ejemplo, se ha probado la falsificación de un título académico para el nombramiento de personal docente.

Como los títulos son competencia del Director y del Secretario, ya que por ley el propietario no puede intervenir en las cuestiones técnico educativas, cabría una sanción distinta a la establecida por el art. 38 de la ley 6.427, ya que debería plantearse el despido con causa previo sumario del art. 28 de la ley, como única sanción, ya que las demás (multa, inhabilitación y cancelación de autorización o incorporación) no pueden ser aplicadas por falta de identidad del Director para ser penalizado.

Contradictoriamente, el punto 17 del decreto 2.880/69, establece la sanción adicional de retención de haberes para el Director que incurra en alguna de las faltas observadas para el personal docente, agravamiento de la sanción que no existe para ningún otro docente de ningún nivel.

En resumen y por una poco clara técnica legislativa, en la ley 6.427 el Director tiene penalizaciones por ser personal docente directivo, lo que es acertado, pero también por ser su cargo asimilado, erróneamente, al del dueño o el representante legal, situaciones que una futura ley de educación privada provincial debería aclarar y corregir, al igual que las que trataremos a continuación.

. Cuestiones conflictivas acerca de la epresentación Legal

La ley 6.427, el decreto 2.880/69 y sus posteriores reformas constituyeron un marco normativo poco claro con relación a la representación legal, sin que se hayan dictado normas que las complementen o aclaren.

6.1. mbito de intervención

El punto 64 del decreto 2.880/69 dice que *"Los representantes legales y/o propietarios no podrán intervenir en los asuntos de carácter técnico docente de los establecimientos, salvo que eso sea consecuencia directa de la relación de dependencia"*.

La deficiente redacción de la norma permite colegir que estaríamos en presencia de una prohibición para intervenir en asuntos de carácter técnico docente sólo para aquellos Representantes Legales que se encuentren relacionados ad honorem con la institución educativa, ya que la salvedad que hace al final del párrafo la norma *"salvo que eso sea consecuencia directa de la relación de dependencia"*, contradice expresamente lo dicho con anterioridad y permite esa intervención si el Representante Legal se encuentra relacionado con la institución por medio de una relación de empleo privado.

Es mi opinión que no puede prohibirse a los Representantes Legales y menos aún a los propietarios la intervención en los aspectos técnico-docentes de la institución, dado que los mismos son la cristalización del proyecto pedagógico financiado por esos mismos propietarios.

Que la función específica de los propietarios no sea esa, es claro, pero la realizan a través del personal idóneo (Director y Secretario), por lo que pueden interesarse e intervenir cuantas veces les parezca en el funcionamiento del establecimiento de su propiedad, ya que en definitiva, el mismo se sustenta en la proyección de sus ideas y en su financiamiento.

La contradicción normativa está abonada porque en los requisitos de apertura de establecimientos educativos establecidos por la Disposición 350/94 se exige a los propietarios ser docentes o tener relación con la docencia del nivel que se trate, por lo que resulta implícito a esta exigencia el reconocimiento a la facultad de contralor como esencial para la marcha de cualquier proyecto pedagógico, que es el fin de cualquier emprendimiento de enseñanza.

En una futura ley general de educación, deberían fijarse competencias para cada uno de los miembros de la patronal y del personal directivo. Por ejemplo, la competencia del representante legal no es la de concurrir a las reuniones de padres o la observación de clases. Su competencia no es del tipo pedagógica como la del Director, pero tiene la competencia de fiscalizar el cumplimiento del proyecto pedagógico interviniendo todas las veces que considere necesario en el dictado del mismo.

6.2. Obligación de información

El punto 2 del decreto 2.880/69 establece que *"Los propietarios o directores de los establecimientos citados están obligados a suministrar todos los datos de carácter estadístico, contable y de funcionamientos técnicos, que solicite el Servicio".*

La norma resulta contradictoria con la prohibición a los propietarios y/o representantes legales de intervenir en asuntos técnico docentes que hemos visto en el punto anterior.

Además se efectúa una igualación indebida entre el propietario y un empleado como lo es el Director, ya que los datos que se solicitan sólo pueden ser entregados por los propietarios del establecimiento, quien, en todo caso, los solicitará al Director, pero éstos nunca podrían actuar de manera autónoma y, por ende, tampoco podrían ser responsabilizados por decisiones de la patronal.

Por otra parte, se está responsabilizando al Director por obligaciones que son responsabilidad del propietario, y el decreto 703/72 expresamente prohíbe al Director ser miembro de la patronal o propietario del establecimiento.

Por último, como ya dijimos, se exigen antecedentes docentes para solicitar la apertura pero se prohíbe al propietario y al representante legal intervenir en cuestiones técnico docentes.

Si tomamos el caso de 3 docentes que se unen para abrir un colegio, resulta que ninguno de ellos puede desempeñar cargos directivos en su propio establecimiento.

Lo adecuado sería que la limitación fuera para ser personal directivo o docente, con excepción del Director, al ser éste la máxima jerarquía de la planta escolar.

Como dato importante en tal sentido, podemos señalar que a nivel nacional el apoderado o el representante legal (y obviamente el propietario) puede ser el Rector del establecimiento, pero no integrar el plantel docente (decreto 371/64).

Capítulo XIII

Régimen remuneratorio docente

1. Concepto de remuneración

El salario es la retribución que percibe el trabajador por su tarea para el empleador y es la obligación principal del contrato de trabajo, de cumplimiento obligatorio para el empleador, como lo es poner su fuerza de trabajo a disposición por parte del trabajador.

La remuneración es la justa retribución que obtiene el trabajador por poner su fuerza de trabajo a disposición del empleador y por ello nuestro orden jurídico le garantiza una satisfacción completa, correcta y oportuna.

La Constitución Nacional, en su art. 14 establece que *"El trabajo en sus diversas formas gozará de la protección de las leyes, las que asegurarán al trabajador (...) una remuneración justa (...) salario mínimo, vital y móvil (...) igual remuneración por igual tarea"*.

La LEN 26.206 en su art. 67 inc. h) reconoce a los trabajadores de la educación estatales y privados el derecho a un salario digno, y el decreto 2.880/69 reglamentario de la ley 6.427 estableció el principio de equiparación salarial entre los docentes oficiales y privados en sus puntos 18 b) y c).

2. ubros integrativos de la remuneración de los docentes

En las liquidaciones salariales de los docentes encontramos rubros considerados remunerativos y otros no remunerativos.

Los remunerativos constituyen una ganancia patrimonial para éstos en contraprestación a su trabajo y están sujetos a aportes sociales y previsionales, se computan para el cálculo de vacaciones, aguinaldos, indemnizaciones, etc. y pueden ser parcialmente embargados.

Dentro de los remunerativos hay rubros bonificables, que aumentan el porcentaje de la antigüedad, y no bonificables.

Los no remunerativos o prestaciones de naturaleza no salarial no están sujetos al pago de aportes de ningún tipo, no se pueden embargar y tampoco se toman en cuenta para el cálculo de vacaciones, aguinaldos e indemnizaciones.

Las escalas y conceptos salariales los fija el Estado Provincial y pueden variar con el tiempo con la inclusión o exclusión de conceptos adicionales, pero básicamente los salarios están constituidos por los siguientes rubros.

2.1. Rubros remunerativos

2.1.1. Salario básico

Es una asignación mensual que consiste en una suma de dinero que el Estado establece como retribución por las tareas realizadas en cargo u horas cátedra.

La asignación básica de cada cargo se liquida multiplicando el número de índice atribuido a cada uno de ellos por el valor monetario del índice uno establecido por el Estado y actualizado periódicamente.

2.1.2. Antig edad

Es una bonificación calculada sobre la asignación básica mensual del cargo u horas cátedra que el docente desempeñe.

A los efectos del cálculo se tendrá en cuenta la antigüedad total del docente en la actividad, computándose todos los servicios docentes en establecimientos públicos y privados, no solamente en el establecimiento en el cual trabaja.

Este rubro se abona en cada cargo si se desempeña en más de uno, por ello el Representante Legal debe emitir certificados de antigüedad para el pago de este rubro en otros establecimientos.

La ley 9428 establece los siguientes porcentajes del cálculo de esta bonificación salarial para todos los docentes:

- Desde 00 años hasta 5 años 15%
- Desde 05 años hasta 7 años 30%
- Desde 07 años hasta 10 años 40%

- Desde 10 años hasta 12 años 50%
- Desde 12 años hasta 15 años 60%
- Desde 15 años hasta 17 años 70%
- Desde 17 años hasta 20 años 80%
- Desde 20 años hasta 22 años 100%
- Desde 22 años hasta 24 años 110%
- Desde 24 años en adelante 120%

Existe una diferencia entre la llamada "antigüedad docente" y la antigüedad laboral propiamente dicha.

La primera es la antigüedad laboral total con la que cuenta el trabajador, aunque haya sido desarrollada para distintos empleadores. Esta antigüedad tiene la importancia de servir como criterio para el pago de la bonificación salarial homónima.

Pero la antigüedad laboral del contrato de trabajo es otra cosa, es el tiempo efectivamente trabajado para un empleador, y se toma en cuenta para diferentes contingencias de las relaciones laborales, además de la bonificación por antigüedad, como ser el despido.

Hay que hacer notar que en caso de despido, el empleador deberá abonar al trabajador como antigüedad sólo el tiempo efectivamente trabajado para él, y no la totalidad de la antigüedad docente que consta en su recibo de sueldo, porque de otra manera se estaría perjudicando injustificadamente al empleador y beneficiando con un enriquecimiento sin causa al trabajador, que podría exigir el pago de toda la antigüedad docente a cada uno de los empleadores.

2.1.3. Bonificación por zona desfavorable

La ley 10.680 establece que el personal escolar que se desempeñe en establecimientos educacionales ubicados en zonas desfavorables, gozará de una bonificación cuyo monto se aplicará sobre la asignación del cargo, conforme a la siguiente clasificación:

- Zona Periférica 10%
- Zona alejada del radio urbano 30%
- Zona de ubicación desfavorable 50%
- Zona de ubicación muy desfavorable 90%

Existen establecimientos transferidos que poseen un 80%.

Dicho beneficio se abonará en un solo cargo, y se elige el cargo donde el agente percibe mayor básico. Es decir que si un agente trabaja en un colegio y tiene un cargo de docente y dos horas cátedras la bonificación por zona se liquidará únicamente en el cargo docente.

2.1.4. Estado Docente

Es un adicional que surge de multiplicar un valor índice actualizado periódicamente por el porcentaje de antigüedad del docente.

2.1.5. Complemento al básico

El decreto 488/07 estableció un complemento remunerativo que se determinará de la siguiente manera:

- Para los cargos comunes que posean 352 puntos o menos: será el 50% del monto que corresponda luego de aplicar el % de antigüedad del agente sobre el básico del cargo testigo de maestro de grado común (190 puntos) desde el 01.07.08.

- No corresponde para los cargos comunes que posean más de 352 puntos.

- Para los cargos de los Sistemas de Jornada Completa, Jornada Completa y Albergue, Escuela Hogar que posean 352 puntos o menos: continuará siendo el 68% del monto que corresponda luego de aplicar el % de antigüedad del agente sobre el básico del cargo testigo de maestro de grado común (190 puntos)

- Para los cargos de los Sistemas de Jornada Completa, Jornada Completa y Albergue, Escuela Hogar que posean 371 puntos o más: continuará siendo el 56% del monto que corresponda luego de aplicar el % de antigüedad del agente sobre el básico del cargo testigo de maestro de grado común (190 puntos).

- Para 1 (una) hora cátedra media: será la quinceava parte del 25% del monto que corresponda luego de aplicar el % de antigüedad del agente sobre el básico del cargo testigo de maestro de grado común (190 puntos) desde el 01.07.08.

- Para 1 (una) hora superior: será la doceava parte del 25% del monto que corresponda luego de aplicar el % de antigüedad del agente sobre el básico del cargo testigo de maestro de grado común (190 puntos) desde el 01.07.08.

2.1.6. Responsabilidad Jerárquica

Creado por el decreto 488/07 y modificado por los decs. 656/08 y 363/09, este suplemento remunerativo corresponde a los cargos que posean más de 352 y menos de 524 puntos, y consiste en un 55% sobre el básico de dicho cargo a partir del 01.03.09, no siendo extensivo a los Profesores de Tiempo Completo 36 horas y los Profesores de Tiempo Parcial 24 horas.

2.1.7. Reconocimiento a la Función Docente

Otro adicional remunerativo que se determina aplicando un índice actualizado periódicamente por la cantidad de puntos del cargo y/o el valor hora cátedra y la antigüedad del docente.

2.1.8. Suplemento Remunerativo Transitorio

El decreto 993/12 otorga al personal docente retribuido por cargo cuyos haberes de bolsillo sean inferiores a determinados montos, conforme a su antigüedad, una Asignación Especial Remunerativa y no Bonificable hasta cubrir dicha diferencia, considerándose para tal fin la totalidad de los haberes y los descuentos. Dicho monto se deduce de la sumatoria de la diferencia que faltase para llegar al monto establecido por la tabla publicada por el Estado.

Para ello se debe calcular el haber de bolsillo sin tener en cuenta asignación familiar, zona desfavorable, doble turno, reconocimiento a la función docente, FONID, código 509 y SAC en reemplazantes, sumar a la Tabla de Garantizado el monto del Seguro que corresponda según lo estipule la Caja, restar el monto que resulte del items b menos al a y si el ítem c es negativo entonces el importe del suplemento es cero, si no, el monto del suplemento será el resultado del items c más el 22% del mismo.

2.1.9 Actividad Específica Docente

Por ley 9352 se fija este suplemento correspondiente al 10% del básico.

2.1.10 Sueldo Anual Complementario

El Sueldo Anual Complementario o "Aguinaldo" fue instituido por el decreto 33.302/45. El S.A.C. tiene carácter de una remuneración diferida, ya que el derecho a percibirla se devenga mes a mes, y es el equivalente a la doceava parte de las remuneraciones percibidas por el trabajador en el respectivo año calendario.

Se abonará en dos cuotas, una en junio y otra en diciembre de cada año y el importe a abonar el 50% de la mayor remuneración mensual devengada por todo concepto dentro de cada semestre.

Es obligatorio efectuar sobre el S.A.C. todos los aportes y contribuciones patronales de ley.

En caso de extinción del contrato de trabajo corresponderá abonar al trabajador la parte proporcional a la fracción del semestre trabajado, integración del mes, preaviso o sustitutivo de preaviso no otorgado.

2.2. Rubros no remunerativos

2.2.1. Bonificación por material didáctico y compra de vestimenta

Es una compensación anual no remunerativa determinada por decreto provincial y que se abona por única vez de acuerdo a criterios establecidos por la misma norma. No genera descuentos previsionales ni de ninguna naturaleza y no se incorpora a los haberes docentes.

2.1.2. FONID

Este rubro fue creado por la ley 25.053 como una asignación de emergencia y por el término de cinco años a partir del mes de enero de 1998, pero sus recursos no son destinados a la totalidad del personal de los establecimientos de gestión privada, sino solamente a aquellos docentes incorporados, es decir, aquellos que perciben aporte estatal de acuerdo al porcentaje del mismo, por expresa disposición de su art. 10.

Es un concepto de naturaleza no salarial sobre el cual no se deducen aportes sociales y previsionales, ya que no integra la remuneración normal y habitual de los docentes. Se devenga mensualmente, y el pago se efectúa con el aporte de fondos del Estado Nacional.

En este punto debemos recordar que la ley 12.469 del año 2005 estableció que desde su sanción, toda modificación a la política salarial del sector público provincial deberá tener carácter remunerativo, conforme con lo previsto en los arts. 70 y 71 de la ley 6915.

El Poder Ejecutivo Provincial tenía la obligación de convertir en forma gradual y progresiva en remunerativos, los ítems que componen la retribución de los agentes del sector público que a la fecha de promulgación de la ley no tuvieren ese carácter, manteniendo la intangibilidad del salario que efectivamente venía percibiendo, con la compensación de los nuevos descuentos obligatorios.

3. signaciones familiares

La contingencia social de cargas de familia está constituida por la familia directa y primaria a cargo del trabajador, la que genera normalmente la necesidad de una ayuda especial en orden a sus integrantes, y genera cargas económicas suplementarias.

Aun cuando se discuta el concepto y alcances de las *cargas de familia,* la misma está integrada por el grupo familiar primario, compuesto por el cónyuge y los hijos.

Se denominan asignaciones familiares a las prestaciones de la seguridad social, de naturaleza no remuneratoria, que tienen por fin cubrir la contingencia social de cargas de familia, a propósito de las cargas económicas suplementarias que provoca.

De esta definición extraemos los siguientes elementos fundamentales:

- *Son prestaciones de la seguridad social:* las asignaciones familiares son subsidios creados por la seguridad social para brindar apoyo económico al jefe de familia frente a los mayores gastos y responsabilidades que pueden presentársele respecto de lo que implica asistir al grupo familiar a su cargo.

- *Son de naturaleza no remuneratoria:* los subsidios son prestaciones no remuneratorias ya que la causa que da origen al pago no es el trabajo o la contraprestación laboral, sino la existencia de cargas de familia, que es un hecho ajeno al marco de la relación entre el empleador y el trabajador. En virtud de la naturaleza jurídica precitada, estas prestaciones no tienen efectos laborales (en licencias, aguinaldo, indemnizaciones) ni están sujetas a aportes y contribuciones (efectos en el plano de la misma seguridad social).

- *Cubren la contingencia social de cargas de familia:* la causa del pago de los subsidios o asignaciones es la existencia de cargas de familia, las que deberán ser acreditadas fehacientemente por el trabajador.

Las cargas de familia son una de las contingencias sociales tipificada como de naturaleza económico-social. En general, el derecho laboral primero y la seguridad social después siempre consideraron como un valor esencial la protección de la familia. Dentro de ese marco se inscriben los subsidios vinculados con el trabajador casado o en concubinato y con hijos, tanto desde el ángulo de los ingresos como desde el plano de la asistencia en la salud y la educación.

En la provincia de Santa Fe las Asignaciones Familiares se encuentran regidas por la ley 9290, que establece dos tipos de asignaciones:

3.1. Asignaciones de pago mensual
Asignación mensual por pre-escolaridad y escolaridad primaria
Asignación mensual por padres o hermanos a cargo
Asignación mensual por escolaridad media y superior
Asignación mensual por cónyuge
Asignación mensual por hijo
Asignación mensual prenatal

3.2. Asignaciones de pago único
Asignación única por adopción
Asignación única por matrimonio
Asignación única por nacimiento de hijo
Asignación por sepelio de familiar a cargo
Asignación familiar anual
Asignación anual por ayuda pre-escolar, primaria y media

La asignación por nacimiento de hijo, adopción, hijo, familia numerosa, pre-escolaridad, escolaridad primaria, media y superior y ayuda pre-escolar y escolar primaria, se liquidará al empleado varón. Únicamente corresponderá liquidar dichas asignaciones al empleado mujer, cuando además de cumplir los otros requisitos establecidos en la presente ley para cada una de ellas, acredite que su cónyuge no tiene derecho a tales beneficios, o los tuviere restringidos.

En los casos de divorcio o separación de hecho corresponderá liquidar la prestación al empleado varón que en virtud de sentencia judicial, deba prestar alimentos, acreditando tal circunstancia mediante prueba documental y por los familiares que corresponda. Corresponderá su percepción al empleado mujer que acredite la tenencia legal del hijo o hijos y que no perciba alimentos por ellos.

Las asignaciones que correspondan por hijos extramatrimoniales se abonarán al empleado varón, salvo cuando no fueren reconocidos por éste o cuando se acredite que éste no reúne los requisitos para percibir el beneficio o que no los tiene a su cargo, en cuyos supuestos se liquidarán a la mujer cuando además, acredite la tenencia legal del hijo o hijos y que no perciba alimentos por ellos.

En los casos de empleados que desempeñen más de un empleo u ocupación oficial o privada, las asignaciones familiares se abonarán en el que se registre mayor antigüedad. Cuando el empleado sólo tuviera derecho al cincuenta por ciento de la asignación en el cargo de mayor antigüedad, el cincuenta por ciento restante será liquidado en el otro cargo.

El personal que presta servicios en horarios inferiores a dieciocho horas semanales percibirá el 50% de las asignaciones familiares. Dicho personal podrá percibir el restante 50% en otro empleo simultáneo hasta totalizar un máximo de 100% cuando el total de horas semanales de labor de todos los empleos no sea inferior a dieciocho.

Las asignaciones por cónyuge, hijo, familia numerosa, pre-escolaridad, escolaridad primaria, media y superior, padres y hermanos a cargo, se liquidarán sin deducciones, cuando el empleado haya prestado servicios el 50% de los días laborales del mes respectivo; no computándose como inasistencia a tales efectos, las licencias y justificaciones con goce de haberes y licencias por maternidad, matrimonio o enfermedad, aún sin goce de haberes previstas en el régimen respectivo. En caso de registrarse una prestación de servicios inferior al 50% citado, corresponderá liquidarse el 50% de las aludidas asignaciones. En caso de goce de licencia con medio sueldo, las asignaciones familiares se liquidarán sin deducción alguna.

Las asignaciones por matrimonio, prenatal, nacimiento de hijo, adopción, ayuda pre-escolar y escolar primaria, anual complementaria de vacaciones y sepelio, no serán afectadas por reducción alguna.

4. dicionales voluntarios

La LCT permite a los empleadores establecer adicionales voluntarios a sus trabajadores como una forma de estimular una mejor prestación del servicio.

En una época significó para los docentes privados una fuente de ingresos importante, por la vía de los denominados "plus salariales" a los fines de garantizar su presencia en las aulas, en los tiempos en que la educación oficial no garantizaba un mínimo de días de clase. Esta ventaja comparativa fue uno de los factores del crecimiento del número de establecimientos educativos privados en nuestra provincia.

El adicional voluntario por asistencia es un premio que establece unilateralmente el empleador a los fines de lograr una mayor eficiencia en sus prestaciones.

El costo que implica una inasistencia en el proceso económico del empleador, sea este productivo o de servicios, hace necesaria su reducción hasta límites tolerables y previsibles.

Sí puede fijarse un *"adicional voluntario por asistencia"*, con una reglamentación clara que facilite su ejecutividad y el cumplimiento de su objetivo, esto es, premiar a aquellos que han concurrido a trabajar aún los días de medidas de fuerza.

Hay que tener en cuenta que este tipo de adicionales crea problemas desde el punto de vista del trabajador y el de los aportes que deben efectuarse.

Frente al trabajador debe tenerse en cuenta que la remuneración normal y habitual no puede ser disminuida porque se encuentra protegida por el principio general de la intangibilidad del salario.

Se han planteado casos de disminución o extinción del adicional con el fundamento de que respondían a una etapa económica del establecimiento que permitía su pago.

Generalmente no ha habido problemas en dichos cambios, ya que son comprensibles y no atacan la remuneración vigente para los docentes. Siempre debe hacerse por acuerdo con los docentes, ya que en caso de no hacerse, se puede constituir en una injuria de entidad suficiente que posibilite al trabajador considerarse despedido con justa causa de indemnización.

En cuanto a los aportes, toda retribución de carácter remunerativo es pasible de los aportes jubilatorios, de Obra Social y sindicales, pero los mismos no son materia de discusión con los trabajadores, debido a que la titularidad es de las respectivas cajas y el sindicato.

5. utela remunerativa

5.1. Medios de pago

Se puede abonar el efectivo, cheque o acreditación en caja de ahorro o cuenta corriente.

La ley 26.590 estableció una reforma parcial de la LCT en lo relacionado con el pago del salario, en estos términos: *"Artículo 124: Las remuneraciones en dinero debidas al trabajador deberán pagarse, bajo pena de nulidad, en efectivo, cheque a la orden del trabajador para ser cobrado personalmente por éste o quien él indique o mediante la acreditación en cuenta abierta a su nombre en entidad bancaria o en institución de ahorro oficial. Dicha cuenta especial tendrá el nombre de cuenta sueldo y bajo ningún concepto podrá tener límites de extracciones, ni costo alguno para el trabajador, en cuanto a su constitución, mantenimiento o extracción de fondos en todo el sistema bancario, cualquiera fuera la modalidad extractiva empleada. La autoridad de aplicación podrá disponer que en determinadas actividades, empresas, explotaciones o establecimientos o en determinadas zonas o épocas, el pago de las remuneraciones en dinero debidas al trabajador se haga exclusivamente mediante alguna o algunas de las formas previstas y con el control y supervisión de funcionarios o agentes dependientes de dicha autoridad. El pago que se formalizare sin dicha supervisión podrá ser declarado nulo. En todos los casos el trabajador podrá exigir que su remuneración le sea abonada en efectivo".*

De esta manera queda resuelta la cuestión planteada desde el año 1997 cuando se estableció el pago obligatorio de los salarios para empresas de más de 100 trabajadores, obligatoriedad que luego fue extendida a la totalidad de las empresas con sus lógicos inconvenientes de costos para las instituciones y de obtención del salario por parte de los empleados, ya que las entidades bancarias establecían la gratuidad del servicio solo hasta cierta cantidad de retiros mensuales.

En consecuencia, si una institución quiere abonar los sueldos en dinero efectivo o con cheque, el pago es perfectamente válido.

5.2. Período de pago

El art. 126 LCT establece que al personal mensualizado se le debe abonar los salarios al vencimiento de cada mes calendario. Se establece un plazo de 4 días hábiles desde el vencimiento de cada mes calendario para hacer efectivo el pago. El pago debe hacerse en días hábiles y en lugar y horas de trabajo. La mora en el pago se produce con el solo vencimiento del plazo legal.

El incumplimiento en el pago del salario se constituye en una elemental injuria laboral, que habilita al reclamo por parte del trabajador quien, si no obtiene respuesta al mismo, podrá considerarse despedido con justa causa por tal motivo y con ello obtener el derecho a la indemnización por despido establecida por el art. 245 de la LCT.

5.3. Adelantos y retenciones

El empleador puede hacer adelantos de hasta un 50% de la remuneración por mes calendario, y para un adelanto mayor debe haber autorización de la autoridad de aplicación.

En cuanto a las retenciones, las mismas no pueden superar el 20% del monto total de la remuneración en dinero que tenga que percibir el trabajador, con su expreso consentimiento.

Pueden ser por motivo de adelanto de remuneraciones, retención de aportes y obligaciones fiscales a cargo del trabajador, cuotas con destino a entidades mutuales, sindicales o cooperativas, depósitos en cajas de ahorro del Estado, pago de cuotas por préstamos derivados del ahorro o pago de cuotas de primas de seguro de vida colectivo.

Como retenciones legales se efectúan el 14,5 % por la Caja de Jubilaciones y Pensiones y un 4,5% por Obra Social OSDOP u OSTEP.

5.4. Recibos de pago

Deben ser suscriptos por el representante legal del establecimiento, y confeccionados en doble ejemplar, con el contenido del art. 140 de la LCT

- Nombre íntegro o razón social del empleador y su domicilio.
- Nombre y apellido del trabajador y su calificación profesional.
- Todo tipo de remuneración que perciba, con indicación sustancial de su determinación.
- Total bruto de la remuneración básica o fija y porcentual devengado y tiempo que corresponda.
- Importe de las deducciones que se efectúan por aportes jubilatorios y otras autorizadas por la ley, embargos y demás descuentos.
- Importe neto percibido, expresado en letras y números.
- Constancia de la recepción del duplicado por el trabajador.
- Lugar y fecha que deberán corresponder al pago real y efectivo de la remuneración al trabajador.
- Fecha de ingreso y tarea cumplida o categoría en que efectivamente se desempeñó durante el período de pago.

5.5. Embargos

Las remuneraciones del trabajador son inembargables hasta el importe del salario mínimo vital y móvil.

Las remuneraciones superiores a ese monto, son embargables en esta proporción:

- Remuneraciones superiores hasta el doble del salario mínimo vital: hasta el 10% del importe que exceda el salario vital.
- Remuneraciones superiores al doble del salario vital: hasta el 20% del importe que exceda el salario vital.

Estos límites no se aplican para los casos de cuotas de alimentos y de litis expensas, en los cuales el arbitrio judicial permite ampliar el límite del embargo por considerar que ambas cuestiones tienen mayor entidad que el pago del salario al obligado.

. Certificación de servicios

Es una obligación contractual establecida por el art. 80 LCT, que exige a los empleadores, a la fecha del distracto, o en cualquier momento que se lo solicite el empleado, la extensión de una constancia que contenga las siguientes precisiones:

- Tiempo de prestación de servicio, consignándose fecha de alta y fecha de baja en el establecimiento.
- Naturaleza de los servicios, donde se consignará claramente el cargo y tipo de trabajo realizado.
- Constancia de los sueldos percibidos: No hay determinación expresa de la ley en cuanto a la cantidad de sueldos percibidos, por lo que es recomendable que se consignen los últimos dos o tres sueldos percibidos, rubro por rubro (remunerativos o no) y sus descuentos.
- Constancia de aportes y contribuciones: Se consignará que todos los aportes personales y contribuciones patronales se encuentran al día y que las constancias de pago se encuentran a disposición del docente en el establecimiento.

Hay otro tipo de certificados de trabajo, que son aquellos que solicitan los docentes para presentar en otro establecimiento, para trámites administrativos o para cursar estudios.

En este caso es conveniente tener en cuenta los datos del punto anterior, a fin de evitar problemas posteriores por errores en la situación de revista del docente.

Tanto la certificación del punto anterior, como las antedichas, se efectuarán en papel con membrete del establecimiento, consignando los datos personales del solicitante, documento de identidad, los datos solicitados, consignando fecha de expedición y organismo ante el que se presentará.

El representante legal es el encargado de firmar esta documentación, conjuntamente con el Director del establecimiento, y la reglamentación exige que sus firmas sean legalizadas por parte del Servicio Provincial de Enseñanza Privada, aunque mi opinión es que dicha certificación nada agrega a la veracidad del documento.

. escuentos por inasistencias

El pago del salario es la obligación fundamental para el empleador, y como contrapartida, la asistencia al trabajo, es decir, la puesta a disposición de su fuerza de trabajo, es la obligación fundamental del empleado.

De allí la importancia que tiene la presencia del trabajador en su puesto de trabajo cumpliendo el horario y las obligaciones inherentes al cargo, ya que la ausencia no permite el ejercicio de las condiciones del contrato de trabajo.

La inasistencia de un trabajador supone un gran problema para su empleador en cualquier actividad, pero aún más en la actividad educativa, ya que en ella existe un tercero interesado que es el alumno al que hay que seguir prestándole el servicio, por lo que una inasistencia genera un reemplazo y la consiguiente erogación adicional de ese personal.

De allí que resulte ajustado a derecho el descuento de los días no trabajados sin justificación, ya que es la consecuencia de una actitud de incumplimiento por parte del trabajador.

Las causas justificantes se encuentran en el decreto 4.597/83 que regula el régimen de licencias docentes.

. i ticos   gastos de gestión

Los denominados "Gastos de representación" son aquellos que determinadas empresas reconocen a su personal directivo con motivo de su trabajo. Pueden ser tomados como los viáticos que contempla el art. 106 de la LCT.

De acuerdo a tal artículo, los viáticos integran la remuneración normal y habitual del trabajador, salvo en la parte efectivamente gastada y acreditada por medio de comprobantes documentados. Esta parte está exenta de aportes jubilatorios y de previsión social, como así también de la retención del impuesto a las ganancias.

Los gastos que pueden ser imputados a este rubro son, por ejemplo, el alquiler de una vivienda en caso de una persona que viene de otra ciudad, los gastos de medicina prepaga, el colegio de los hijos, los impuestos, tasas y contribuciones que se devenguen por su estadía en otra ciudad con motivo del trabajo o por la participación de cursos de capacitación determinados por el establecimiento.

Capítulo XIV

Jornada de Trabajo. Suspensión de ciertos efectos del contrato de trabajo. Régimen disciplinario

1. Jornada de   raba o. Modalidad por cargos u   oras c tedra

1.1. Régimen general de la ley 11.544
El art. 196 LCT establece *"La extensión de la jornada de trabajo es uniforme para toda la Nación, y se regirá por la ley 11.544, con exclusión de toda disposición en contrario, salvo en los aspectos que en el presente título se modifiquen o aclaren"*

La jornada de trabajo, junto con la remuneración, son dos de los elementos esenciales del contrato de trabajo, que sólo pueden alterarse en beneficio del trabajador y por ello es facultad del legislador nacional establecer su duración.

La jornada horaria general establecida por la LCT, remite a la ley 11.544, es decir, 8 horas diarias o 48 horas semanales, de lunes a viernes y medio día sábado.

Esta ley excluye a los trabajadores agrarios, servicio doméstico y miembros de la familia del empleador, jefe, dueño, empresario, gerente, director o habilitado por el principal, como así también a un universo de trabajadores exceptuados por la naturaleza de sus funciones (empleos de dirección o vigilancia, trabajo por equipos, trabajos de urgencia, etc.)

La limitación de la jornada laboral se relaciona con las condiciones dignas y equitativas de trabajo que dispone el art. 14 bis de la CN y ningún trabajador puede estar excluido de la misma.

Uno de los casos claramente excluidos de la ley 11.544 es el de los docentes de establecimientos educativos de gestión privada por el principio de equiparación, que les garantiza los mismos derechos y obligaciones que los docentes oficiales en todo cuanto sea compatible con la relación de empleo privada.

La especialidad del estatuto docente prevalece sobre la generalidad de la ley 11.544, lo que ha sido ratificado por la transferencia de los servicios educativos a las provincias y lo dispuesto por los arts. 64 y 67 de la LEN.

Dado que los dos pilares de las relaciones laborales entre docentes y establecimientos educativos de gestión privada, como lo son la remuneración y la jornada de trabajo, hoy se regulan con normas provinciales por la transferencia de los servicios educativos, ello permite concluir que las normas generales de la LCT y su consecuente regulación de la jornada de trabajo cede ante la existencia de normas específicas sobre el tema.

1.2. Régimen vigente para los docentes

En cuanto a la prestación del servicio, los docentes pueden trabajar en cargos o por horas cátedra, ambos definidos por el reglamento orgánico del nivel. En el nivel primario se trabaja en general por cargos y en el nivel secundario y terciario hay cargos y horas cátedra.

Según el decreto provincial 4720/61 que estableció el Reglamento General de Escuelas Primarias, el horario de clases de Jardines de Infantes es de 210 minutos y el del nivel primario es de 255 minutos diarios.

El Director de escuelas de un solo turno debe cumplir el turno completo, pero en las de dos turnos, debe cumplir 6 horas reloj diarias. Si cuenta con Vicedirector, éste se hace cargo de otro turno, aunque el Director debe estar presente al menos en 2 horas reloj en dicho turno.

En el nivel secundario, de acuerdo al decreto 817/81, el horario de trabajo diario del personal docente y administrativo que revista por el régimen de cargos, establece lo siguiente:

- Deben cumplir 6 horas reloj, es decir, un turno completo: Director, Vicedirector, Secretario, Prosecretario y Bibliotecario.

Los Preceptores deben cumplir el horario que corresponde a la duración de un turno completo de seis horas reloj, según lo requiera la actividad escolar y de modo que se alternen entre sí, al frente del establecimiento, en los turnos vigentes, durante la totalidad o parte de éstos.

Para las Escuelas de Educación Técnica, modalidad Agrotécnica, será de ocho horas diarias en dos períodos discontinuos.

- Deben cumplir cuatro horas reloj diarias: Jefe de Enseñanza Práctica.

- Deben cumplir veinticinco horas cátedra semanales. Maestro de Enseñanza Práctica, Jefe de Sección, Maestro de Enseñanza Práctica, Jefe de Laboratorio, Jefe de Trabajos Prácticos y Ayudantes Técnicos de Trabajos Prácticos

Si quienes desempeñan algunos de los cargos docentes administrativos enunciados acumulan horas de cátedra, éstas no podrán ser dictadas en el horario establecido para el ejercicio específico de dichos cargos.

- En todos los casos, el personal debe encontrarse en turno que actúe como mínimo con quince minutos de anticipación y hasta por igual lapso después de terminado.

En los establecimientos que funcionen en un solo turno, las horas de cátedra que acumule el director y el vicedirector exclusivamente podrán ser dictadas en el mismo turno.

En este caso dicho personal completará el horario que corresponde a la función directiva fuera del horario de clase.

El director y vicedirector sólo podrán acumular cargos u horas de cátedras, en otro establecimiento o repartición, en turno distinto al que cumple su función directiva.

2. Cambio de orario ius variandi

2.1. Concepto

El Ius variandi es la facultad que tiene el empleador de alterar unilateralmente condiciones esenciales del contrato individual de trabajo, tales como cambio de lugar de trabajo, alteración de horarios o de jornada laboral, cambio de labores o prestaciones laborales que impliquen un cambio en la categoría de trabajo, alteración de la remuneración pactada o de convenio.

Esta facultad deriva del derecho del empleador de organizar y dirigir el trabajo de sus trabajadores. El límite a la aplicación del ius variandi es el llamado *"principio de indemnidad"* del trabajador, constituido por:

- razonabilidad, que no sea arbitraria;
- funcionalidad, que obedezca a un motivo atendible;
- indemnidad del trabajador, que no le provoque menoscabo patrimonial o moral, o que le ocasione un perjuicio material que le sea adecuadamente compensado.

La razonabilidad de la medida es lo que debe evaluarse en primer lugar. Como un ejemplo, sería razonable un cambio de horario de ingreso, por ejemplo, de 07.00 horas a 06.30 o 08.00 horas, ya que es un cambio mínimo que no altera significativamente las condiciones de prestación del servicio.

Pero sería irrazonable un cambio de turno, de la tarde a la mañana, por ejemplo, porque esto sí causaría un perjuicio al trabajador que puede tener su vida privada organizada de manera de poder trabajar en el otro horario.

Los cambios de horario los efectúa el empleador, pero con el consentimiento expreso y por escrito del trabajador.

2.2. Acciones que puede ejercer el trabajador
2.2.1. Despido indirecto

Previa intimación fehaciente basándose en razones objetivas y fundadas, solicitando el restablecimiento de la situación anterior o directamente considerarse despedido sin causa. En muchos casos volver a condiciones originarias puede ser de imposible cumplimiento (por ej. cierre de cursos o secciones por inexistencia de matrícula). Ante la negativa o imposibilidad del empleador el art. 66 de la LCT reconoce al trabajador el derecho a considerarse despedido sin causa con derecho a indemnización.

2.2.2. Acción cautelar o de reposición

El trabajador tiene la posibilidad de solicitar judicialmente el restablecimiento de las condiciones de trabajo anteriores si considera que el ius variandi aplicado por el establecimiento es violatoria de sus derechos. Si la medida es aceptada, el empleador tiene obligación de restablecerlo en las mismas condiciones de trabajo que tenía (horario, salario, lugar de trabajo, etc), caso contrario se le aplicarán astreintes (sanciones conminatorias y económicas) ante la falta de cumplimiento de esa obligación de hacer.

Esta demanda puede rechazarse si el Juez considera que la medida dispuesta por el empleador ha sido legítima o porque debido a las particularidades de la modificación, el restablecimiento de las condiciones de trabajo resulta materialmente imposible (traslado del establecimiento, cierre de secciones, etc.).

3. uspensión de ciertos efectos del contrato de traba o. gimen disciplinario

3.1. Principio general de permanencia

Las relaciones laborales tienden a la permanencia, tal como lo determinan los arts. 10, 90 y 242 LCT, pero en determinadas oportunidades se dan situaciones económicas, personales o laborales que obligan a la suspensión temporaria del deber de prestar servicios que pesa sobre el trabajador, y del correlativo deber de dar ocupación que tiene el empleador, generalmente dispuesta unilateralmente por el empleador, pudiendo o no quedar en suspenso también el deber de este de pagar la remuneración.

En realidad no se suspende el contrato de trabajo, sino solo la exigibilidad de ciertas obligaciones propias del contrato de trabajo. Fundamentalmente, la obligación que queda en suspenso es la obligación de trabajar que tiene el dependiente y la correlativa obligación de dar ocupación que tiene el empleador. De acuerdo con la suspensión de que se trate, puede quedar también en suspenso, o no, la obligación de pagar la retribución que tiene el empleador. De este modo, la suspensión opera como causa de justificación del no cumplimiento de esos deberes típicos del contrato de trabajo. En cambio, las restantes obligaciones subsisten: por ejemplo los deberes de conducta: el deber de obrar de buena fe, la obligación de no incurrir en competencia desleal, etc.

Esta suspensión es la consecuencia de una decisión del empleador, en casi todos los casos se trata de una decisión unilateral que el sujeto empleador impone al trabajador.

Toda suspensión es transitoria, porque puede durar sólo un determinado período de tiempo.

Las suspensiones se aplican con el propósito de salvar el contrato por vía de la espera. En general, se admite la suspensión para esperar un cambio en la conducta del trabajador (suspensiones disciplinarias) o en el mercado en el que actúa la institución (suspensiones por causas económicas por falta de matrícula por ejemplo) o en cualquier circunstancia que suponga una amenaza superable a la continuidad del vínculo laboral.

3.2. Requisitos de validez

Los requisitos de validez de cualquier suspensión están enumerados en el art. 218 LCT: *"Toda suspensión dispuesta por el empleador, para ser considerada válida, deberá fundarse en justa causa, tener plazo fijo y ser notificada por escrito al trabajador"*.

3.2.1. Justa causa

Toda suspensión debe fundarse en justa causa para que sea válida. Deben existir razones fundadas, serias, importantes para que el empleador pueda unilateralmente disponer la suspensión de su propia obligación de pagar la remuneración.

El art. 219 LCT contiene una enumeración meramente enunciativa y no taxativa, que hace referencia a tres tipos de justa causa que pueden legitimar una suspensión:
- Falta o disminución de trabajo no imputable al empleador.
- Razones disciplinarias.
- Fuerza mayor debidamente comprobada.

3.2.2. Plazo fijo

Toda suspensión debe tener un plazo cierto y determinado. La duración se computa desde que la notificación de la suspensión llega a conocimiento del trabajador y por días corridos, incluyéndose los días inhábiles (arts. 28 y 29 LCT). Cada suspensión en particular, y todas ellas consideradas en conjunto, no pueden exceder en el lapso de un año, los plazos máximos fijados por la LCT.

Los plazos máximos para cada clase de suspensión son los siguientes:
Suspensiones disciplinarias: no más de 30 días en un año.
Suspensiones por falta o disminución de trabajo: 30 días en un año.
Suspensiones por fuerza mayor: 75 días en un año.

3.2.3. Notificación por escrito

El empleador debe comunicar por escrito al trabajador la suspensión, expresando en forma clara la justa causa en que se funda y la duración de la medida. Es de práctica la utilización de un medio fehaciente de comunicación, tales como: el telegrama colacionado, una carta documento o una nota dirigida al trabajador y firmada por este en constancia de su recepción.

La exigencia de la forma escrita tiene el propósito de permitir al trabajador afectado por una suspensión conocer con un mínimo de precisión cuál es el motivo invocado por el empleador para disponer la suspensión, para luego, eventualmente, poder impugnarlo e, incluso, ejercer su derecho de defensa, en los casos de suspensiones disciplinarias.

Por otra parte, en caso de conflicto, la expresión escrita de las razones que motivaron la suspensión, permitirá al juez valorar si el motivo alegado por el empleador constituye justa causa, su razonabilidad y, en suma, su juridicidad.

3.2.4. Incumplimiento de los requisitos de validez

Si el empleador, al disponer la suspensión, no cumplió con los requisitos de validez exigidos por el art. 218 LCT, el trabajador podrá impugnar la medida y, en la medida en que lo haga "*tendrá derecho a percibir la remuneración por todo el tiempo que estuviere suspendido*" (art. 223 LCT).

El trabajador tiene la carga de impugnar la decisión patronal para poder tener derecho a percibir los salarios de suspensión.

Si el incumplimiento patronal es suficientemente grave, podría configurar la injuria a la que hace referencia el art. 242 LCT, facultando al trabajador a denunciar la relación laboral, es decir, a colocarse en situación de despido indirecto.

3.2.5. Plazo para impugnar una suspensión

En el caso de las suspensiones disciplinarias, el art. 67 de la LCT dice que el plazo de impugnación es de 30 días corridos, contados a partir del momento en que el trabajador recibe la notificación escrita que le comunica la sanción. Este es un plazo de caducidad, lo cual significa que, vencido el plazo de 30 días, la sanción deberá considerarse consentida y el trabajador perderá el derecho a reclamar los salarios de suspensión.

En el caso de las suspensiones económicas (falta o disminución de trabajo o fuerza mayor), la LCT no fija un plazo determinado para impugnar. No obstante ello, la impugnación debería efectuarse en un tiempo razonable desde que se dispuso la suspensión, que podría ser, por analogía, los 30 días dispuestos para las suspensiones disciplinarias.

4. Clasificación de las suspensiones

*4.1. Suspensiones por causas disciplinarias
en la Ley de Contrato de Trabajo*

El empleador, como propietario del establecimiento donde los trabajadores prestan tareas, tiene determinadas facultades disciplinarias que le reconoce la LCT vigente en todo el país.

Estas facultades se encuentran relacionadas con la dirección del establecimiento, la posibilidad de realizar controles, y el poder reglamentario.

El poder reglamentario consiste en la determinación de las "reglas" que van a regir el comportamiento dentro de cada establecimiento, normas internas que en la mayoría de los casos quedan plasmadas en el Reglamento Interno de cada institución.

Entre estas facultades figura una que reviste particular importancia, y es el poder disciplinario del empleador

La función del poder disciplinario del empleador es corregir la conducta de aquellos trabajadores que cometan faltas o incumplimientos a las obligaciones que le imponen la ley, el Convenio Colectivo que los rige, el reglamento interno de la institución y su propio contrato de trabajo mediante la posibilidad de aplicar sanciones al trabajador por estos incumplimientos.

El ejercicio de esta facultad por parte del empleador tiene sus particularidades y su límite principal es la proporcionalidad entre la falta que el trabajador comete y la sanción que se le aplica.

Esto se traduce como una relación directa entre ambos elementos de modo tal que una sanción severa por una falta leve sería una medida desproporcionada y por lo tanto inválida.

Mediante los límites de la ley se excluye la posibilidad de que el empleador aplique sanciones arbitrarias en relación al incumplimiento del trabajador, que signifiquen un ataque a su dignidad.

4.2. Tipos de sanciones

Las sanciones legales aplicables según nuestro régimen son:

- El *apercibimiento*: es la sanción más leve. Se debe efectuar por escrito ya que constará como antecedente en el legajo del trabajador. En la práctica esta sanción se suele plasmar en una nota que se le hace firmar al trabajador para que tome conocimiento. En caso de que el trabajador se niegue a firmarla, se le debe notificar por telegrama o carta documento.

- *Las suspensiones:* la suspensión como sanción tiene un límite temporal establecido por el art. 220 LCT, que son 30 días al año, computados desde la fecha de la primer sanción que fue impuesta. Estas sanciones deben ser notificadas por escrito al trabajador o mediante telegrama o carta documento y también constarán como antecedentes en su legajo.

- *El despido con justa causa:* se puede aplicar sólo ante una falta de tal gravedad que signifique un quiebre irreparable en la relación de confianza que hay entre trabajador y empleador, o bien si se supera el número anual de suspensiones.

Los comúnmente denominados "llamados de atención" o la simple advertencia verbal no constituyen una sanción disciplinaria propiamente dicha.

Es muy importante recalcar que la ley prohíbe expresamente sanciones que consistan en aplicar modificaciones al contrato de trabajo, ni imponer "multas" al trabajador, ni retener monto alguno de la remuneración.

Las sanciones deben ser necesariamente comunicadas por escrito mediante la entrega de una copia al trabajador, para permitirle su descargo, impugnación y eventualmente una acción judicial en defensa de sus derechos ante una sanción arbitraria o desproporcionada.

4.3. Cuestionamiento de la sanción

El art. 67 LCT reconoce que el trabajador cuenta con 30 días para cuestionar una sanción. A partir de que la misma le es notificada (ya sea mediante copia entregada en mano por su empleador o mediante la recepción de un telegrama o carta documento) comienza a correr el plazo referido para que el trabajador impugne, también por escrito, la medida y reclame el pago de los haberes que hubiera perdido, en su caso. Todas las sanciones pueden ser impugnadas ya sea por su procedencia (es decir por la causa que las motiva) como por su extensión, pero si el trabajador deja pasar el plazo de 30 días y no realiza impugnación alguna a la sanción la misma queda consentida y se pierde el derecho a todo reclamo posterior.

4.4. Requisitos formales

A la hora de evaluar si una sanción reúne todos los requisitos formales que debe tener se debe tener en cuenta determinados elementos. Ante la falta de alguno de ellos, la sanción es inválida, por lo tanto probablemente quede sin efecto al ser impugnada. Estos requisitos, además de la proporcionalidad que ya fue mencionada, son:

- No duplicación de sanciones: no se puede sancionar a un trabajador dos veces por una misma falta.

- La sanción debe ser contemporánea a la falta cometida, es decir debe ser impuesta en tiempo oportuno.

- Las sanciones deben ser comunicadas por escrito en todos los casos mediante la entrega de copia al trabajador, o en su defecto mediante telegrama o carta documento.

- Sólo se pueden aplicar las sanciones enumeradas en la ley, no se pueden aplicar sanciones que no estén expresamente previstas en ella.

- En la sanción se debe expresar en forma clara cuál es la causa que la motiva, lo que implica que la causa de la sanción sea justa y que se determinen los hechos que la motivaron y la fecha en que ocurrieron.

- En los Convenios Colectivos de Trabajo en los que se ha previsto un procedimiento especial para el caso de sanciones, el empleador debe respetarlo tal como está previsto al igual que el trabajador.

Este sería el caso de los docentes de gestión privada en la provincia, a los que se le reconoce el derecho a un sumario previo al despido con justa causa.

5. gimen disciplinario de los docentes provinciales

5.1. Principios generales

Existe en la provincia de Santa Fe un régimen disciplinario especial para los docentes oficiales establecido por la Ley 10290, que es de aplicación a los docentes de gestión privada en los límites propios de la relación laboral.

El objeto del procedimiento disciplinario es la producción de una decisión del establecimiento, a través de un acto emitido en el ejercicio de la potestad disciplinaria, cuyo objeto será sancionar al docente que incumple con sus obligaciones, y su finalidad, el debido desenvolvimiento de la función docente.

Todo procedimiento disciplinario se desarrolla en no menos de tres etapas con mayor o menor complejidad según la gravedad de los hechos de que se trate y la mayor o menor dificultad probatoria. El origen de la actuación disciplinaria es la producción de un hecho que contradice una norma y cuyo conocimiento le da inicio.

A ese conocimiento se puede llegar por una denuncia o por la propia percepción del responsable. La verificación del hecho y sus circunstancias de autor, tiempo, modo, lugar y otros datos constituyen la etapa investigativa.

Finalmente, la conclusión o juicio sobre los elementos acumulados, su confronte con las normas y la valoración del conjunto se traduce en la decisión final sobre la cuestión.

5.2. Características principales

Las principales características de la ley 10290 son las siguientes:

5.2.1. Estabilidad

El docente titular tiene derecho a la estabilidad en su cargo, categoría, jerarquía y ubicación.

Esta condición, obviamente, no es de aplicación a docentes de gestión privada por la existencia de un contrato de empleo privado.

5.2.2. Causas de las sanciones

- Incumplimiento de las obligaciones previstas en las reglamentaciones respectivas.

- Abandono de servicios.

- Falta de idoneidad para el cargo.

- Condena judicial por delito doloso.

- Sentencia condenatoria dictada en perjuicio del agente como cómplice o encubridor de algún delito de carácter doloso.

- Incumplimiento de obligaciones como miembro de la Junta de Disciplina.

5.2.3. Clases de sanciones

Si son docentes titulares se les aplicará apercibimiento, suspensión de hasta 90 días, cesantía, o exoneración.

Si son docentes suplentes, se les podrá aplicar apercibimiento, suspensión de hasta 30 días, cesantía y eliminación de la lista de los suplentes e inhabilitación para ingreso a la docencia por cinco (5) años, o exoneración.

Las suspensiones implican la no prestación del servicio y la no percepción de haberes.

La cesantía inhabilita al sancionado por cinco (5) años, mientras que la exoneración lo hace de manera definitiva.

5.2.4. Aplicación de las sanciones
- No se puede sancionar más de una vez por la misma falta.
- La sanción de apercibimiento se aplica sin sumario previo, y lo hace el superior jerárquico del docente, es decir, el Director/Rector, mientras que las demás deben aplicarse por sumario con intervención de la Junta de Disciplina, salvo abandono de servicio.
- El abandono del servicio se configura por inasistencia durante tres (3) días hábiles consecutivos sin justificación, y corresponde la cesantía del docente si luego de intimado por 72 horas el mismo no concurre ni justifica su inasistencia. (Ver también "Abandono de trabajo".)

5.2.5. Sumario disciplinario
El decreto 7249/50 establece el trámite de los sumarios disciplinarios al personal escolar oficial y es de aplicación al personal de establecimientos educativos de gestión privada por derivación expresa efectuada por el art. 12.1 del decreto 4.753/74 que dice *"Hasta que se disponga del reglamento de sumarios, será de aplicación para el personal escolar de los establecimientos educativos dependientes del Servicio Provincial de Enseñanza Privada, en lo que sea compatible, lo normado por el Decreto 7249/50."*

Resulta importante conocer entonces la tramitación de los sumarios que deben ser iniciados por los establecimientos educativos de gestión privada como requisito previo a tomar una decisión de despido con justa causa en los términos del art. 31 de la ley 6.427, de lo que damos nuestra opinión en este texto.

5.2.5.1. rgano competente
El Tribunal de Disciplina docente es el órgano encargado de tramitar los sumarios a los docentes de gestión pública, pero el trámite del sumario de los docentes privados lo hace, a solicitud de la entidad patronal, la Dirección General de Asuntos Jurídicos del Ministerio de Educación.

5.2.5.2. Iniciación del trámite
El trámite será iniciado por denuncia de la entidad patronal con expresión de los fundamentos de la misma y el acompañamiento de la documental fundante si existiere. Las denuncias anónimas serán rechazadas in limine cualquiera sea el motivo de la misma.

5.2.5.3. Sustanciación del sumario

El imputado será notificado de la designación del sumariante, y podrá recusarlo sólo con justa causa fundada en el término de 3 días de notificada la misma.

El sumariante podrá decidir todas las medidas de prueba tendientes a probar el hecho denunciado, podrá citar al denunciante a ampliar la denuncia o acompañar elementos de prueba complementarios e incluso podrá carear a las partes como acto preliminar del sumario dejando constancia de ello en el mismo.

Luego de ello se procederá a indagar al inculpado en audiencia fijada al efecto, en la cual éste podrá efectuar su descargo y ofrecer toda la prueba que estime pertinente.

Entre las medidas de prueba que se pueden ofrecer y producir se encuentran las testimoniales de personal docente, no docente e incluso alumnos, con la salvedad de que estos últimos deberán ser asistidos por sus padres, tutores o encargados. En caso de contradicción sobre hechos puntuales, se podrá citar a careo de testigos. También se podrá solicitar pericial caligráfica si el imputado desconociera documentos relacionados con el hecho que se le atribuyan.

5.2.5.4. Plazos

El sumario deberá ser sustanciado en un plazo que no exceda los treinta días hábiles, y serán prorrogados si el sumariante no lograre concluir en dicho plazo con su función.

5.2.5.5. Traslado de actuaciones

Con todas las actuaciones concluidas, se le correrá traslado al imputado por un plazo de 5 días hábiles a fin de que formule su defensa de los hechos que se le atribuyen, dejándose aclarado que las partes (imputado, denunciante, testigos) no podrán contar con la presencia de defensores o asesores legales en las respectivas audiencias, ni tampoco presentar escritos firmados por letrados dada la naturaleza privada y administrativa del proceso, sin perjuicio de que privadamente cuenten con el debido asesoramiento legal.

Vencido el trámite, el instructor formulará sus conclusiones y aconsejará la resolución que estimare conveniente al Tribunal de Disciplina, que será el que aplique la correspondiente sanción, contra la cual, como con todo acto administrativo, se podrá formular los recursos contemplados por el decreto 10.204/58.

La instrucción del sumario no limitará los derechos escalafonarios del docente ni su participación en los concursos. Los ascensos que pudieran corresponderle no se harán efectivos hasta la resolución definitiva.

El docente no podrá estar afectado por la instrucción de un sumario por un plazo mayor a ciento ochenta (180) días hábiles.

Dentro del año de dictada la resolución final y por una sola vez, podrá el docente sancionado solicitar la revisión del sumario siempre que se aporten hechos nuevos que posibiliten la modificación de la sanción impuesta.

5.2.6. Recursos

Las sanciones podrán ser objeto de recursos de revocatoria ante quien dictó la medida, de apelación ante el superior y jerárquico ante el Ministro de Educación o el Gobernador para el caso de que se haya vencido el plazo de contestación del Recurso de Apelación.

5.2.7. Aplicabilidad a docentes de gestión privada. Tribunal Disciplinario

El Tribunal Disciplinario para los docentes privados está establecido en el decreto 2.880/69 y se conforma con un representante del Ministerio de Educación, quien lo preside, uno del magisterio y uno de la parte patronal. Sus normas de funcionamiento y de procedimiento son las mismas que las del régimen oficial.

Las únicas causas de remoción del personal docente privado sin derecho a indemnización o preaviso son inconducta o mal desempeño de sus deberes, comprobadas mediante proceso sumarial.

Las demás sanciones disciplinarias para el personal oficial son de plena aplicación a los docentes privados.

. **uspensiones por causas económicas**

6.1. Tipos de suspensiones previstas por ley

Las causas económicas susceptibles de justificar una suspensión, previstas en la ley son tres, a saber:
- Por falta o disminución de trabajo.
- Por fuerza mayor.
- Concertada.

*6.2. Suspensión por falta o disminución de trabajo
no imputable al empleador*
Implica que existe un motivo o causa, que es ajeno al empleador, por eso la ley lo califica como *"no imputable al empleador"*, que torna más dificultoso, o más costoso para el empleador continuar brindando ocupación y continuar pagando salarios al trabajador.

Es particularmente relevante el requisito de la ajenidad del evento o inimputabilidad es decir, debe tratarse de un evento que no sea susceptible de ser atribuido a culpa, negligencia, descuido o falta de cuidado del empresario, exigencia que se justifica porque no se puede pretender que alguien excuse el cumplimiento de sus propios deberes contractuales con su propia negligencia.

El supuesto de falta o disminución de trabajo es un caso de excesiva onerosidad sobreviniente, como el que contempla, para otros fines, el art. 1198 CC.

En la educación de gestión privada se produce con frecuencia el caso de falta de alumnos lo que produce cierre de secciones o cursos y ello resultaría suficiente justificativo para la aplicabilidad de esta suspensión, aunque en este caso, se debería efectuar una suspensión concertada ya que su duración no podría ser menor a un cuatrimestre o un ciclo lectivo completo que es cuando se puede elevar la inscripción.

6.3. Suspensión por fuerza mayor debidamente comprobada
La fuerza mayor consiste en un hecho imprevisto o que, habiendo sido previsto, resulta inevitable, que produce la imposibilidad de la continuidad del servicio. Ya no se trata, como en el supuesto de "falta o disminución de trabajo" de una mera dificultad, sino de una imposibilidad, es decir, un obstáculo insuperable que impide por completo a la empresa continuar funcionando, lo que podría ser por ejemplo la destrucción del edificio escolar o un brote endémico que afecte a la institución.

6.4. Interpretación restrictiva de la posibilidad de disponer suspensiones por causas económicas
Si bien la LCT admite la suspensión del personal por "falta o disminución de trabajo no imputable al empleador" y también la causal de "fuerza mayor debidamente comprobada" los jueces han interpretado en forma muy restrictiva esta norma, estimando que deben darse motivos completamente ajenos al empleador que justifiquen la

suspensión, para considerarla válida, ya que se considera, en general, que estas consecuencias caen dentro del riesgo empresario. Si un trabajador efectúa un reclamo judicial y obtiene sentencia favorable, será acreedor de la totalidad de las remuneraciones correspondientes a los días de suspensión, con más los intereses que se devenguen desde la fecha en que dichos salarios deberán hacerse efectivos hasta el momento que en definitiva los perciban.

6.5. Orden de antig edad

Tanto en el caso de suspensión por fuerza mayor como por falta o disminución de trabajo no imputable al empleador, la ley introduce un requisito más, condicionante de la validez de la suspensión patronal: *"deberá comenzarse por el personal menos antiguo de cada especialidad"* pero entre los trabajadores que tengan igual antigüedad *"deberá comenzarse por el que tuviere menos cargas de familia, aunque con ello se alterase el orden de antig edad"* (art. 221 LCT).

6.6. Suspensión concertada

Se trata de una suspensión por causas económicas dispuesta por el empleador pero que es aceptada por el trabajador, lo cual implica un pacto, acuerdo o convenio entre las partes en virtud del cual se establecen las condiciones de la suspensión y, en la generalidad de los casos, se pacta alguna compensación económica a favor del trabajador suspendido. No está expresamente contemplada en la LCT, aunque tangencialmente ha referencia a ella el art. 223 bis de la LCT incorporado por la ley 24.700 que dispone: *"se considerará prestación no remunerativa a las asignaciones en dinero que se entreguen en compensación por suspensiones de la prestación laboral y que se fundaren en las causales de falta o disminución de trabajo no imputable al empleador, o fuerza mayor debidamente comprobada, pactadas individual o colectivamente y homologadas por la autoridad de aplicación, conforme normas legales vigentes, y cuando en virtud de tales causales el trabajador no realice la prestación laboral a su cargo. Sólo tributará las contribuciones establecidas en las leyes 23.660 y 23.661".*

. **uspensión por desempeño de cargos electivos**

Los trabajadores que por razón de ocupar cargos electivos en el orden nacional, provincial o municipal, dejaran de prestar servicios, tendrán derecho a la reserva de su empleo si goce de haberes por parte del empleador, y a su reincorporación hasta treinta (30) días después de concluido el ejercicio de sus funciones.

El período de tiempo durante el cual los trabajadores hubieran desempeñado las funciones precedentemente aludidas será considerado período de trabajo a los efectos del cómputo de su antigüedad.

Si el trabajador no fuere reincorporado dentro de los 30 días de presentarse a asumir su puesto terminada la función electiva, tendrá derecho a reclamar las indemnizaciones correspondientes al despido arbitrario.

Es necesario aclarar que no pueden ser beneficiarios de esta licencia aquellos trabajadores que fueron designados por alguna autoridad (presidente, diputado, senador, etc.) para ocupar un cargo. Sólo reciben licencia paga aquellos que fueron elegidos mediante un proceso electoral, salvo acuerdo con el empleador.

. uspensión por desempeño de cargos gremiales

Los trabajadores que por razón del desempeño de cargos electivos o representativos en asociaciones profesionales con personería gremial o en organismos o comisiones que requieran representación sindical deben dejar de prestar servicios en la empresa tienen derecho a que se les reserve su puesto y se los reincorpore 30 días después de concluidas sus funciones.

El período de tiempo que dura la licencia será considerado período de trabajo a los efectos del cómputo de su antigüedad.

Se trata de una licencia automática, y sin goce de sueldo, ya que el gremio en cuestión le abona una retribución compensatoria por su salario.

El trabajador no puede ser despedido durante el ejercicio de sus funciones y hasta un año más de finalizadas las mismas.

. uspensión cautelar o precautoria

9.1. Concepto

La jurisprudencia ha definido esta suspensión como la facultad que le asiste al empleador de disponer la suspensión del dependiente en los supuestos de investigación interna, cuando se trata de esclarecer la comisión de una supuesta falta laboral o cuando aquél tiene en miras la disolución del vínculo laboral previa sustanciación de un sumario interno (CNTrab., Sala II, 09/08/1988, "Grandoli, Eduardo c/Universidad Argentina de la Empresa", T.yS.S., 1988-997). Esta suspensión no ha sido prevista en la ley laboral, pero resulta admitida por la doctrina y la jurisprudencia.

9.2. Requisitos

- Todos los exigidos para el caso de suspensiones disciplinarias, que ya hemos visto, a saber: tener justa causa, plazo fijo de duración y notificación fehaciente.

- Plazo: en principio, no puede exceder de 30 días en el año aniversario, descontando los días de suspensiones disciplinarias anteriores si las hubiere.

- Que el hecho investigado revista suficiente gravedad como para admitir que el trabajador sea suspendido provisionalmente en sus funciones sin que el empleador incurra en incumplimiento a su deber de dar ocupación.

9.3. Efectos

La decisión del empleador de suspender precautoriamente al trabajador exime a este de prestar servicios y el empleador se libera de su obligación de dar trabajo, siempre y cuando la medida sea válida a la luz de los requisitos señalados.

Durante el lapso de la suspensión precautoria subsisten las obligaciones éticas y de conducta entre las partes, razón por la cual frente a un incumplimiento grave de una de ellas, la otra parte podrá invocar su entidad injuriosa y denunciar el contrato de trabajo con justa causa (arts. 242 y 246 LCT).

Es por ello que el empleador debe extremar las precauciones sobre la forma en que realiza la investigación interna, de modo tal de no afectar moralmente al trabajador, ya que en tal supuesto podría éste considerarse despedido.

En cuanto al deber de pagar la remuneración, tanto la doctrina como la jurisprudencia han considerado tradicionalmente que su pago queda condicionado a las resultas de la investigación. Si el sumario concluye con el despido justificado del trabajador, no se abonarán los salarios de suspensión; por el contrario, si como consecuencia de la investigación no se aplica sanción alguna o si esta es un mero apercibimiento, corresponderá el pago de los salarios caídos por todo el tiempo de duración de la suspensión precautoria aplicada.

1. La disponibilidad en la enseñanza privada

10.1. Concepto de disponibilidad

El art. 16 de la ley 13.047 establece que para el caso de cambio de planes de estudio, supresiones de cursos, divisiones o grados, previa autorización del organismo técnico respectivo y comunicación al Consejo Gremial de Enseñanza Privada, quedan en disponibilidad, sin goce de sueldo, los docentes del establecimiento con menos antigüedad en la asignatura o en el grado. No puede evitarse la situación de disponibilidad de docentes mediante la quita de horas, cambios de asignatura o de turno, sin la conformidad escrita de los afectados.

10.2. Reglamentación vigente

El Consejo Gremial de Enseñanza Privada mediante la Resolución 219/88, estableció las siguientes pautas de aplicabilidad:

10.2.1. Si el establecimiento cambia de planes de estudio, o si cancela una carrera, sección o serie de divisiones de un curso, no existe fundamento para la disponibilidad, y el establecimiento debe preavisar e indemnizar, de acuerdo con los arts. 231, 232, 233 y 245 LCT, al docente al que no pueda ofrecer un cargo en similares condiciones de turno y compatibilidad horaria, dentro del área de incumbencia del título que éste posea.

10.2.2. Si la inactividad es producida por la falta de alumnos, simultáneamente con la notificación o en su caso, pedido de autorización al organismo técnico respectivo, el establecimiento debe comunicar la inactividad, por nota aparte, al Consejo Gremial de Enseñanza Privada.

En la nota referida, deben incluirse los siguientes datos:

- Causa de la inactividad, con número de alumnos matriculados y aclaración sobre la insuficiencia para funcionar pedagógicamente, de acuerdo con lo establecido por la normativa local respecto a establecimientos incorporados.

- Nombre de los docentes que quedan en disponibilidad, con los datos que prueban la notificación fehaciente a los mismos, y los consiguientes a su antigüedad comparativa y condiciones que permitan o impidan el pase a dicha situación.

Dicha nota debe presentarse al momento del cierre de la matriculación del establecimiento.

10.2.3. Si se tratare de un acto imperativo de la autoridad, el establecimiento debe presentar la comunicación al Consejo Gremial en la fecha en que se produzca la inactividad resultante de aquel, mencionando la norma legal respectiva y los datos señalados en el punto anterior.

Corresponde la situación de disponibilidad sólo cuando el cese de actividades se relaciona con la falta de alumnos, que impide un funcionamiento pedagógico normal según el criterio de los organismos de la jurisdicción en la que se encuentra el establecimiento. En cambio, si el cierre de secciones se debe a falta de alumnos para cubrir la cantidad mínima que disponen las normas para que dicho curso sea subvencionado (una cantidad de alumnos mayor a la requerida para que la sección funcione pedagógicamente), es criterio del Consejo Gremial de Enseñanza Privada que no corresponde la disponibilidad.

10.3. Duración

El plazo de la disponibilidad no puede exceder de 1 (un) año calendario escolar. No obstante, todo docente en disponibilidad, después de transcurridos los 90 (noventa) días de suspensión en sus tareas sin oferta de ocupar otras vacantes, tiene derecho a considerarse despedido.

En toda situación de disponibilidad, el docente afectado tiene derecho a percibir la proporción de aguinaldo y de vacaciones no gozadas, correspondientes a los meses de enero y febrero y a los días de marzo que haya trabajado (con anterioridad al inicio de la disponibilidad). Estas remuneraciones deben serle abonadas conjuntamente con el sueldo del mes de marzo.

10.4. Orden de prelación del personal

La disponibilidad comienza sobre el docente de menor antigüedad en la asignatura, grado o curso, haciendo una comparación entre todos los docentes del establecimiento que dicten dichos cursos o asignaturas en el turno respectivo.

Si el docente de menor antigüedad tiene mayores cargas de familia que el que le sigue en antigüedad dentro del mismo semestre, la disponibilidad debe recaer sobre este último.

Si de acuerdo a la comparación de antigüedades, la disponibilidad debiera recaer en una docente que se encuentre en condición de embarazo fehacientemente comunicada a las autoridades del establecimiento, éstas deben dejar en disponibilidad al docente que, ingresado en el mismo semestre, le siga en antigüedad. Si no hubiera otro docente ingresado en el mismo semestre que la docente en situación de embarazo, la disponibilidad recaerá sobre ésta, pero el establecimiento deberá hacerse cargo del pago de las remuneraciones mensuales mientras dure la licencia con goce de sueldo por maternidad.

Si el docente de menor antigüedad (y menor carga de familia, en su caso) se encuentra en uso de licencia por enfermedad, la disponibilidad podrá recaer en él, pero deberá continuar percibiendo su salario mensual hasta que concluya su licencia por dicha causa.

10.5. Orden de prioridad en nombramientos y suplencias

Este sistema se complementa con lo dispuesto por el art. 17 de la Ley 13.047 que dispone: *"Al producirse vacantes o crearse en el establecimiento nuevos cursos, divisiones o grados, los docentes en disponibilidad serán designados de acuerdo con sus títulos habilitantes, con prioridad a cualquier otro hasta recuperar la totalidad de su tarea docentes".*

La Resolución 219/88 establece que durante el tiempo de disponibilidad, el establecimiento deberá ofrecer al docente en esta situación, toda suplencia o vacante que se produzca en el mismo o en otro de la misma entidad propietaria, cuyo dictado sea compatible con su título, horario y turno. Cumplida la suplencia aceptada, el docente recupera su derecho al ofrecimiento de toda nueva vacante que reúna las condiciones indicadas.

Si el empleador no le ofrece al docente las vacantes que se producen, éste tiene el derecho de considerarse despedido y exigir el pago de las indemnizaciones de ley. Por otra parte, si el docente rechazare el ofrecimiento que cumple con los requisitos de compatibilidad con su título, horario y turno de desempeño, perderá el derecho a nuevas opciones, salvo que hayan existido razones fundadas que den validez al rechazo.

El ofrecimiento debe efectuarse por estricto orden de antigüedad del personal en disponibilidad. Si la cantidad de horas cátedra o módulos ofrecidos es menor que la que el docente ejercía, éste conserva el derecho a nuevos ofrecimientos en las restantes.

10.6. Despido del personal en disponibilidad
Vencido el plazo de la situación de disponibilidad (un año calendario escolar) o habiéndose considerado despedido el docente con anterioridad a dicho plazo (por ejemplo, pasados los noventa días sin que se le ofrezcan nuevas horas cátedra o cargos), el empleador deberá abonar la indemnización correspondiente como si fuera un despido sin justa causa. Por ello se le abonarán todos los rubros correspondientes a los arts. 231, 232, 233 LCT.

En cuanto al rubro correspondiente a la indemnización por antigüedad, debe aplicarse la siguiente regla:

a. Cuando la inactividad es producto de un acto imperativo emanado de la autoridad superior competente, el docente afectado tiene derecho a percibir la indemnización establecida en el art. 247 LCT, es decir el 50% de la indemnización establecida para despidos sin justa causa por entender que lo que motivó la inactividad no fue una decisión patronal.

b. Cuando la inactividad se produce por falta de alumnos, el docente afectado tiene derecho a percibir la indemnización prevista por el art. 245 LCT (despido sin justa causa), como así también percibirá lo mismo para el caso de que se tratare de un despido indirecto (art. 246, LCT).

Después de que el docente perciba las indemnizaciones correspondientes, pierde el derecho que establece el art. 17 de la Ley 13.047 (obligatoriedad para el empleador de ofrecerle nuevos cargos u horas cátedra).

11. La disponibilidad en la le .42

Cabe preguntarse sobre la vigencia y aplicabilidad del sistema de disponibilidad docente establecido por la ley 13.047 en nuestra provincia de Santa Fe.

Como ya dijimos con anterioridad, la ley 13.047 al ser una ley nacional tiene vigencia en todo el territorio del país como una ley marco, lo que significa que para se aplicarán sus disposiciones en aquellos casos no contemplados por las leyes de educación privada provinciales.

Mi opinión es que estamos en presencia de uno de esos casos, ya que la ley 6.427 no regula el caso específico de la situación de disponibilidad docente, sino que introduce una curiosa situación relacionada con el cese del personal y no con el mantenimiento de la fuente laboral.

El art. 31 de la ley 6.427 establece que *"En los casos de cambio de planes de estudio o supresión de cursos, grados, divisiones o especialidades, previa comunicación al Servicio Provincial de Enseñanza Privada, quedará cesante el personal del establecimiento que tuviera menor concepto profesional. Este personal será tenido en cuenta, para ser designado en la primera vacante que se produjera en el establecimiento y en la misma actividad en que cesó".*

Y el decreto 2.880/69 reglamenta esta norma estableciendo un orden de prioridad entre los docentes afectados: *"23) En los supuestos contemplados en el art. 30 de la ley, quedará cesante el personal que tuviere menor concepto profesional, obtenido en el año inmediato anterior. Cuando dicho personal tuviere idéntica calificación, cesará el de menor antig edad en el establecimiento, y si aún subsistiere la igualdad, se considerarán las calificaciones de los tres últimos años. El personal cesante en tales casos, será tenido en cuenta para ser designado en la primera vacante que se produzca en el mismo establecimiento en el que cesó, y en la misma actividad, por el término de cinco años."*

Como puede verse, el caso es prácticamente el mismo tratado por la ley 13.047, aunque la solución es distinta, estableciendo la ley 6.427 el cese directo, aparentemente sin indemnización alguna, del personal afectado.

Como se trata de afectación de derechos laborales, estimamos conveniente la aplicabilidad del sistema de disponibilidad de los arts. 16 y 17 de la ley 13.047 y las normas reglamentarias de la Resolución 219/88 CGEP a tales situaciones.

Los organismos administrativos que deberán intervenir serán el Servicio Provincial de Enseñanza Privada en lo relacionado al cierre de los cursos o secciones y el Ministerio de Trabajo y Seguridad Social de la provincia en la suscripción de los correspondientes convenios de disponibilidad, tomando en cuenta que el límite de los mismos será un año lectivo y no cinco años como establece la ley 6.427.

12. Protección especial a la mu er traba adora

12.1. Protección por embarazo. Concepto general

La protección especial consiste en una serie de mecanismos creados por la ley que tiene por objeto amparar a la mujer durante el embarazo y a propósito de haber tenido un hijo, frente al empleador.

Esta protección comprende distintos ámbitos y requisitos.

12.1.1. La notificación del estado de embarazo

La protección de la maternidad se inicia con la notificación del estado de embarazo, el que debe formalizar la mujer embarazada mediante la entrega al empleador del certificado médico en el que conste el hecho precitado y la fecha presunta del futuro parto (art. 177 LCT).

Algún fallo reconoció como innecesario el certificado médico que acredite el embarazo, a los fines de la protección establecida por la LCT, cuando al momento del despido el estado de gravidez era ostensible y detectable por la simple observación visual de la apariencia de la trabajadora.

Otra alternativa es que le requiera el empleador la verificación a través de un facultativo. La jurisprudencia y la doctrina reconocen el derecho del empleador a realizar la constatación a través del médico que designe, por efecto de discrepancias o falta de certeza acerca del estado de embarazo.

12.1.2. La licencia por maternidad

La LCT reconoce a la mujer en la etapa de la maternidad un plazo de licencia de un total de 90 días, dividido en dos etapas de 45 cada uno, los que se concretarán uno en la etapa previa a la fecha presunta del parto, y el otro a continuación del parto.

12.1.3. La asistencia médica y la cobertura de salud

La mujer durante el período de embarazo y maternidad contará con las prestaciones médicas a cargo de la obra social a la que pertenezca, y que se financia con los aportes y contribuciones establecidos legalmente, del 3% de retención a cargo del trabajador y del 5% a cargo del empleador. Por ende, el empleador no tiene ninguna responsabilidad directa en lo que hace a la cobertura de salud de la madre-trabajadora.

Si la asistencia médica se requiere durante el período de licencia pre o posparto, no existe efecto alguno sobre la relación laboral, pues la misma está suspendida por mandato de la LCT.

En cambio, si las complicaciones originadas en el embarazo o la maternidad se producen fuera de esa licencia, se aplica el régimen de enfermedades y accidentes inculpables, con todos los beneficios allí establecidos (arts. 208 LCT).

*12.1.4. La remuneración y los ingresos de la mujer
en el marco del embarazo y la maternidad*
Durante el período de licencia de 90 días pre y posparto la mujer tiene garantizado por la ley una asignación familiar por maternidad, cuyo monto será el equivalente al monto bruto del salario de la trabajadora, suma que será pagada mensualmente hasta completar los 3 meses (art. 177 LCT). Estas sumas, por tratarse de una asignación familiar, son de naturaleza no remuneratoria.

Es por ello que la mujer cobra en estos períodos una suma mayor que cuando trabaja, porque percibe el monto bruto de su ingreso mensual sin que se le practique ningún descuento o retención.

En el plazo de embarazo previo a las licencias, o al regreso después del período posparto, la mujer cobrará su salario en las mismas condiciones que lo venía haciendo normalmente en el contrato de trabajo.

En el caso de que solicite gozar del período de excedencia, el mismo es sin goce de haberes, salvo algún subsidio previsto en los convenios colectivos.

12.1.5. La protección frente al despido por causa de maternidad
La LCT garantiza a la mujer embarazada la estabilidad relativa en el empleo con carácter de derecho adquirido a partir del momento que notifica su estado de embarazo al empleador (art. 177, 3er. párr., LCT).

Sin embargo, de inmediato aclara que si se produjere el despido de la mujer dentro de un plazo de 15 meses que comprenden los 7 1/2 meses anteriores a la fecha del parto y 7 1/2 meses posteriores a dicha fecha, el despido se presumirá por causa de maternidad (salvo prueba en contrario) y será válido, aun cuando se castigue la conducta del empleador con una indemnización agravada que consistirá en las indemnizaciones por despido ordinario (preaviso e indemnización por antigüedad del art. 245 LCT) y una indemnización adicional de 1 año de remuneraciones, es decir 13 meses de salario (los correspondientes a los 12 meses del año más el aguinaldo).

12.1.6. El regreso de la mujer al trabajo y la lactancia
La mujer-madre, una vez concluida la licencia posparto, tiene las siguientes alternativas (arts. 183, 184 y 186 LCT):

a) regresar al trabajo la fecha establecida, con lo cual continuará prestando los servicios en condiciones normales, en la misma actividad y con la misma remuneración y beneficios, o en una categoría superior, o en una categoría inferior, en cuyo caso se requerirá su conformidad (art. 184 LCT).

b) rescindir expresamente el contrato de trabajo, en cuyo caso tendrá derecho a una indemnización denominada "compensación por tiempo de servicios" igual al 25% de la indemnización del art. 245 de la LCT, o a los mayores beneficios que establezcan los estatutos especiales o los convenios colectivos de trabajo.

c) no regresar en la fecha establecida, en cuyo caso la ley presume que ha optado por rescindir el contrato y percibir la compensación por tiempo de servicio, si en la fecha determinada para el regreso la mujer no concurriera y no optara 48 horas antes de finalizada la licencia posparto por tomar el beneficio de la excedencia.

d) optar por el período de excedencia, 48 horas antes de finalizar la licencia posparto, la mujer podrá optar expresamente por tomarse una licencia especial para atender a su hijo recién nacido.

Una vez que la mujer ha regresado al trabajo, la ley le asegura un descanso especial por lactancia (art. 179 LCT), consistente en tramos de media hora a fin de que la trabajadora pueda amamantar a su hijo recién nacido. Esta licencia por lactancia es garantizada a la madre por un plazo máximo de un año, que se cuenta a partir de la fecha de regreso al trabajo. Dicho plazo se puede prolongar más allá del año si la mujer acredita la necesidad de extenderlo por razones médicas debidamente justificadas.

Para evitar que este beneficio se transforme en ilusorio, es que se ha generalizado una práctica considerada equivalente, que consiste en que la mujer trabajadora ingrese una hora más tarde a su trabajo o se retire una hora antes, o reste las dos medias horas al comienzo y al final de la jornada.

Si bien no es exactamente lo previsto en la ley, permite la utilización de la licencia con la ventaja para la trabajadora que trabaja una hora menos.

12.1.7. *El período de excedencia*

La mujer trabajadora, 48 horas antes de la finalización del período de licencia posparto, podrá optar por el denominado período de excedencia. Para ello deberá contar con 1 año de antigüedad en el empleo (art. 185 LCT) y continuar residiendo en el país (art. 183 ab initio LCT).

El período de excedencia consiste en una licencia de un mínimo de 3 meses y un máximo de 6 meses, a opción de la trabajadora, sin goce de salarios, finalizado el cual la mujer se podrá reintegrar normalmente a su trabajo habitual.

Durante el período de excedencia la mujer deberá mantener la residencia en el país y no podrá celebrar nuevo contrato de trabajo con otro empleador, pues de lo contrario no tendrá derecho a reintegrarse al antiguo trabajo.

12.2. Protección especial por matrimonio. Concepto general

Es el conjunto de mecanismos creados por la ley con el fin de impedir o castigar los actos de discriminación arbitrarios que pueda sufrir la mujer como consecuencia de la celebración de su matrimonio.

La legislación laboral prohibe los actos de discriminación tanto los fundados en el sexo como en el estado civil, con independencia de si este último cambia aun durante la relación laboral.

12.2.1. El despido por matrimonio de la mujer trabajadora

La LCT dispone al respecto que son nulos y sin valor todos los actos o contratos o las reglamentaciones internas que se dicten en los que se establezca el despido si la trabajadora contrae matrimonio (art. 180, LCT).

A su vez, se presume, salvo prueba en contrario, que el despido responde a causa de matrimonio cuando el mismo se produce dentro de los 3 meses anteriores y los 6 meses posteriores a su celebración, en la medida que se haya notificado fehacientemente al empleador.

Si se produjera el despido por causa de matrimonio en las condiciones precitadas, la trabajadora tendrá derecho a las indemnizaciones por despido incausado (preaviso e indemnización por antigüedad del art. 245 LCT) y a 1 año de remuneraciones, o sea 13 sueldos, dado que se computan los 12 meses y el aguinaldo (art. 182 LCT).

12.2.2. El despido por matrimonio del trabajador varón

Al encontrarse el despido por causa de matrimonio dentro del Título VII de la LCT, que se refiere al trabajo de mujeres, era difícil admitir este mecanismo para el caso del despido de un hombre.

Esta controversia dio lugar a un plenario de la Justicia nacional, que extendió el mecanismo a los hombres, pero con la diferencia de que la presunción legal no opera y se debe demostrar que la extinción del vínculo fue motivada porque el trabajador había notificado que iba a contraer matrimonio.

En tal sentido se expidió la Cámara de Apelaciones de la Capital Federal en el Plenario 272 ("Drewes, Luis c/Coselec S.A.", CNAp-Trab., en pleno, 23-111-1990, D.E., vol. 138, pág. 563) donde estableció que procede la indemnización agravada del art. 182 LCT si se acredita que el despido obedeció a causa de matrimonio (con pruebas a cargo del accionante). A la vez se estableció que no es pertinente aplicar la presunción que opera en favor de la mujer en virtud de la cual un despido incausado, por una causa falsa o por una insuficiente, debe entenderse que respondió a causa de matrimonio, haciendo automáticamente exigible la indemnización agravada.

12.3. Protección especial frente a los riesgos laborales. Concepto general

Es el conjunto de mecanismos que tienen por objeto el amparo de la mujer frente a riesgos especiales o a actividades que son particularmente agresivas para la salud.

La LCT establece que está prohibido el trabajo de mujeres en lugares en los que se realicen tareas penosas, peligrosas o insalubres, derivando a la reglamentación las industrias o actividades comprendidas en estos ámbitos de riesgo (art. 176 LCT).

A su vez, en caso de accidente de trabajo o enfermedad profesional de una mujer en donde se compruebe que la causa es una de las tareas o actividades prohibidas, se considerará por este solo hecho la existencia de la culpa del empleador sin admitir prueba en contrario (art. 196, 1er. párr. LCT).

En cambio, si la mujer se encontrara en el lugar en forma circunstancial y sin el conocimiento ni la autorización del empleador, en donde a la vez es ilícita o prohibida su presencia, éste podrá demostrar su falta de responsabilidad y culpa (art. 196, 2do. párr. LCT).

En definitiva, ya sea con las prohibiciones precitadas, ya sea con las presunciones iuris et de iure de culpa del empleador, se trata de proteger a la mujer frente a las tareas y actividades que impliquen riesgos laborales.

Capítulo XV

Régimen de licencias

La Ley de Contrato de Trabajo establece un régimen de licencias general para todos los empleados del país, la que regirá para todo el personal fuera de planta del establecimiento, ya que el docente y no docente tiene un régimen particular por el principio de equiparación.

1. Licencias establecidas por la LC

1.1. acaciones anuales
La ley establece que no pueden compensarse las vacaciones anuales con dinero, por entender que es necesario el descanso reglamentario que protege la salud del trabajador por sobre el ingreso económico para el mismo.
Los plazos legales de goce de las mismas son los siguientes:
De catorce (14) días corridos cuando la antigüedad en el empleo no exceda de cinco (5) años;
De veintiún (21) días corridos cuando siendo la antigüedad mayor de cinco (5) años no exceda de diez (10);
De veintiocho (28) días corridos, cuando la antigüedad siendo mayor de diez (10) años no exceda de veinte (20);
De treinta y cinco (35) días corridos, cuando la antigüedad exceda de veinte (20) años.

1.2. Matrimonio
Corresponden 10 días corridos.

1.3. Nacimiento
Corresponden 2 días corridos. Deberá computarse un día hábil.

1.4. Maternidad
Corresponden 90 días. Se iniciará a los 45 días anteriores al parto y hasta 45 días posteriores al mismo. La trabajadora podrá optar por que se le reduzca la licencia anterior al parto que en tal caso no podrá ser inferior a 30 días, el resto del período de licencia se acumulará al período de descanso posterior al parto. En caso de nacimiento pretérmino se acumulará al descanso posterior todo el lapso de licencia que no se hubiere gozado antes del parto, de modo de completar los 90 días. Durante el período de licencia por maternidad la trabajadora percibirá una suma igual a la retribución bruta que hubiera debido percibir en caso de haber trabajado. Esta suma tiene el carácter de asignación familiar. Para el goce de esta asignación se requerirá una antigüedad mínima y continuada en el empleo de 3 meses.

1.4.1. Estado de excedencia
Período no inferior a 3 meses y no superior a 6 meses, a continuación de la licencia por maternidad, a pedido de la trabajadora. La misma deberá contar con un año de antigüedad en el empleo. La solicitud de la trabajadora deberá efectuarse durante las 48 horas anteriores a la finalización del plazo de licencia por maternidad. Los plazos de excedencia serán sin goce de retribución alguna y no se computarán como tiempo de servicio.

1.5. Lactancia
Toda trabajadora madre de lactante podrá disponer de 2 descansos de media hora para amamantar a su hijo, en el transcurso de la jornada de trabajo, y por un período no superior a un año posterior a la fecha del nacimiento, salvo que por razones médicas sea necesario que la madre amamante a su hijo por lapso más prolongado.

1.6. Fallecimiento Cónyuge: Corresponden 3 días corridos. Deberá computarse un día hábil. Concubino: Corresponden 3 días corridos. Deberá computarse un día hábil. Hijo: Corresponden 3 días corridos. Deberá computarse un día hábil. Padres: Corresponden 3 días corridos. Deberá computarse un día hábil. Hermanos: Corresponde 1 día hábil.

1.7. Estudios

Enseñanza media y otras: Corresponden 2 días corridos por examen, con un máximo de 10 días por año calendario. Enseñanza universitaria: Corresponden 2 días corridos por examen, con un máximo de 10 días por año calendario.

1.8. Citación judicial

Por citaciones obligatorias y trámites personales y obligatorios ante autoridades nacionales, provinciales o municipales, el trabajador podrá no asistir a sus tareas durante el tiempo necesario para la citación o el trámite sin perder la remuneración, siempre y cuando no pudiera realizarlo fuera del horario normal de trabajo. (ley 23.691).

1.9. Licencias gremiales

Se concederá a cada delegado para ejercer sus funciones un crédito de horas mensuales retribuidas de acuerdo con cada convenio colectivo. Mientras el delegado permanezca en su función el empleador podrá reducir o aumentar el crédito de horas mensuales retribuidas en tanto iguale o supere la cantidad que establezca la convención colectiva.

1.10. Donación de sangre

Se tendrán justificadas 24 horas, incluso el día de la donación.

1.11. Elecciones en país limítrofe

Hasta cuatro días para concurrir a votar a países limítrofes si el trabajador extranjero está radicado en el país. Se considerará a cuenta de las vacaciones (ley 23.759 y decreto 2133/94).

1.12. Bomberos voluntarios

Los bomberos voluntarios percibirán salarios correspondientes a las horas y/o días en que deban concurrir a prestar dicho servicio público, a pedido del cuerpo de bomberos. (Según Ley 20732.)

2. Licencias establecidas por el decreto 4.5   3

Como hemos visto anteriormente en la enumeración del punto 18 del decreto 2.880/69, los docentes privados tienen el mismo régimen de licencias que el del personal escolar oficial, por lo que, al ser una norma especial e imperativa, está sobre la norma general, y desplaza al régimen de licencias de la LCT.

Este régimen está comprendido en el decreto 4.597/83, con sus modificaciones, 1848/87, 4842/89 y 2876/90.

Los tipos y plazos de licencia contempladas en el mismo son los siguientes:

2.1. Licencia anual ordinaria

Se la considera por días corridos, comenzando siempre en día hábil, y corresponde el cobro de haberes durante la duración de la misma.

En cuanto a la época de la utilización, su otorgamiento se efectuará en todos los casos conforme a las necesidades del servicio.

En establecimientos que tengan recesos anuales, se dispondrá que el personal goce sus vacaciones en esa época.

La duración de la misma depende de la antigüedad que registra el docente al 31 de diciembre del año que corresponda el beneficio, según la siguiente escala:

- De 15 días cuando la antigüedad del docente fuera de 8 meses a 5 años.
- De 20 días cuando la antigüedad del docente fuera de 5 a 10 años.
- De 25 días cuando la antigüedad del docente fuera de 10 a 15 años.
- De 30 días cuando la antigüedad del docente fuera de 15 a 20 años.
- De 35 días cuando la antigüedad del docente fuera de 20 a 25 años.
- De 40 días cuando la antigüedad del docente fuera mayor a 25 años.

La antigüedad total computable se tomará del tiempo trabajado en la Administración Nacional, Provincial, Municipal, en establecimientos privados reconocidos por el Estado y la actividad privada con acreditación de la Caja de Previsión que corresponda, organismos y entes interestatales, inclusive los servicios "ad honorem" y por cuenta propia, autónomos o independientes.

2.2. Licencias por causas de enfermedad
2.2.1. Enfermedad común

Corresponden 30 días por año calendario, con cobro de haberes. Se la puede gozar en períodos no mayores de 15 días continuos. Agotado el plazo máximo previsto, las licencias serán concedidas sin percepción de haberes.

Recordamos que el control de ausentismo se puede hacer por medio del Servicio de Reconocimientos Médicos, o por médicos particulares contratados por el propio establecimiento.

2.2.2. Enfermedad de larga duración

Se otorga por períodos de hasta 6 meses, hasta dos años, con goce total de haberes.

Las causas son afecciones de largo tratamiento para su curación, por razones de profilaxis o seguridad o por las enfermedades contempladas en el art. 13 del mismo decreto (Enfermedades infecto-contagiosas, infecciosas agudas, degenerativas, involutivas o evolutivas, progresivas o blastomatosas de tipo maligno o invasor, traumatismo y/o secuelas, del sistema nervioso, alienación mental en todas sus formas, de los sentidos, crónicas, agudas o invalidantes, intervenciones quirúrgicas, malformaciones congénitas, intoxicaciones agudas o crónicas, etc.)

2.3. Licencias por accidentes de trabajo

En caso de accidente de trabajo o de enfermedad profesional, el docente tendrá derecho a licencia por un período de hasta dos (2) años, con percepción íntegra de haberes.

Se considera accidente de trabajo al ocurrido durante el tiempo de la prestación del servicio, por el hecho o en ocasión del trabajo, por caso fortuito o fuerza mayor inherente al mismo, y al acaecido en el trayecto entre el domicilio del agente y el lugar de su trabajo y viceversa, (accidente in itinere) siempre que no haya sido alterado en interés propio.

El docente o sus familiares deberán denunciar el accidente con la mayor brevedad posible, dentro de los 30 días de acaecido, y hacer la denuncia policial dentro de las 48 horas si ocurrió en la vía pública.

Se considera enfermedad profesional la que sea efecto principal de la tarea realizada por el docente o contraída en acto de servicio y que la padeciera al ingresar en su trabajo.

El docente está obligado a solicitar el beneficio dentro de los primeros seis (6) meses de iniciada esta licencia, vencidos estos plazos, caducará el derecho a reclamar el encuadre legal.

Subsidiariamente se aplican las normas de la Ley de Accidentes de Trabajo, que hemos visto precedentemente por el tipo de relación laboral privada que existe entre las partes.

2.3.1. Incapacidad transitoria

El docente debe tener como mínimo 10 años de antigüedad para poder gozar esta licencia, que se otorga por un plazo máximo de 2 años, por períodos corridos de hasta 6 meses, con goce de haberes.

Vencido el plazo establecido y no pudiendo reintegrarse al cargo o a tareas diferentes definitivas, el docente será declarado cesante por incapacidad total y permanente, siendo acreedor de la indemnización del art. 212 LCT (Ver Accidentes y Enfermedades del Trabajo en la LCT).

2.3.2. Incapacidad permanente

En caso de determinación de este tipo de incapacidad para toda clase de tareas, la Junta Médica lo declarará, interrumpiendo la licencia que pudieran habérselo concedido.

2.4. Tareas diferentes.

Pueden ser transitorias, para ello hay que ser titular del o los cargos y contar con una antigüedad mínima de 10 años.

En el caso de las definitivas, se debe ser titular del cargo con un mínimo de 18 años de servicios docentes, debidamente reconocidas.

Para los establecimientos privados, es necesario aclarar que esto se completa con lo determinado en los Arts. 208 a 212 LCT

2.5. Licencia por maternidad

Plazo total de 90 días, solicitados de 45 a 15 días antes de la fecha probable del parto. Si es nacimiento múltiple, el plazo se extiende hasta 150 días.

El nacimiento debe probarse con certificado del Registro Civil y libreta de matrimonio, a los fines también de gozar de la asignación familiar por nacimiento.

Recordamos que hay prohibición de despido por causa de embarazo durante siete meses y medio antes y siete meses y medio después del parto. En caso de despido en este período, se abonará una indemnización suplementaria de un año de sueldos (13 sueldos).

Existe una franquicia horaria por amamantamiento, de 1 hora por día cuando la jornada laboral exceda las 4 hs, y de 1 hora y media cuando el parto haya sido múltiple, pudiendo gozarla al principio o fin de la jornada laboral, ingresando más tarde o retirándose antes.

2.6. Licencia por adopción

De 75 días corridos con goce de sueldos en caso de adopción de niños de hasta 7 años de edad, a partir del momento de entrega de la guarda judicial.

2.7. Licencias especiales

2.7.1. Matrimonio. 15 días corridos.

2.7.2. Nacimiento o matrimonio de hijo. 2 días hábiles.

2.7.3. Fallecimiento de cónyuge, padres o hijos. 5 días hábiles.

2.7.4. Fallecimiento hermanos. 3 días hábiles.

2.7.5. Fallecimiento padres, hijos o hermanos políticos, abuelos, nietos, tíos, sobrinos o primos directos o políticos. 2 días hábiles.

2.7.6. Atención familiar enfermo. Hasta 15 días por año calendario, y 30 días más con justificación suficiente. Excepcionalmente, hasta 1 año.

2.7.7. Razones atendibles de índole particular. Una vez al mes y hasta 4 en el año calendario, con goce de sueldos, excepto si se pone reemplazante. Sin goce de sueldos, hasta 15 días corridos o alternados por año calendario.

2.7.8. Fuerza mayor, caso fortuito, fenómeno meteorológico o donación de sangre. Por el término que ocurran.

2.7.9. Razones particulares. Hasta 6 meses continuos o alternados, agotado el plazo, se deben esperar 5 años para solicitarla nuevamente. Es sin goce de haberes y la pueden solicitar docentes titulares con no menos de 5 años de antigüedad inmediata en el cargo en que lo soliciten, con una anticipación no menor a los 15 días.

Este punto es un poco conflictivo, porque en un establecimiento privado existen determinadas razones de servicio que pueden estar sobre este derecho de los docentes, por lo que esta licencia en particular dependerá de la situación del establecimiento (por ejemplo, en período de matriculación o de fin de año, que existan varios pedidos de licencia por razones particulares que puedan afectar el normal desenvolvimiento del establecimiento). La patronal en esa situación, puede ordenar esos pedidos de acuerdo a las necesidades de prestación de un servicio normal.

Con relación al plazo, nada obsta al representante legal la posibilidad de otorgarla por más plazo que los 6 meses de ley, ya que depende exclusivamente de las razones de servicio del establecimiento y en esto no tiene injerencia el Estado.

2.7.10. Razones particulares por viaje. Cuando deban acompañar al cónyuge a cumplir misión oficial al extranjero o al país, a más de 100 km. de distancia por un plazo mínimo de 60 días, se la otorgará por el tiempo que demande la misión, sin goce de haberes.

2.7.11. Estudios universitarios o nivel terciario. 21 días hábiles por año calendario, con goce de haberes, o hasta 7 días hábiles continuos o discontinuos por cada examen que rinda.

2.7.12. Estudios nivel medio o carreras auxiliares a la medicina. 7 días hábiles dos veces al año.

2.7.13. Concurso ascenso. Se la otorga por el plazo de asistencia a los cursos de carácter obligatorio.

2.7.14. Miembro o jurado de tribunales. Mientras dure su función, que debe ser de carácter transitorio y no retributivo.

2.7.15. Actividades escolares simultáneas. Por orden de prelación, en el siguiente orden: Integración tribunales examinadores, asistencia a reuniones de personal y dictado de clases.

2.7.16. Mesas escolares. 18 días hábiles por año calendario.

2.7.17. Estudios, investigaciones, trabajos científicos, etc. Hasta un año, sin goce de haberes, con prórroga de un año más. Debe tener como mínimo dos años inmediatos en el cargo.

2.7.18. Actividades deportivas no rentadas. Hasta 60 días continuos o discontinuos en campeonatos regionales selectivos y hasta 30 días continuos o no en los demás casos.

2.7.19. Materia técnica, científica o profesional. Durante el tiempo que fije la autoridad competente.

2.7.20. Pruebas oposición ingreso o ascenso. 2 días hábiles.

2.7.21. Ofrecimiento cargos. 2 días hábiles.

2.7.22. Carpeta médica. Por el término que demande el trámite.

2.7.23. Cambio de domicilio. 3 días corridos, cuando el traslado del docente implique cambio de domicilio.

2.7.24. Revisación médica. A determinar en cada caso, para la citación a la revisación médica del Servicio Militar Obligatorio.

2.7.25. Servicio militar. Durante el período bajo bandera.

2.7.26. Cargos o comisiones de carácter transitorio. Por el tiempo de permanencia en las funciones, sin goce de haberes si por tal causa quedase en causa de incompatibilidad.

2.7.27. Funciones o comisiones gremiales. Mientras duren las funciones o comisiones, sin goce de haberes.

2.7.28. Concurrencia a campamentos educativos y de ecología y a encuentros o torneos intercolegiales. El Ministerio de Educación mediante la resolución 423/92 dispuso no computar las inasistencias de los docentes pertenecientes a establecimientos escolares dependientes de la Subsecretaría de Educación. La disposición 69 del Ministerio de Educación clarificó su aplicación, determinando que el no cómputo de inasistencias comprendía la totalidad de los cargos de revista del docente involucrado.

Dado que se interpretó que dicha situación comprendía a cualquier docente, aún aquellos que no tuvieran nada que ver con la actividad, y que se presentaron problemas con pedidos de licencia por este tema por docentes que dictaban materias distintas a las que se podía relacionar la actividad, se solicitó aclaración sobre la aplicación de la misma al Ministerio de Educación, el cual emitió la resolución 1286/95 que limitó, correctamente, la aplicación de esta licencia únicamente a los docentes de educación física.

3. Licencias para el personal no docente

En nuestra provincia se aplica al personal no docente oficial el régimen establecido por el decreto 1919/89, el cual se hace extensivo al personal de establecimientos de gestión privada, aunque los mismos están alcanzados por el convenio SOEME como veremos a continuación.

Los tipos y plazos de licencia contempladas en el mismo son los siguientes:

3.1. Licencias por enfermedad de corta duración. 35 días continuos o alternados con goce íntegro de haberes. Los siguientes 35 días continuos o alternados con el 60% de haberes y los restantes sin remuneración por año calendario.

3.2. Licencias por enfermedad de larga duración, enfermedad del trabajo o accidente de trabajo. Dos años con goce de haberes En toda la carrera administrativa el agente no podrá superar por este concepto un total de cinco años con goce de haberes.

3.3. Atención de familiar enfermo. 30 días continuos o alternados por año calendario.

3.4. Licencia pre-parto. 45 días anteriores al indicado como fecha probable del parto.

3.5. Licencia por maternidad. Hasta que el recién nacido cumpla tres meses de vida. En caso de nacimiento múltiple, el plazo se extiende en 15 días más.

3.6. Licencia por guarda o tenencia judicial de menores.
- Si el menor tiene menos de 3 meses de vida, corresponderá otorgar esta licencia, hasta que cumpla esa edad. No obstante, esta no podrá ser inferior a 60 días corridos desde su otorgamiento.

- Cuando el menor sean mayor de 3 meses y menor de 7 años de edad, se concederán 60 días corridos con goce de haberes, a partir del día hábil siguiente al de haberse dispuesto la tenencia o guarda judicial.
- Si el menor tiene entre 7 y 12 años de edad, el plazo de esta licencia deberá acordarse de acuerdo a lo dictaminado por el Juez de Menores, teniendo en cuenta la adaptación del niño al núcleo familiar donde se inserta, siempre que no exceda los 60 días corridos.

3.7. Licencia anual ordinaria. Se computa por días hábiles de acuerdo a la siguiente escala:
- Hasta 5 años de antigüedad: 15 días hábiles.
- Hasta 10 años de antigüedad: 20 días hábiles.
- Hasta 15 años de antigüedad: 25 días hábiles.
- Hasta 20 años de antigüedad: 27 días hábiles.
- Más de 20 años de antigüedad: 30 días hábiles.

3.8. Licencias extraordinarias

3.8.1. Cargos políticos. Por designación o elección, licencia sin percepción de haberes mientras dure su función. Una vez culminada, debe reintegrarse en el término de 10 días.

3.8.2. Licencia gremial. Sin goce de haberes por el tiempo que dure el mandato.

3.8.3. Matrimonio. 10 días hábiles.

3.8.4. Exámenes secundarios y/o universitarios. 28 días por año calendario.

3.8.5. Cursos de capacitación. Un día por cada 10 horas de duración del curso y hasta un máximo de ocho días hábiles corridos o alternados, por año.

3.8.6. Congresos. Diez días hábiles corridos o alternados con goce de haberes por año calendario.

3.8.7. Estudios e investigaciones especiales. Con goce de haberes mientras dure la causa y resulten de interés para el organismo en que revista el agente. La duración de esta licencia no podrá extenderse por más de dos años.

3.8.8. Actividades deportivas. Similares a las condiciones establecidas en la Legislación Nacional.

3.8.9. Servicio militar. Se le otorga con goce del 50 % de sus haberes, durante el tiempo que se hallen bajo bandera y hasta 10 días corridos posteriores a la baja, y conservarán su puesto por 30 días corridos sin goce de haberes.

3.8.10. Convocatoria de las fuerzas armadas. Durante el tiempo que dure su incorporación y hasta 10 días corridos posteriores a la baja, y conservará su puesto por 30 días corridos sin goce de sueldo.

3.8.11. Licencia por atención paterna. En caso de fallecimiento de la cónyuge o concubina de un agente que tenga hijos menores de hasta 12 años de edad, se le concederá licencia extraordinaria con goce de haberes, del siguiente modo:
- Si el/los hijo/s fuera/n menor/es de 3 meses de vida, corresponderá hasta que lo/s cumpla/n. No obstante, esta licencia no podrá ser inferior a 60 días corridos.
- Si el/los hijo/s fuera/n de hasta 6 años de edad, corresponderán 30 días corridos.
- Si el/los hijo/s fuera/n de hasta 12 años de edad, se otorgarán 15 días corridos.

3.9 Justificación de inasistencias.
Deben justificarse con goce de sueldo, las inasistencias motivadas por las siguientes causales:
- Nacimiento de hijo, del agente varón: 3 días laborables.
- Matrimonio de un hijo: 2 días laborables. En caso de que el matrimonio se realice a una distancia mayor de 500 kilómetros del lugar de residencia del agente, la licencia será de 4 días laborables.
- Fenómenos meteorológicos (temporales, inundaciones) y causas de fuerza mayor (incendios, derrumbes) circunstancias éstas que

deberán ser acreditadas mediante certificación de autoridad policial o Juzgado de Paz del lugar.

- Donación de sangre: el día que se realice.

- Revisación médica previa a la incorporación a las Fuerzas Armadas para cumplir con el Servicio Militar obligatorio o por otras razones relacionadas con el mismo fin.

- Cuando el agente deba integrar mesas examinadoras en establecimientos oficiales o incorporados en Universidades privadas reconocidas por el Gobierno Nacional, y con tal motivo se crearan conflictos de horarios, se le justificarán hasta 18 días laborables por año calendario.

- Mudanzas: dos días corridos en cada oportunidad con acreditación fehaciente dentro de los 30 días corridos.

- Paro de transportes: cuando hubiera paro de transportes y el agente resida a más de 20 cuadras de su lugar de trabajo. Cuando el agente se encuentre fuera de su residencia, deberá acreditar el impedimento mediante certificado de autoridad competente o Juzgado de Paz donde se hallare.

- Por fallecimiento de cónyuge o concubino, padres, hijos, hermanos: 5 días laborables.

- Por fallecimiento de abuelos, sobrinos, nietos: 3 días laborables.

- Por fallecimiento de padres políticos, hermanos políticos e hijos políticos: 2 días laborables.

3.10. Franquicias.

Se podrá justificar inasistencias, tardanzas y retiros durante el horario de trabajo, por razones que no se encuentran especialmente contempladas en el presente Régimen, y se consideren atendibles de acuerdo a las siguientes formas:

- Con goce de haberes: hasta el equivalente de una jornada por mes y un máximo de 6 jornadas por año calendario.

- Salidas: hasta 3 horas por mes, pudiendo fraccionarse en cualquier momento del turno, sin perjuicio de que sea al inicio o al final de la jornada.

- Sin goce de haberes: hasta un máximo de 6 jornadas por año calendario.

3.11. Descansos diarios por lactancia. 2 descansos de media hora en el transcurso de la jornada de trabajo, y por un período no superior a un año posterior a la fecha del nacimiento de su hijo, salvo que por razones médicas sea necesario que la madre amamante a su hijo por un lapso más prolongado. Estos descansos podrán unirse, tomando un descanso diario de una hora. En caso de parto múltiple se adiciona media hora más por cada hijo. Estos descansos sólo alcanzan a las agentes cuya jornada de trabajo es superior a las 4 horas.

3.12. Función maternal. Deberán justificarse hasta dos tardanzas de 30 minutos por mes, a las agentes madres de menores de hasta 12 años de edad, para su atención.

3.13. Función paternal. Se justificarán hasta dos tardanzas de 30 minutos por mes, a los agentes padres de menores de hasta 12 años de edad, para su atención, cuando éste acredite que tiene bajo su cuidado a los menores, ya sea por viudez, separación, enfermedad prolongada de la cónyuge o concubina.

3.14. Franquicia para discapacitados. Se establece una franquicia horaria para el personal discapacitado que en días de tormenta y lluvias no pueda llegar a horario, debiendo la prestación de servicios, ajustarse a la cantidad de horas que diariamente el agente debe cumplir.

3.15. Trámites jubilatorios. En virtud a lo dispuesto en el art. 20°, inciso w) de la Ley N° 8525, en el último año de la carrera del agente, deben acordarse 2 horas semanales o el equivalente a 20 jornadas de labor.

3.16. Permisos gremiales. Los trabajadores que se desempeñen como delegados del personal, miembros de comisiones internas o en cargos representativos similares, tendrán derecho al otorgamiento de permisos sin desmedro de su remuneración para realizar gestiones relacionadas con los derechos laborales de los trabajadores del sector, toda vez que dichas gestiones sean justificadas fehacientemente mediante certificación escrita correspondiente ante el titular de la Unidad de Organización a la que perteneciere. Se les reconoce un máximo de 24 (veinticuatro) horas mensuales, para el cumplimiento de su cometido. Cuando los delegados o subdelegados no hicieren uso de la totalidad de las horas precitadas se les reconocerá por la diferencia un crédito horario a su favor, el que podrán utilizar en el mes inmediato subsiguiente, caducando el mismo automáticamente una vez vencido este plazo.

4. Licencias establecidas por el convenio colectivo de EME

El personal no docente que trabaje en instituciones educativas de gestión privada en la provincia de Santa Fe tiene vigente el estatuto especial del gremio SOEME que es de aplicación obligatoria en todo el territorio del país.

No obstante lo dicho, es opinión del SPEP que el régimen de licencias establecido para el personal no docente de instituciones oficiales que recién hemos visto (decreto 1919/84) se aplica a todo el personal incorporado, por lo que para el personal autorizado debería aplicarse el de SOEME, aunque por razones prácticas se aplica la misma norma del decreto 1919/84 a toda la planta escolar.

Los tipos y plazos de licencia son los siguientes:

4.1. Licencia anual
Hasta 5 años de antigüedad, 14 días corridos.
Hasta 10 años de antigüedad, 21 días corridos.
Hasta 20 años de antigüedad, 28 días corridos.
Más de 20 años de antigüedad, 35 días corridos.

El periodo legal de vacaciones se ha establecido entre el 1º de Octubre al 30 de Abril del año próximo y se establece la posibilidad de pedir una semana (entre el 21 de junio y 21 de septiembre), deducible de las vacaciones anuales.

4.2. Licencias con goce de sueldo

4.2.1. Matrimonio: 10 días corridos y un día más para realizar los trámites prematrimoniales.

4.2.2. Maternidad: 90 días.

4.2.3. Fallecimiento: 4 días corridos (padre, hijos, cónyuge, hermano). 3 días más por viaje (más de 300 km o exterior). 2 días corridos (abuelos, padres o hermanos políticos)

4.2.4. Nacimiento: 2 días hábiles

4.2.5. Mudanza: 2 días corridos

4.2.6. Donación de sangre: Jornada completa

4.2.7. Exámenes: 10 días como máximo al año, hasta 3 días por examen (enseñanza media o universitaria).

4.2.8. Servicio militar: 2 días corridos para la revisión.

4.3. Licencia sin goce de sueldo

4.3.1. Familiar enfermo: 15 días por año (cónyuge, hijos, padres)

Capítulo XVI
Accidentes y enfermedades del trabajo

1. ccidentes enfermedades de traba o en la LC

La LCT en sus arts. 208 a 213 legisla sobre Accidentes y Enfermedades inculpables, estableciendo los deberes y derechos de las partes.

1.1. Definición y plazos

Las enfermedades inculpables son aquellas en las que el empleado no ha tenido participación en forma voluntaria, y se presume que todas lo son, salvo prueba en contrario por parte del empleador.

Por ejemplo, se han considerado enfermedades inculpables a las intervenciones quirúrgicas, várices, accidentes por prácticas deportivas, angina de origen tabáquico, enfermedades originadas por parto o embarazo, gripes, etc.

Al trabajador le corresponde percibir su remuneración en cada accidente o enfermedad por un máximo de 3 meses si tiene menos de 5 años de antigüedad y de 6 meses si tiene más de 5 años de antigüedad, duplicándose ese tiempo si tiene cargas de familia.

En caso de que la persona sufra una enfermedad similar antes de los 2 años, se considerará como recidiva (continuación de la anterior) y no generará derecho a remuneración, sólo a la reserva del puesto.

La remuneración a percibir será la normal y habitual, con los aumentos y beneficios que se establezcan durante la duración de la enfermedad, y dicha remuneración no podrá ser afectada por suspensión, sea esta dictada antes o durante el período de pago.

El período pago por enfermedad se computa normalmente para las vacaciones.

1.2. Aviso al empleador

Es una obligación insustituible para el trabajador, salvo caso de fuerza mayor. La importancia está dada en que el empleador tenga la posibilidad de reemplazar al ausente, especialmente en establecimientos educativos. La falta de aviso o la ausencia sin justificación hace perder el derecho al cobro de sus haberes.

1.3. Control médico

El empleado está obligado a someterse al control que efectúe el médico designado por el empleador, aunque su tratamiento lo realice otro médico.

Este control es facultad del empleador, no una obligación, pero es conveniente que lo haga, porque no hacerlo le hace perder la posibilidad de probar la existencia de la causal de ausencia.

En la actualidad estos controles médicos se hacen por medio de la intervención de las Aseguradoras de Riesgos del Trabajo que contrata cada institución educativa.

1.4. Conservación del empleo

Vencidos los plazos de licencia con goce de sueldo, si el trabajador no estuviese en condiciones de volver al empleo, el empleador debe reservar el puesto durante un plazo máximo de un (1) año contado desde el vencimiento de los plazos.

Vencido ese plazo, la relación de empleo subsistirá hasta tanto alguna de las partes decida y notifique a la otra su voluntad de rescindirla. La extinción del contrato de trabajo en estas condiciones exime al empleador de la obligación de indemnización.

Durante el plazo de conservación del empleo, al trabajador no le corresponde el pago de remuneración, pero sí de las asignaciones familiares declaradas.

A los fines de la antigüedad, se lo tiene en cuenta como si fuera tiempo efectivamente trabajado.

Vencido el plazo, el empleador podrá notificar la extinción de la relación laboral sin pago de indemnización alguna. No hacerlo abre la posibilidad del reclamo de la indemnización del art. 245 de la LCT por parte del trabajador.

1.5. Reingreso del trabajador

Durante el plazo de conservación del empleo, en caso de que el empleado estuviera en condiciones de reintegrarse a sus tareas, pueden darse las siguientes situaciones:

a. Reintegro al mismo trabajo que realizaba, lo que hará en las mismas condiciones y percibiendo los salarios que correspondan a su actividad.

b. Si se hubiera constituido una incapacidad y el empleador tuviera tareas adecuadas a esa incapacidad, se reintegra al trabajo en esas tareas.

c. Si el empleador tiene tareas adecuadas y no se las asigna, debe abonar una indemnización similar a la de un despido.

d. Si el empleador no tiene tareas adecuadas para asignarle, le abona la media indemnización del art. 247 LCT

e. Si durante este plazo se le determina incapacidad absoluta para el trabajador, se le debe abonar una indemnización similar a la de un despido. (Esta indemnización es distinta y acumulable a la de la Ley de Riesgos del Trabajo).

1.6. Despido del trabajador

Si se despidiera al trabajador durante la vigencia de alguno de los plazos de conservación del empleo, además de la indemnización por despido, se deberá abonar una indemnización agravada constituida por los salarios correspondientes a los meses que faltan hasta la fecha de alta o vencimiento del plazo de conservación del empleo.

2. istema de iesgos del raba o. mbito de aplicación

El Sistema de Riesgos del Trabajo es uno de los componentes del Sistema de Seguridad Social Argentino. La ley 24.557 de Riesgos del Trabajo tiene como objetivos prevenir los riesgos en la actividad laboral y reparar los daños ocasionados por accidentes de trabajo y enfermedades profesionales.

2.1. Accidente de trabajo

La ley caracteriza al accidente de trabajo como un hecho súbito y violento ocurrido en el lugar donde el trabajador realiza su tarea y por causa de la misma o en el trayecto entre el domicilio del trabajador y el lugar de trabajo o viceversa (accidente in itinere), siempre que el damnificado no hubiere alterado dicho trayecto por causas ajenas al trabajo.

2.2. Enfermedad profesional

La ley caracteriza a la enfermedad profesional a la producida por causa del lugar o del tipo de trabajo. Existe un Listado de Enfermedades Profesionales confeccionado por el Ministerio de Trabajo de la Nación.

2.3. Funciones y características de las A.R.T.

Las Aseguradoras de Riesgos del Trabajo (ART) son empresas privadas contratadas por los empleadores para asesorarlos en las medidas de prevención y para reparar los daños en casos de accidentes de trabajo o enfermedades profesionales.

Entre sus obligaciones deben:

- Brindar todas las prestaciones que fija la ley, tanto preventivas como dinerarias, sociales y de salud.

- Evaluar periódicamente la verosimilitud de los riesgos que declare el empleador.

- Efectuar los exámenes médicos periódicos.

2.4. Superintendencia de Riesgos del Trabajo

Es el Organismo del Estado encargado de Controlar el cumplimiento de las normas en Salud y Seguridad en el Trabajo y controlar a las Aseguradoras de Riesgos del Trabajo (ART) y a los Empleadores Autoasegurados.

De la SRT dependen las Comisiones Médicas que son las encargadas de determinar la disminución de la capacidad laboral de los trabajadores, resolver las diferencias entre las ART y los trabajadores damnificados, sobre el accidente laboral o enfermedad profesional.

2.5. Exámenes médicos de trabajadores

2.5.1. Exámenes preocupacionales

Los exámenes preocupacionales o de ingreso son obligatorios y tienen como propósito determinar si el postulante es apto, según sus condiciones psicofísicas, para las actividades que se le requirirán en el trabajo.

2.5.2. Exámenes periódicos
Los exámenes periódicos tienen por objetivo detectar en forma precoz las afecciones producidas por aquellos agentes de riesgo determinados por el decreto 658/96.

2.5.3. Exámenes previos al cambio de actividad
Los exámenes previos a la transferencia de actividad deben efectuarse antes del cambio efectivo de tareas.

2.5.4. Exámenes previos a la terminación
de la relación laboral
Los exámenes previos a la terminación de la relación laboral tienen como propósito comprobar el estado de salud frente a los elementos de riesgo a los que hubiere estado expuesto el trabajador al momento de la desvinculación.

2.6. Incapacidades cubiertas

2.6.1. Incapacidad Laboral Temporaria - ILT
Cuando un trabajador se encuentra accidentado o padece una enfermedad profesional, y el daño sufrido le impide la realización de sus tareas habituales, está en una situación que se denomina Incapacidad Laboral Temporaria (ILT).

Los primeros 10 días posteriores al accidente o a la declaración de la enfermedad profesional, la prestación dineraria mensual la debe abonar el empleador y a partir del día 11 la debe abonar la ART. El pago se debe realizar en forma mensual, está exento del impuesto a las ganancias y el trabajador recibirá además las asignaciones familiares que correspondan.

2.6.2. Incapacidad Laboral Permanente - ILP
Se considera que un trabajador sufre una Incapacidad Laboral Permanente (ILP), cuando el daño producido por el accidente de trabajo o la enfermedad profesional le ocasionó una disminución de su capacidad de trabajo que durará toda su vida.

La Incapacidad Laboral Permanente puede ser de grado parcial o total, y asimismo puede ser de carácter provisoria o definitiva.

Se considera Incapacidad Laboral Permanente Parcial Provisoria o Definitiva a aquella mayor al 50% y menor al 66%. Se considera

Incapacidad Laboral Permanente Total Provisoria o Definitiva a aquella mayor al 66%.

El carácter Definitivo se otorga cuando hay certeza de la disminución permanente de la capacidad laboral o por haber transcurrido el plazo máximo de 5 años desde el cese de la ILT.

El grado y el carácter de la incapacidad permanente son determinados por las Comisiones Médicas.

2.7. Gran Invalidez

Se considera que un trabajador está en situación de Gran Invalidez cuando tiene una Incapacidad Laboral Permanente Total y necesita la asistencia continua de otra persona para realizar los actos elementales de la vida.

El damnificado declarado gran inválido percibirá las prestaciones correspondientes a la Incapacidad Laboral Permanente Total (ILPT) y adicionalmente, la ART le abonará una prestación de pago mensual equivalente a tres veces el valor del ex MOPRE definido por el art. 21 la ley 24.241.

2.8. Prestación por Fallecimiento

Fallecido el trabajador por causas laborales, los derechohabientes cobran pagos mensuales complementarios a la pensión prevista en el régimen previsional.

Se consideran derechohabientes a las viudas, viudos, convivientes, como así también los hijos solteros, las hijas solteras y las hijas viudas, siempre que no gozaran de jubilación, pensión, retiro o prestación no contributiva todos ellos hasta los 21 años de edad.

En ausencia de las personas enumeradas, accederán los padres del trabajador en partes iguales; si hubiera fallecido uno de ellos, la prestación será percibida íntegramente por el otro. En caso de fallecimiento de ambos padres, la prestación corresponderá, en partes iguales, a aquellos familiares del trabajador fallecido que acrediten haber estado a su cargo.

2.9. Procedimiento en caso de accidente de un trabajador

Cuando un trabajador informa al empleador un accidente de trabajo, el empleador debe solicitar a la ART que se le brinden inmediatamente la atención y las prestaciones médicas y asistenciales correspondientes, de acuerdo con las instrucciones que recibió oportunamente de parte de la Aseguradora. La ART tiene la obligación de entregarle material informativo a los empleadores sobre los pasos a ejecutar en caso de accidente de trabajo. La atención médica también puede ser gestionada directamente por el trabajador accidentado, sus familiares o cualquier otra persona, ante la ART o ante un prestador por ella habilitado.

2.10. Prevenciones sobre accidentes in itinere

Un tratamiento especial merecen estos accidentes en consideración a las especiales circunstancias del contrato de empleo docente.

El accidente in itinere es aquel sufrido por el trabajador durante el trayecto desde y hacia su lugar de trabajo y además también aquel sufrido en el trayecto entre uno y otro trabajo si existiera pluriempleo.

Dado que muchos docentes prestan servicios en diferentes instituciones, resulta de fundamental importancia requerir del trabajador la información, con carácter de declaración jurada, de los cargos que desempeña en otros establecimientos, la dirección de éstos y el horario de prestación, manifestando por escrito su obligación de comunicar al establecimiento cualquier modificación de esos cargos o nuevas designaciones. También para el caso de que el trayecto se modifique por razones de estudio, empleo o familiar enfermo no conviviente, deberá ser notificada en un plazo breve de 48 horas y luego puesta en conocimiento sin demora a la A.R.T. a fin de que actualice la información del empleado.

Por último, es recomendable que si el docente deba prestar servicios fuera del establecimiento para atender campamentos, jornadas deportivas, encuentros, etc., se notifique tal situación a la A.R.T. con la debida antelación para evitar posteriores controversias sobre la existencia o no de un accidente de trabajo.

3. Le 12. 13. Comit s de salud seguridad en el traba o

3.1. Características del sistema

La ley 12.913 ha constituido en la provincia de Santa Fe los Comités de Salud y Seguridad en el Trabajo. Los mismos son órganos paritarios con participación de trabajadores y empleadores, destinados a supervisar, con carácter autónomo y accesorio del Estado, el cumplimiento de las normas y disposiciones en materia de control y prevención de riesgos laborales y también la consulta regular y periódica de las actuaciones de las empresas, establecimientos empresarios y dependencias públicas en materia de prevención de riesgos.

Lo establecido en la ley es de aplicación en todas las empresas (extractivas o productivas, agropecuarias, industriales o de servicios) privadas y/o públicas, establecimientos empresarios y dependencias públicas de cincuenta (50) o más trabajadores, radicadas en la Provincia de Santa Fe, cualesquiera fueran sus formas societarias, de capital nacional o extranjero, con o sin fines de lucro.

Quedan excluidas de la obligación de constituir Comités, sin prejuicio del cumplimiento de las normas de higiene y seguridad, aquellas Organizaciones No Gubernamentales que tengan por objeto la atención directa de los sectores más vulnerables de la sociedad, a través de alimentación; vestido; actividades deportivas; educativas; culturales y vecinales, cuya actividad principal la realicen recurriendo al trabajo prestado en forma voluntaria, siempre que el número de trabajadores en relación de dependencia que tuvieran, no supere la cantidad de quince (15).

El cumplimiento de los requisitos señalados en este párrafo, deberá acreditarse por ante la autoridad de aplicación, que resolverá de modo fundado la petición.

Cuando el establecimiento emplee entre diez (10) y cuarenta y nueve (49) trabajadores, se elegirá un Delegado de Salud y Seguridad en el Trabajo que tendrá idénticas funciones y atribuciones que el Comité.

3.2. Funciones y atribuciones de los Comités.

- Fomentar un clima de cooperación en la empresa, establecimiento empresario o dependencia pública y la colaboración entre trabajadores y empleadores a fin de promover la salud, prevenir los riesgos laborales y crear las mejores condiciones y medio ambientales de trabajo.

- Velar por el cumplimiento de las normas legales, reglamentarias y convencionales vigentes en la materia.

- Realizar periódicamente relevamientos destinados a la detección y eliminación de riesgos, y cuando esto último no fuese posible, corresponderá su evaluación y puesta bajo control.

- Participar en la elaboración y aprobación de todos los programas de prevención de riesgos de la salud de los trabajadores.

- Evaluar periódicamente el programa anual de prevención de la empresa, hacer el balance anual y proponer las modificaciones o correcciones que estime necesarias.

- Colaborar, promover, programar y realizar actividades de difusión, información y formación en materia de salud y seguridad en el trabajo, con especial atención a los grupos vulnerables en razón de género, capacidades diferentes y edad, destinadas a todos los trabajadores.

- Realizar por sí o disponer la realización de investigaciones en la empresa, en la materia de su competencia, para adoptar las medidas destinadas a la prevención de riesgos y mejoramiento de las condiciones y medio ambiente de trabajo.

Solicitar el asesoramiento de profesionales o técnicos consultores externos o de organismos públicos o privados, nacionales, extranjeros o internacionales.

- Emitir opinión por propia iniciativa o a solicitud del empleador en la materia de su competencia; en especial, en el supuesto previsto en el art. 25 de la ley.

- Conocer y tener acceso a la información y resultados de toda inspección, investigación o estudio llevado a cabo por los profesionales o técnicos de la empresa y las realizadas por la autoridad de aplicación en materia de salud y seguridad en el trabajo.

- Poner en conocimiento del empleador las deficiencias existentes en la materia de su competencia y solicitarle la adopción de medidas tendientes a la eliminación o puesta bajo control de los riesgos ocupacionales.

- Peticionar a la autoridad de aplicación su intervención en los casos en que considere necesario para salvaguardar la salud y seguridad en el trabajo o ante incumplimientos de las normas legales, reglamentarias y convencionales vigentes en la materia, y comunicarle inmediatamente la disposición o autorización de la paralización de las tareas en caso de peligro grave e inminente para la salud o vida de los trabajadores.

- Velar por el cumplimiento de las normas legales, reglamentarias y convencionales vigentes en la materia.

3.3. Constitución y funcionamiento de los comités.

Los establecimientos que empleen como mínimo a cincuenta (50) trabajadores, constituirá un Comité de Salud y Seguridad en el Trabajo de composición paritaria, con igual número de representantes del empleador y de los trabajadores, debiendo recaer las designaciones en varones y mujeres en proporción a su número en el establecimiento.

Los representantes de los trabajadores en los Comités de Salud y Seguridad en el Trabajo serán designados según la siguiente escala:

De diez (10) a cuarenta y nueve (49) trabajadores: un (1) representante.

De cincuenta (50) a quinientos (500) trabajadores: tres (3) representantes.

Siempre que una empresa comprenda varios establecimientos o edificios escolares, se podrá interpretar que debe constituirse un Comité o se designará un Delegado de Salud y Seguridad en el Trabajo en cada uno de ellos, disponiendo un mecanismo de coordinación entre ellos.

La representación del empleador deberá contar entre sus miembros a un integrante o representante de sus máximos niveles de dirección o al responsable de la empresa, establecimiento empresario o dependencia pública con facultad de decisión, quien presidirá el Comité. Los restantes miembros que integren el Comité en representación del empleador, serán también designados por éste.

Cuando en la empresa, establecimiento empresario o dependencia pública, exista una representación sindical elegida en los términos de la ley 23.551, cuyo número de integrantes sea mayor al número de representantes de los trabajadores que deberían componer el Comité de conformidad al art. 8 de la ley, los delegados sindicales elegirán de entre sus miembros a los Delegados de Salud y Seguridad que integrarán el Comité de Salud y Seguridad en el Trabajo.

Cuando no exista representación sindical, los miembros del Comité representantes de los trabajadores o los Delegados de Salud y Seguridad, serán elegidos mediante la elección convocada por el gremio y además el delegado electo debe reunir los mismos recaudos que la ley 23.551 exige para los delegados.

Cuando por falta de postulantes se hubiera frustrado la convocatoria a elección de delegados efectuada por la organización sindical, ésta designará a una persona de la empresa, establecimiento empresario o dependencia pública con adecuada capacitación en higiene y seguridad en el trabajo, que habrá de cumplir la función que esta ley asigna a tales representantes.

Sólo los miembros que integran el Comité en representación del empleador y de los trabajadores tendrán voz y voto en sus deliberaciones.

El Comité se reunirá de manera ordinaria o en forma extraordinaria a pedido de sus miembros.

Las reuniones del Comité se llevarán a cabo en los locales de las empresas o establecimientos y en horarios de trabajo, sin desmedro de las remuneraciones de sus miembros. Éstos no percibirán remuneración suplementaria alguna por el ejercicio de sus funciones, pero el empleador les abonará los viáticos o gastos que les demande el desempeño de sus tareas.

3.4. Derechos y deberes de los miembros

Los miembros del Comité tienen derecho a acceder en tiempo útil a la información que necesiten para el cumplimiento de sus funciones y libre acceso a todos los sectores donde se realicen tareas. Los miembros del Comité tienen el derecho y el deber de capacitarse adecuadamente para el cumplimiento de sus funciones, debiendo los empleadores prestar la colaboración necesaria a tales efectos.

Los miembros del Comité tienen el deber de participar en todas sus reuniones, debiendo justificar las ausencias en que incurrieren y el de llevar un libro de Actas y los registros que dispongan las normas vigentes en la materia o reglamento interno.

Deben guardar discreción acerca de la información a la que accedan en ejercicio de sus funciones.

3.5. Deberes del empleador

El empleador deberá facilitar la labor del Comité para el cumplimiento adecuado de sus funciones, proveyendo los elementos, recursos, información o personal que a tal fin le solicite.

El empleador deberá informar y capacitar al Comité, con adecuada antelación, acerca de los cambios que proyecte o disponga introducir en las instalaciones del establecimiento, en la organización del trabajo y de todo otro cambio que pudiera tener repercusión o incidencia, directa o indirecta, en la salud de los trabajadores o en las condiciones de seguridad en el trabajo.

El empleador deberá elaborar un Programa Anual de Prevención en Materia de Salud y Seguridad en el Trabajo, ponerlo a disposición del Comité y oír las opiniones, sugerencias, correcciones, modificaciones o adiciones que el Comité le proponga.

La autoridad de aplicación y contralor será el Ministerio de Trabajo y Seguridad Social de la provincia de Santa Fe y el Comité de Salud y Seguridad en el Trabajo no sustituye ni reemplaza esa tarea.

3.6. Aplicabilidad a establecimientos educativos de gestión privada

Si bien se trata de una ley nueva cuya implementación aún no se ha explicitado al no encontrarse debidamente reglamentada para el sector, se ha conocido que el Ministerio de Trabajo de la provincia efectuó algunas recomendaciones para la aplicación de la ley a los establecimientos educativos de gestión privada.

En primer lugar, cree conveniente que los establecimientos educativos se agrupen y definan la mejor forma de organización, como en el caso de las patronales que sean propietarias de dos o más instituciones educativas, las cuales podrían generar un sólo comité que se ocupe de ese grupo de colegios. También se remarcó que el personal directivo de los establecimientos son empleados y no podrán representar a la patronal en esos Comités ya que carecen de poder de decisión sobre el tema.

Se enumeraron los riesgos específicos del área educativa como ser laboratorios donde se manipulan sustancias químicas y talleres de las escuelas técnicas donde se utilizan maquinarias.

En un nivel más general, edificios escolares peligrosos por la falta de barandas en escaleras o por la poca o nula protección contra incendios, etc.

Todas recomendaciones que seguramente serán instrumentadas con la correspondiente norma a fin de que se pueda evaluar su pertinencia y cumplimiento.

Capítulo XVII
Derecho individual y derecho colectivo del trabajo

1. Conceptos generales

El derecho del trabajo se subdivide tradicionalmente, en derecho individual y derecho colectivo, tratando el primero las relaciones de cada trabajador dentro del plano del contrato individual con su empleador, mientras que el segundo se refiere a las relaciones colectivas entre quienes representan a los trabajadores, los gremios o sindicatos, y los empleadores como sujetos del ámbito colectivo.

El empleado ve concentrada la actividad de su representación colectiva en las Asociaciones Sindicales que representan a cada actividad, entre ellas obviamente la actividad docente y no docente.

La ley 23.551, llamada de Asociaciones Sindicales, regula su creación, organización, funciones y atribuciones, la tutela sindical y el patrimonio de las Asociaciones.

La asociación gremial es la entidad más representativa, a quien se le otorga la personería gremial, y que tiene por objeto esencial la defensa de los intereses profesionales de los trabajadores del grupo, clase o categoría a la que pertenecen.

2. epresentación sindical en los establecimientos educativos

2.1. Los delegados del personal

Los delegados del personal son los trabajadores que, elegidos por sus compañeros de trabajo en un establecimiento, representan sus intereses profesionales ante el empleador y ante la entidad gremial, sin perjuicio de representar también a la entidad gremial a la que pertenecen ante el principal y sus dependientes (art. 40 LAS).

Estos trabajadores ejercen su función sindical sin dejar de prestar servicios en su establecimiento.

2.2. Requisitos para ocupar el cargo de delegado

Para poder ser candidato a delegado, se requiere ser afiliado a la entidad gremial con personería que se pretende representar, con una antigüedad en la afiliación no menor de un (1) año, contar con la edad mínima de 18 años, y haber trabajado como mínimo un (1) año en el establecimiento que se pretende representar.

Los requisitos de antigüedad no se exigen en los establecimientos de reciente instalación, o en los nuevos emprendimientos (art. 41 LAS).

Cuando no exista un gremio con personería, se podrán nombrar representantes de una entidad simplemente inscripta.

2.3. Elecciones

Las elecciones serán convocadas por el sindicato con personería, en el lugar donde presten servicio los electores y los candidatos, y dentro del horario de trabajo, de manera de permitir el acceso de todos los trabajadores.

2.4. Funciones

Las funciones principales de los delegados y miembros de comisión interna son representar al gremio ante el empleador y ante los trabajadores, y representar a los trabajadores ante el empleador y ante el gremio (art. 41 LAS).

Además tienen derecho a verificar la aplicación de las normas legales o convencionales dentro de la empresa, pudiendo participar de las inspecciones que realice la autoridad de aplicación (art. 43 LAS).

Como una actividad rutinaria, se podrán reunir con el empleador o sus representantes a fin de mantener comunicación sobre las tareas o funciones que le son propias.

Finalmente, con la autorización expresa del sindicato, podrán presentar ante el empleador o ante la autoridad de aplicación, las peticiones o reclamos formulados por los trabajadores (art. 43 LAS).

2.5. Mandato

El mandato máximo admitido por la ley es de dos (2) años, pudiendo ser reelegidos por vía asamblearia con un 10% de la representación como mínimo, o por el voto directo de los electores, una vez convocada a la elección pertinente (art. 42 LAS).

El mandato de un delegado es revocable a través de un procedimiento especial, por el cual la entidad gremial, con el voto de 2/3 de la asamblea o del congreso gremial que así lo determine.

2.6. Número de delegados por establecimiento

A falta de una norma expresa prevista en el convenio colectivo, la ley actúa en forma supletoria, y fija la cantidad de delegados en:
- De 1 a 9 trabajadores, ningún representante;
- De 10 a 50 trabajadores, un representante;
- De 51 a 100 trabajadores, dos representantes;
- Más de 101 trabajadores, un representante por cada 100 o fracción inferior a 100.

Cuando el establecimiento cuente con más de un turno de trabajo, habrá que designar un representante por turno. Cuando los representantes sean tres o más operarán como un cuerpo colegiado, y las decisiones se adoptarán por mayoría, desempatando el delegado general si fuere el caso. Las normas sobre el funcionamiento del cuerpo colegiado podrán fijarse en el Estatuto de la entidad (art. 45 LAS).

2.7. El empleador frente a los delegados

El empleador deberá respetar la actuación de los delegados dentro de los parámetros de la Ley de Asociaciones Gremiales, recibiéndolos a los fines de mantener reuniones periódicas, recepcionando las peticiones o los reclamos del personal. En los convenios colectivos y en los estatutos se suelen agregar otros recaudos, como verbigracia la obligación del empleador de brindarles un espacio adecuado para sus reuniones y las que realicen con el personal, habilitar un espacio cerrado con vidrio y llave como cartelera exclusiva del gremio a fin de publicar las novedades gremiales o laborales, etcétera.

3. utela sindical

3.1. Concepto

La tutela sindical es un mecanismo de protección especial originado en la ley que tiene por objeto proteger a ciertas personas que desarrollan actividad gremial frente a posibles abusos, impidiendo que se los suspenda, despida o modifiquen sus condiciones de trabajo.

Los delegados gremiales, al ocupar un cargo electivo dentro de la entidad gremial, están amparados por la tutela sindical (art. 48 LAS) que impide al empleador despedir, suspender o cambiar las condiciones de trabajo de dichos representantes, mientras dure su mandato, con una protección accesoria de otros doce meses más al finalizar el mismo

3.2. Acción especial por prácticas antisindicales

Por lo pronto, la LAS establece una acción especial para los trabajadores o las entidades que sufran maniobras o acciones antisindicales, a fin de que cesen las mismas.

El procedimiento está enunciado en el art. 47 LAS y establece que cuando un trabajador o un sindicato se viese impedido u obstaculizado en el ejercicio regular de sus derechos sindicales (individuales o colectivos) se podrá reclamar el amparo de la justicia por vía de un procedimiento sumarísimo o su equivalente en las normas procesales de cada provincia.

El objetivo de la acción será que el juez ordene el cese del comportamiento antisindical que se verifique en cada caso.

3.3. Personas comprendidas en la tutela sindical

La LAS ampara a las personas alcanzadas por el sistema durante la vigencia de sus mandatos y hasta 1 año a partir de la cesación de los mismos. También protege a los candidatos no electos por 6 meses desde su postulación u oficialización como tales.

En los casos de los cargos electivos o representativos, la entidad podrá solicitar la licencia gremial mientras dure el mandato, y la institución le deberá reservar el puesto de trabajo hasta que dicho mandato se extinga y hasta un plazo de 30 días de haber cesado, a fin de que el trabajador se reintegre.

El empleador no podrá suspender al trabajador reintegrado, ni modificar sus condiciones de trabajo ni despedirlo hasta después de transcurrido 1 año desde el cese del mandato.

Mientras el trabajador goce de la licencia el tiempo de la misma será computado como tiempo de trabajo a todos los efectos legales.

En el caso de los delegados y miembros de comisión interna, los mismos continuarán trabajando normalmente y no podrán ser suspendidos, ni modificadas sus condiciones de trabajo, ni ser despedidos mientras dure el mandato y por 1 año más después del vencimiento del mismo.

En cuanto a los candidatos a delegados y otros cargos representativos o electivos, los mismos no podrán ser suspendidos, ni despedidos ni modificadas sus condiciones de trabajo por el plazo de 6 meses desde su postulación.

Para que el candidato esté amparado por la tutela especial se deben cumplir tres condiciones: que se haya postulado conforme las pautas legales o estatutarias, que haya comunicado tal condición en forma fehaciente y por escrito al empleador, y que el candidato logre como mínimo el 5% de los votos válidos emitidos.

La tutela sindical no puede ser invocada cuando cesa en su actividad el establecimiento en donde se encuentran trabajadores amparados por la protección especial, o cuando se aplica una suspensión general de las actividades del mismo.

A su vez, cuando las suspensiones y los despidos de un establecimiento sean graduales y progresivos, se excluirán del orden de los mismos a quienes cuenten con estabilidad gremial, hasta tanto no se produzca el cierre, y en función de ello, alcance a los representantes gremiales como últimos sujetos comprendidos en la medida.

3.4. Delegados suplentes

Los delegados suplentes suplen a los titulares y mientras no se haga efectiva la toma de posesión carecen de la tutela sindical establecida por la LAS. El sistema legal establece que la operatividad de la tutela está condicionada a la notificación escrita de la representación que se alega, y a su adecuación con las exigencias normativas, por ello mientras el delegado suplente no haya realizado efectivamente la función para la cual fue elegido, sólo existe una mera expectativa que únicamente podría convertirse en protección en caso de ejercer el cargo. (CNAT Sala I Expte. N° 11.510/06 Sent. Def. N° 84.364 del 24/05/2007 "Pietrantuono, Graciela Noemí c/Administración Federal de Ingresos Públicos s/juicio sumarísimo").

3.5. El proceso de desafuero de la tutela

El marco protectorio de la tutela está configurado por la imposibilidad del empleador de suspender, modificar las condiciones de trabajo y despedir a los trabajadores alcanzados por la protección mientras dure su mandato y hasta 1 año más después del vencimiento del mismo.

Por ende, cuando el empleador deba disponer por causas justificadas alguna de las tres medidas precitadas, deberá previamente despojar al trabajador de la tutela sindical, a fin de aplicar la misma.

El procedimiento está establecido en el art. 52 LAS, y se divide en los siguientes pasos:

1) Cuando el empleador resuelva suspender, modificar las condiciones de trabajo o despedir al trabajador amparado por la tutela sindical, deberá presentarse por vía sumarísima ante la justicia y acreditar las causas que motivan las medidas a adoptar, a fin de que el juez determine si corresponde o no despojar de la tutela a la persona afectada por la medida.

2) El empleador podrá solicitar una medida cautelar, mientras dure el proceso por la cual se pretende que el juez ordene despojar de la tutela al trabajador, a fin de que el mismo no concurra al lugar de trabajo sin goce de salarios. Para ello el juez deberá evaluar las circunstancias del caso, ordenando la medida cautelar cuando la permanencia en el puesto del trabajador o el mantenimiento de las condiciones de trabajo pudiere ocasionar peligro para la seguridad de las personas o bienes de la empresa.

3) Si el empleador no cumple con las garantías establecidas por la tutela sindical y despidiera al trabajador, éste puede iniciar por vía sumarísima una acción para que se le reinstale en su puesto de trabajo, a cuyos efectos el juez deberá ordenar el pago de los salarios adeudados desde el despido hasta la fecha de la reinstalación.

Dado que la reinstalación es una obligación de hacer, y el empleador se puede oponer a ella sin justificación, la LAS faculta al juez a ordenar el pago de astreintes (art. 666 bis, CC) como una medida conminatoria para que el empleador reinstale al despedido, mientras se desarrolle el plazo del mandato.

4) El trabajador despedido que tuviese éxito en su acción de reinstalación, a su opción, podrá colocarse en situación de despido indirecto y reclamar una indemnización agravada constituida por la indemnización por despido incausado (arts. 232 y 245 LCT), más los

meses de salario que restan del mandato más un año de remuneraciones (13 sueldos) correspondientes al año de protección al finalizar el mandato.

En cuanto a la prescripción, la misma se interrumpe tanto por la interposición de la acción sumarísima de reinstalación como de restablecimiento de las condiciones de trabajo, por el cobro de indemnizaciones y de salarios caídos. El curso de la prescripción comenzará a operar una vez que haya pronunciamiento firme en cualquiera de los supuestos.

5) Si el sujeto fuese un candidato no electo que se encuentra gozando del período de 6 meses previstos para tal hipótesis, y fuera despedido o deba colocarse en la situación de despido indirecto, le corresponderán además de la indemnización por despido (arts. 232 y 245, LCT) los salarios pendientes de cobro hasta completar los 6 meses de protección especial y 1 año de remuneraciones, o sea 13 meses de salario adicionales.

4. uelga medidas de acción directa

4.1. Concepto

La huelga es un derecho constitucional establecido por el art. 14 bis CN, que debe ser ejercido, como cualquier otro derecho, *"de acuerdo a las leyes que lo reglamenten"*. El ejercicio de este derecho se halla reglamentado por las leyes 14.746, 16.936 y 20.744.

Se entiende como huelga la abstención colectiva y concertada del deber de trabajar promovida por un sindicato con personería gremial y fundada en una causa laboral de naturaleza colectiva.

4.2. Tipos de huelga.

Podemos distinguir en general, dos tipos de huelga: las llamadas legítimas y las ilegítimas. La distinción entre ellas está dada por el respeto de determinadas condiciones y procedimiento para su declaración y posterior cumplimiento.

Sintéticamente, en opinión de la mayoría de la doctrina, para que una huelga sea legítima, debe tener las siguientes características:

- Ser declarada por un Sindicato con personería gremial.
- Tener una finalidad legítima, es decir, que el reclamo pueda ser resuelto por el empleador. Por ello se descartan las llamadas "huelgas políticas" y "huelgas de solidaridad". No sería legítima una huelga

por ejemplo por el corte de servicios de una Obra Social, ya que ello está fuera del ámbito de control de los empleadores.

- Haber agotado el procedimiento de conciliación obligatoria ante el Ministerio de Trabajo de la Nación. El término máximo de la conciliación obligatoria es de 15 días con 5 días más de prórroga.

- Que su ejercicio no conlleve acciones dañosas a los bienes e intereses del empleador.

El ejercicio legítimo del derecho de huelga permite a los trabajadores evitar sanciones por la misma.

Igualmente, tales extremos deberán ser probados en sede judicial cuando haya conflictos de este tipo.

4.3. Pago de salarios durante la huelga

El empleador no está obligado al pago de los salarios en los días de huelga, en base al art. 103 de la LCT

Este artículo en particular establece que la remuneración es un efecto de la puesta a disposición de la fuerza de trabajo del empleado a la otra parte, por lo que, al no haber puesta a disposición de su fuerza de trabajo, no se devenga salario alguno. Por ello no corresponde el pago de salarios por los días de huelga al igual que en los casos de inasistencias injustificadas.

Asimismo, para el cómputo de la antigüedad y las vacaciones se debe aplicar el mismo principio, lo que significa que esos días no deben computarse para la liquidación de esos rubros.

4.4. Efectos normales de la huelga

Los efectos normales de la huelga para el empleador como para el trabajador son los siguientes:

- No se devengan los salarios: el efecto normal de la huelga para el trabajador que no concurre al trabajo es el hecho de que no se devengan los salarios. Sólo en algún caso excepcional, en el que la huelga se originara en un incumplimiento grave de un deber esencial del empleador, la justicia admitió la posibilidad de que se abonaran las remuneraciones, como fue el caso de adeudar tres meses de sueldo. Si no se dan estas hipótesis de excepción, en ningún caso la huelga devenga los salarios, sencillamente porque el trabajador no está durante su transcurso a disposición del empleador para trabajar.

- Se suspende la actividad del establecimiento: el efecto negativo de la huelga sufrido por el empleador es la pérdida de la producción de bienes o servicios mientras se extiende la medida de los trabajadores.

Como la huelga consagra un daño que se constituye por la inactividad productiva, sus efectos deben limitarse con criterio restrictivo. A la vez, no pueden avasallarse otros derechos como el de propiedad, que estaría violado si se ocupa el establecimiento, o el de trabajar, si una parte del plantel no se adhiere a la medida de fuerza.

4.5. Efectos anormales de la huelga.

Los efectos de la huelga ilegal en el plano individual son los siguientes:

a) no se devengan los salarios: como en cualquier medida de fuerza, la abstención laboral del trabajador no genera derecho a los salarios por el tiempo de duración de la misma;

b) el trabajador puede ser intimado a deponer la medida: el trabajador que participa de una medida de fuerza ilegal puede ser intimado, bajo amenaza de aplicar sanciones, e inclusive el despido con causa. La jurisprudencia exige que la intimación sea realizada en forma personal y fehaciente, en la que se le otorgue un plazo razonable para deponer la medida, estableciendo además qué medidas se adoptarán en caso de mantener la actitud;

c) el trabajador puede ser despedido con justa causa: la participación en una medida ilegal puede dar lugar al despido dispuesto por el empleador con justa causa, y sin derecho del dependiente de acceder a indemnización alguna. Para que el despido sea admitido, la jurisprudencia exige que se formule previamente una intimación fehaciente demandando la normalización de las tareas y expresando los motivos de la ilegalidad.

5. Encuadramiento sindical en instituciones educativas de gestión privada

En la provincia de Santa Fe tienen personería jurídica para ejercer la representatividad de los docentes el gremio de SADOP (Sindicato Argentino de Docentes Particulares) y de los no docentes y personal de servicio el SOEME (Sindicato de Obreros y Empleados de la Minoridad y Educación).

5.1. Inexistencia de Convenio Colectivo con el SADOP

El SADOP, según el punto 2 de su Estatuto, agrupa y representa a todo el personal de ambos sexos, que reviste en actividad o jubilado, que ejerza o haya ejercido en institutos, academias, colegios, establecimientos, etc. privados, ya sea autónomos, adscriptos, autorizados, incorporados o libres, de niveles, preprimarios, primarios, secundarios, terciarios, universitarios en todas sus modalidades; de enseñanza directa o por correspondencia.

Si bien los Preceptores como los Secretarios estarían dentro del convenio colectivo de SOEME, por Acta Acuerdo entre SADOP y SOEME del 10.10.09 se les reconoció carácter docente y por ello su representación dentro de SADOP.

En la actualidad no existe un Convenio Colectivo para los docentes privados de todo el país, trámite complicado por la existencia del plexo normativo de protección que los iguala con los docentes oficiales.

Recordemos que tanto la ley 13.047, cuanto la ley 6.427 que regula la educación de gestión privada en la provincia de Santa Fe, y las restantes leyes provinciales de educación le reconocen a los docentes privados los mismos derechos que a los oficiales, en cuanto sea compatible con la condición de relación de dependencia, en lo relativo a régimen salarial, régimen de licencias, jornada de trabajo, mecanismos de ingreso y promoción, régimen de incompatibilidad y régimen previsional. Por ello las notas esenciales de toda convención colectiva de trabajo no podrían ser materia de un convenio colectivo al no poderse disponer sobre los siguientes puntos:

5.1.1. Escalas salariales

Están reguladas por el art. 64 de la LEN 24.206, equiparándolos a los oficiales de cada jurisdicción. Debido al régimen del aporte estatal establecido por la ley 6.427 y también expresado por los convenios dispuestos por la ley 24.049, resulta imposible a las instituciones educativas que reciban aportes de los estados provinciales, pactar sueldos mayores que los oficiales, ya que la razón de ser de ese régimen, además de garantizar el derecho de los padres a elegir la educación de sus hijos, es la de *"contribuir al pago de los sueldos fijados en cada jurisdicción"*. Por lo cual la liquidación por parte del establecimiento de un plus implicaría la pérdida del beneficio concedido. Tampoco debemos olvidar que ya es un derecho adquirido en la docencia del país que los docentes oficiales o privados de cada jurisdicción perciban igual sueldo ante igualdad de trabajo.

5.1.2. Régimen de licencias

La equiparación dispuesta por el art. 11 de la ley 13.047 y lo dispuesto por el punto 18 e) del decreto 2.880/69 obliga a los establecimientos educativos a cumplir con los regímenes oficiales en desmedro de lo establecido por la LCT.

5.1.3. Escalafones de ingreso y libertad de cátedra

Los establecimientos de gestión privada están excluidos de los regímenes oficiales de constitución y aplicabilidad de los escalafones de ingreso y ascenso a la docencia por imperio del art. 64 de la LEN y las normas sobre designación de personal establecidas por la ley 6.427. La misma exclusión rige con relación al ejercicio de la libertad de cátedra, por cuanto los docentes deben sujetarse a lo que disponen el Ideario y el Proyecto Educativo Institucional de cada establecimiento educativo.

5.1.4. Régimen de disciplina

Se aplica lo normado por la LCT en subsidio al régimen disciplinario oficial.

No obstante, se ha suscripto un Acta Acuerdo de la Educación Pública de Gestión Privada en la Comisión Negociadora de la Educación Privada de fecha 01 de julio de 2013, entre el sindicato SADOP y las representaciones patronales del CONSUDEC y CAIEP, en la cual se establecieron algunos principios relacionados con el tipo de contratación, pero sus disposiciones aún son limitadas y debemos referirnos a las leyes antes enumeradas más la LCT para identificar las condiciones de trabajo del personal docente.

5.2. Convenio Colectivo SOEME

Históricamente en la provincia el personal no docente se encontraba regido por la misma normativa que el personal no docente oficial, es decir, por el decreto 2824/84 y sus modificatorios, tal vez por la inexistencia de convenios colectivos específicos para la actividad y también como una extensión de los principios de equiparación docente consagrados por la ley 13.047 y 6.427.

En el año 1999 se sancionó el convenio colectivo 318/99 del SOEME, que establece en su art. 2 su vigencia para todo el personal que se desempeña bajo relación de dependencia en tareas administrativas, técnicas, de maestranza, servicio de mantenimiento y en general, cualquier otra actividad que, con la sola excepción de aquellas de carácter específicamente docente, contribuyan a la prestación del servicio educativo en los establecimientos educativos de gestión privada.

5.2.1. Congruencia con la normativa provincial

El decreto 2.880/69 establece en su punto 29 que *"El personal de servicio tendrá las mismas obligaciones y derechos que los establecidos en el orden oficial, en cuanto sea compatible con el régimen de la ley"*.

De este principio general se desprende la aplicabilidad al personal no docente incorporado de las normas del personal de servicio oficial, establecidas por el decreto 516/10. Esta distinción es importante, ya que podrá aplicarse la normativa del convenio colectivo de SOEME solamente para aquel personal autorizado, ya que la misma prevé mayores obligaciones laborales que las del orden oficial.

5.2.2. mbito de aplicación personal

Se considerará bajo relación de dependencia habitual y permanente con el empleador a todo trabajador que desempeñe tareas no docentes retribuidas en los establecimientos comprendidos en el ámbito de aplicación del presente convenio, con excepción del personal especialmente contratado para desempeñarse en colonias y centros recreativos durante la época estival, el personal que trabaja por cuenta propia, el personal de empresas locadoras de servicios que contraten con los establecimientos y aquellos comprendidos en otros Estatutos Especiales o Convenciones Colectivas de Trabajo, por la índole de la actividad del establecimiento.

De esta manera quedan encuadrados dentro del SADOP todo el personal docente, sea personal de planta o fuera de planta, autorizado o incorporado y en SOEME el personal no docente y administrativo, dentro o fuera de planta.

5.2.2. Modo de contratación

Se prohíbe la contratación de personal "por temporada", o a plazo fijo por un período mayor de un año, el que en ningún caso podrá ser renovado, como así tampoco ningún trabajador podrá ser encuadrado bajo la calificación de "servicio doméstico" o ser afectados a tareas domésticas, propias y particulares de los empleadores, ni incluir las mismas como parte integrante de su jornada legal.

5.2.3. Agrupamientos de personal
El convenio describe al personal en tres Agrupamientos.
- *Agrupamiento Administrativo.* Incluye al personal que desempeña funciones de conducción, coordinación, programación, supervisión, asesoramiento y ejecución de tareas administrativas, con excepción de las técnico-administrativo de carácter docente contempladas en las plantas funcionales y reglamentaciones vigentes, por ejemplo Jefes de Personal, Secretarios privados, Administrativos de primera, Cajeros, Telefonistas, Recepcionistas de Conmutador, cadetes.
- *Agrupamiento Técnico-Profesional.* Incluye al personal que posee título universitario o terciario y desempeña funciones propias de su profesión u oficio, no incluidas en otros agrupamientos.
- *Agrupamiento Mantenimiento y Producción.* Incluye al personal que cumple tareas de producción, reparación y conservación de bienes y equipos e instalaciones del establecimiento, así como los relacionados con la custodia y provisión de materiales y herramientas, por ejemplo Intendentes, Jefes de Mantenimiento, Encargados de Cocina, Ecónomos, Mayordomos, Choferes, Capataces, Oficiales de Primera, Encargados de máquina, Mecánicos, Tractoristas, Sastres, Porteros de internado en vivienda, Mozo encargado de Comedor, Lavandero de Máquina, Peluquero, Costurera, Casero, Personal de Vigilancia, Jardinero, Quintero, Sereno, Mucama, Peón, Peón de Limpieza, Ordenanza.

5.2.4. Escalas salariales
Las escalas salariales serán fijadas por el Consejo Gremial de la Enseñanza Privada, aunque se pueden determinar en cada provincia de acuerdo a la firma de convenios especiales.

5.2.5. Jornada de trabajo
La jornada de trabajo será de 48 horas semanales, y cesa a las 13 horas del día sábado. Deberá otorgarse un lapso no inferior a 45 minutos de descanso que se computará como tiempo de trabajo y será proporcional a las horas trabajadas, cuando la jornada de labor sea menor de las 48 horas establecidas.

5.2.6. Ropa de trabajo
En el caso de que sea obligatorio el uso de uniformes por decisión patronal, serán provistos por el empleador a su exclusivo cargo dos equipos por año.

5.2.7. Contribuciones extraordinarias
Es obligación del empleador retener mensualmente a todos los empleados de la educación privada que estén afiliados al S.O.E.M.E., el 5 % de su remuneración sujeta a aportes y contribuciones en concepto de cuota sindical y adicional por co-seguro médico y asignaciones por sepelio, y depositar dentro de los cinco días los importes resultantes a la orden del S.O.E.M.E.

En el mes de diciembre de 2012 se suscribió un convenio entre SOEME y CONSUDEC por el cual se estableció la obligatoriedad de la retención de los establecimientos educativos de actuar como agentes de retención de un aporte solidario extraordinario correspondiente al 2,8% de la remuneración bruta del personal no docente, afiliado o no, con destino a fines culturales, sociales y de capacitación.

Esta retención no se efectuará si el pago de los salarios los efectúa de manera directa el Estado y el personal se encuentra afiliado directamente al SOEME.

Asimismo se estableció un aporte extraordinario empresarial del 1% del total de la remuneración bruta que se le abone al personal no docente de la institución, quedando excluidas aquellas instituciones que no perciban arancel o cuotas (las que tienen el 100% de aporte estatal).

El período de vigencia de ambas contribuciones es de marzo 2013 a febrero de 2015.

Con la existencia de este Convenio colectivo específico de la actividad y su aceptación expresa por las entidades representativas de las patronales, estimo que corresponde su cumplimiento y aplicación en la provincia de Santa Fe, dejando de lado las normas que rigen la función del personal no docente en el ámbito oficial.

. Comisión   egociadora de Educación Privada C   EP

La Ley de Convenios Colectivos (arts. 14 a 17, ley 14.250) admite la creación de las "comisiones paritarias", integradas por la representación sindical y empresaria cuya función es la de interpretar las cláusulas del convenio cuando se presenten conflictos sobre su contenido, o crear categorías profesionales y salarios, cuando así surja de la voluntad de las partes.

Esta Comisión en particular fue creada por decreto PEN 457/07 y ratificada por res. 6/09 del CGEP como consecuencia de la aplicación de la ley 26.075 y los convenios internacionales de la OIT.

Está integrada de la siguiente manera:

- Por los trabajadores docentes, seis representantes del Sindicato Argentino de Docentes Particulares (SADOP) y uno de la Confederación de Trabajadores de la Educación de la República Argentina (CTERA).

- Por los empleadores, tres representantes del Consejo Superior de Educación Católica (CONSUDEC), dos de la Junta Coordinadora de Asociaciones de la Enseñanza Privada de la República Argentina (COORDIEP) y dos de la Confederación Argentina de Instituciones Educativas Privadas (CAIEP).

- Por el Ministerio de Educación, tres representantes: el Secretario General del Consejo Federal de Educación, el titular de la Dirección de Asistencia Técnica para la Educación Pública de Gestión Privada y otro representante a designar.

- Y por el Ministerio de Trabajo, Empleo y Seguridad Social, tres representantes.

El objetivo principal de esta Comisión es la adecuación, recepción y ejecución para la Educación Pública de Gestión Privada del acuerdo marco a que se refiere el art. 10 de la ley de Financiamiento Educativo, respetando el marco estatutario contenido en la ley 13.047.

Constituye, a su vez, un ámbito de negociación propio de la enseñanza privada que, atendiendo a sus particularidades, acuerde propuestas resguardando de manera equitativa los derechos de todos, conjuntamente con la promoción y desarrollo de la educación como política de Estado.

Al momento de su creación, las partes acordaron también que las negociaciones a cumplimentarse se atendrán al marco jurídico constituido por la Constitución de la Nación Argentina, las leyes 13.047, 26.206, 26.075, el decreto PEN 457/07 y la normativa legal y reglamentaria aplicables.

En particular se resguardarán el derecho natural a enseñar y aprender y la autonomía institucional, así como también el derecho natural de la persona que trabaja a la protección de su dignidad y derechos constitucionales y sociales, y la equiparación salarial del docente de las plantas funcionales reconocidas con sus pares de la gestión estatal.

La CONEP ya produjo un Acta Acuerdo sobre temas laborales en el mes de julio de 2013 y otra ampliando los temas de la anterior en el mes de diciembre de 2013. La propia Comisión ha manifestado por escrito que los acuerdos que se firmen dentro de la misma tendrán total vigencia a nivel nacional una vez que lo apruebe el CGEP y/o la autoridad de trabajo de cada jurisdicción provincial, por lo que es necesario contar con el conocimiento de las mismas para adecuar las prácticas laborales de cada institución.

Los convenios colectivos son una fuente especial del derecho del trabajo y uno de los elementos peculiares que lo caracterizan, siendo también una fuente de autorregulación, porque nacen de un acuerdo entre los representantes colectivos de los trabajadores y de los empleadores, y están sometidos al control estatal, a través del acto administrativo de aprobación, que se denomina homologación.

Si bien no existe, como ya dijimos, un convenio colectivo de la educación privada, los temas decididos en las Actas que emanen de la CONEP deberán ser tomados con la formalidad de los mismos, ya que son el ejercicio del derecho de autorregulación de la educación de gestión privada y no puede ser impugnada por aquellas instituciones que no se encuentren representadas expresamente en la misma, ya que, en mi opinión, la presencia del CONSUDEC, la COORDIEP y la CAIEP engloba en casi su totalidad a las patronales de todo el país y son suficientemente representativas del sector patronal como para obligarlo.

Por ello es necesario conocer estas Actas y también saber como resolver los frecuentes conflictos que se producen entre la ley, los estatutos especiales, los convenios colectivos y otras normas nacionales o provinciales, a propósito de las distintas ventajas o desventajas que ofrece cada una en favor del trabajador.

Para resolver este conflicto se aplica siempre el principio de la norma más favorable al trabajador, evaluándola según distintos sistemas, como el denominado de acumulación, que toma de cada norma los elementos que resulten más favorables, con lo cual se construye prácticamente un tercer modelo, compuesto con las piezas de ambas lo que tiene por resultado una suerte de nueva norma integrada por piezas de diverso origen.

Otro sistema es el conglobamiento, que no admite el fraccionamiento, sino que elige la norma que en su conjunto resulte más favorable al trabajador, aplicándose la misma en su totalidad.

Por último, el método orgánico se eligen las normas que resulten más favorables en cada caso como ser licencias, jornada de trabajo, etc.

Capítulo XVIII

Extinción del contrato de trabajo

1. Concepto

La extinción del contrato de trabajo es su desaparición como tal y el cese, por ende, de los derechos y obligaciones que el mismo implicaba para el trabajador y el empleador, sin perjuicio de que puedan sobrevivir temporalmente algunos accesorios y de que, según sea el caso, por el hecho y el modo de la extinción puedan nacer incluso créditos o indemnizaciones a favor del trabajador o sus causahabientes o del empleador.

En el Derecho argentino la extinción del contrato laboral se encuentra regulado por la LCT y establece básicamente dos tipos de extinciones, las que dependen de la voluntad de las partes (renuncia, despido, mutuo acuerdo) y las que se producen por causas objetivas (muerte o incapacidad de una de las partes, vencimiento del plazo, jubilación ordinaria).

Para los establecimientos educativos de gestión privada, la extinción de la relación laboral con un dependiente lo obliga a acciones adicionales como es la notificación de la baja al SPEP con la documentación fundante de la misma a fin de poder nombrar a otra persona en ese cargo.

2. E tinción del contrato de traba o por renuncia

2.1. Concepto

La renuncia es un acto unilateral por el cual el trabajador extingue la relación laboral mediante una declaración dirigida al empleador de manera fehaciente y recepticia, es decir, que se perfecciona una vez que el empleador toma conocimiento de la misma.

Como consecuencia de ello es que la renuncia una vez perfeccionada no puede retractarse sin acuerdo del empleador.

Asimismo es un acto o dimisión inmotivada, porque no importa la existencia o no de una causa justificativa del mismo ya que no existe derecho indemnizatorio para el trabajador.

2.2. Formas

La ley no consagra otra forma que la expresa para la renuncia, a diferencia de la legislación anterior, que permitía la tácita, cuando se tratara de comportamientos inequívocos y concluyentes de las partes.

En este caso, la ley exige que la renuncia sea formalizada mediante telegrama o por autoridad pública del trabajo, es decir, por la forma escrita, y en ambos casos exige además la presencia personal del trabajador, debiendo justificar su identidad con documento ante la oficina de correos o el funcionario ministerial actuante.

En el caso de formalizar la renuncia ante autoridad pública, ésta deberá inmediatamente comunicar al empleador la situación y esta notificación será suficiente para el caso de que la renuncia haya sido con preaviso.

Como la renuncia es recepticia, corre a cargo del trabajador el riesgo de que la notificación llegue al empleador, ya que la misma no quedará perfeccionada hasta tanto no sea recibida.

Lógicamente que la renuncia al empleo no conlleva el cobro de ninguna indemnización, salvo los haberes devengados por el tiempo efectivamente trabajado (sueldo, SAC proporcional y vacaciones proporcionales), no debiendo abonarse indemnización por antigüedad ni integración del mes de despido.

2.3. Retractación de la renuncia

Entendida la renuncia como el acto jurídico unilateral mediante el cual el trabajador rompe el contrato de trabajo, resulta claro que tal acto es una expresión exclusiva de su voluntad porque nadie puede obligar a que trabaje en un lugar determinado si no quiere hacerlo.

De esta manera, a partir del momento de notificación de la renuncia, ésta produce un inmediato efecto desvinculante, sin que sea exigible el consentimiento patronal para su perfeccionamiento jurídico, por lo que para que valga la retractación, ésta debe ser consentida en forma expresa o implícita por el empleador.

Es decir, que se puede entender que la retractación es posible sólo cuando el empleador acepta tal retractación, de suerte que el empleado en efecto puede retractarse de la decisión de renunciar pero esa retractación sólo tiene efectos jurídicos si el empleador conviene en ello, ya que su voluntad extintiva fue exteriorizada de forma pública y vinculante.

3. E tinción del contrato de traba o por mutuo acuerdo

3.1. Concepto

El art. 241 LCT dice que *"Las partes por mutuo acuerdo podrán extinguir el contrato de trabajo. El acto deberá formalizarse mediante escritura pública ante la autoridad judicial o administrativa del trabajo. Será nulo y sin valor el acto que se celebre sin la presencia personal del trabajador y los requisitos consignados precedentemente. Se considerará igualmente que la relación laboral ha quedado extinguida por voluntad concurrente de las partes si ello resultase del comportamiento concluyente y recíproco de las mismas, que traduzca inequívocamente el abandono de la relación."*

3.2. Formalidades

La ley en este caso establece sin lugar a dudas las dos formas que puede tomar este negocio jurídico:

3.2.1. Mutuo acuerdo expreso

Se configura cuando el acuerdo se realiza por medio de un documento escrito que será instrumento público, como por ejemplo con acta ante escribano público o documento labrado ante la autoridad judicial o administrativa.

La diferencia entre estas dos formas está en la consecuencia de dicho acto. El acta ante escribano público es recurrible en la instancia judicial, mientras que el acta labrada ante autoridad administrativa (léase Ministerio de Trabajo de la Provincia) o autoridad judicial y que haya sido perfeccionada con la homologación por el Ministerio actuante o el Juez de Trabajo queda firme.

En la homologación administrativa o judicial, el funcionario o el juez de trabajo actuante ponderan los extremos de la relación laboral y los términos del acuerdo y le otorgan la homologación (reconocimiento) judicial, lo que significa que una vez notificada a las partes queda firme.

Es aconsejable seguir estos procedimientos para evitar reclamos posteriores por diferencias salariales o indemnizatorias.

3.2.2. Mutuo acuerdo tácito

Se configura cuando, sin haber suscripto las partes ningún documento, se extingue el contrato de trabajo por *"comportamiento concluyente y recíproco de las mismas que traduzca inequívocamente el abandono de la relación"*.

En este caso no es necesaria la declaración de las partes, y la prueba de dicho comportamiento incumbe a quien lo alega. Un caso sería, por ejemplo, que el trabajador deje de concurrir a su trabajo y notifique que se ha ido de la ciudad o el país o inicie otra relación laboral con otro empleador en el mismo horario, lo que hace imposible que se cumpla con la anterior relación laboral.

3.3. Orden público

Por último, la ley declara *"nulo y sin valor"* el acto que se celebre sin la presencia personal del trabajador y sin los requisitos formales establecidos. Esto implica que la extinción tiene una forma ad solemnitatem y que no puede ser realizada por el trabajador por medio de apoderados.

El representante legal del establecimiento es el encargado de suscribir el acta de mutuo acuerdo y abonar al trabajador la suma devengada hasta ese momento. No existe obligación de indemnizar, pero generalmente la extinción, al ser de mutuo acuerdo, establece una cláusula de pago de una suma compensatoria (generalmente definida como "gratificación especial") por el retiro del agente.

4. E tinción de la relación laboral por despido directo

La LCT da al empleador la posibilidad de finalizar la relación laboral por su voluntad unilateral. Esta forma de extinción conlleva el pago de rubros indemnizatorios cuando se trata de extinción sin justa causa, y permite la extinción sin indemnización cuando se trata de justa causa de despido.

4.1. Despido motivado e inmotivado
- *Despido motivado:* Es el denominado comúnmente *"justa causa"* como el caso de la injuria, del art. 242 LCT.
- *Despido inmotivado:* Sin justa causa. Genera la obligación de indemnizar al trabajador despedido y es tratado básicamente en el art. 245 LCT.

4.2. Forma del despido
- *Despido motivado:* Exige la declaración o expresión del motivo legal del mismo y, por ende, no puede ser tácita. La falta de expresión de los motivos debidamente claras, convierte al despido en inmotivado. Es necesario expresar la certidumbre acerca de los motivos del despido, lo que eximirá al empleador de las indemnizaciones legales.
- *Despido inmotivado:* Puede ser de manera expresa o tácita, ya que en este caso la certidumbre de la existencia no está en el motivo del despido, sino en el hecho del despido mismo. Con que las partes entiendan fehacientemente que se ha extinguido la relación laboral por despido es suficiente.

4.3. alidez del despido
Cuando se habla de validez del despido como forma extintiva de la relación laboral, la doctrina distingue entre la llamada "estabilidad propia" y la "estabilidad impropia".

La "estabilidad propia" es aquella que niega validez al despido arbitrario o sin causa justificada, es decir, que la continuación de la relación laboral (estabilidad del trabajador), se encuentra garantizada por una ley. En nuestro país ese fue el caso de la derogada ley 12.637 (empleados bancarios) y algunos supuestos de la ley 20.615 (anterior ley de asociaciones profesionales).

La "estabilidad impropia", en cambio, no niega validez al despido, aunque éste sea ilícito, y manifiesta la protección de la estabilidad del trabajador en la obligación de abonar una indemnización en caso del despido haya sido sin causa. La garantía de la estabilidad es esa indemnización, y no una ley.

El decreto 2.880/69 fija taxativamente el derecho a la estabilidad para el docente privado, pero como ya se ha visto, es la misma disposición la que morigera la norma y transforma esa estabilidad en impropia.

4.4. Despido por justa causa

4.4.1. Concepto

El art. 242 LCT establece que *"Una de las partes podrá hacer denuncia del contrato de trabajo en caso de inobservancia por parte de la otra de las obligaciones resultantes del mismo que configuren injuria y que, por su gravedad, no consientan la prosecución de la relación. La valoración deberá ser hecha prudencialmente por los jueces, teniendo en consideración el carácter de las relaciones que resulta de un contrato de trabajo, según lo dispuesto en la presente ley, y las modalidades y circunstancias personales en cada caso".*

4.4.2. Injuria

El concepto de injuria que utiliza la ley es la del incumplimiento de las normas contractuales, que por su gravedad no permiten la continuación de la relación laboral. Estamos en presencia de un "ilícito contractual". La ley no establece casos puntuales, sino un marco general de interpretación de la injuria que remite, en última instancia, a la prudencia de los jueces.

La doctrina y la jurisprudencia de manera casi unánime, exigen los requisitos de contemporaneidad, inmediatez y proporcionalidad entre el hecho injurioso y el despido por esa causa. Es decir, que debe existir una relación clara en el tiempo entre el motivo y el despido, para que sean aplicables las consecuencias que reconoce la ley.

En cuanto a la gravedad de la injuria, la misma deberá ser interpretada de manera objetiva de acuerdo a la modalidad del contrato de trabajo que se trate. No es necesaria la existencia de un perjuicio para el empleador, sino que sólo debe tratarse de un incumplimiento grave de las obligaciones contractuales.

Es así que se ha establecido un casuismo de la injuria laboral. Por ejemplo se ha justificado el despido en caso de tardanzas o inasistencias injustificadas y reiteradas, negligencia grave y reiterada en el cumplimiento del trabajo, daños materiales, desobediencia, indisciplina, faltas de respeto al empleador, a sus compañeros o al público, embriaguez habitual, etc.

4.4.3. Forma de la comunicación

El art. 243 LCT exige al empleador que el despido por justa causa deberá comunicarse por escrito, con expresión suficientemente clara de los motivos en que se funda la ruptura del contrato. Ante la demanda que promoviere la parte interesada, no se admitirá la modificación de la causal de despido consignada en las comunicaciones antes referidas.

La forma de la comunicación establecida por la ley es la escrita, y además exige la expresión clara de los motivos que fundaron el despido. Esta obligación es ad solemnitatem, es decir, se relaciona con la validez del hecho jurídico, y no solamente ad probationem, es decir, como forma de prueba del hecho.

4.4.4. Consecuencias del despido con justa causa

Las consecuencias del despido con justa causa es la eximición para el empleador del pago del preaviso y de la indemnización por antigüedad, debiendo abonar al empleado los haberes devengados, SAC proporcional, asignaciones familiares, vacaciones no gozadas y entregarle la correspondiente certificación de servicios.

5. umario previo del art. 2 de la le   .42

5.1. Concepto

El sumario es un procedimiento escrito y formal destinado a la investigación de un hecho o un conjunto de hechos, efectuado por un instructor a pedido del empleador sobre la base de las normas y principios ya establecidos, respetando el debido proceso para deslindar las responsabilidades de los intervinientes, determinar la existencia e incidencia de los hechos alegados y realizar las correspondientes imputaciones frente a las conductas desplegadas.

Se inicia por pedido expreso del empleador en uso de sus facultades de dirección y organización reconocidas por los arts. 64 y 65 LCT y del ejercicio del poder disciplinario reconocido por el art. 67 y 68 LCT.

La decisión de iniciar el sumario es irrecurrible por el trabajador, ya que no existe agravio alguno que modifique o altere sus derechos, porque es únicamente una acción tendiente a investigar hechos o conductas potencialmente disvaliosas.

El sumario previo establecido por la ley 6.427 en su art. 28 tiene su antecedente en el mismo sistema establecido por el art. 13 de la ley 13.047 que dice que *"El personal sólo podrá ser removido, sin derecho a preaviso ni indemnización, por causas de inconducta, mal desempeño de sus deberes o incapacidad física o mental, previa substanciación del correspondiente sumario por autoridad oficial competente, en el que se garantizará la inviolabilidad de la defensa".*

La normativa provincial eliminó la causal de incapacidad física o mental, dejando solamente las causales de inconducta o mal desempeño de sus deberes.

Este sumario es de realización obligatoria y deberá ser instruido por un funcionario que designará el Servicio Provincial de Enseñanza Privada.

5.2. Causales

Las causales establecidas por la ley son dos: inconducta o mal desempeño de sus funciones.

5.2.1. Inconducta

Es una causal genérica en la que caben numerosas situaciones dentro de un actuar contrario a la "buena conducta", que vulnera la moral, las buenas costumbres, los reglamentos existentes, y la eficiencia del docente necesarias para el desempeño de las delicadas funciones que le competen.

Se deberá evaluar la conducta del docente en cada caso, pero puede tratarse de conductas públicas asumida por el docente en contradicción con la orientación doctrinaria o ideológica del establecimiento, como podría ser divorcio o escándalos sexuales por parte de personal directivo de las instituciones o falta de cuidado en su conducta pública, o declaraciones públicas atacando la ideología o religión de la institución educativa. También pueden ser consideradas injuriosos los malos tratos a alumnos, padres y docentes, a los superiores, falta de respeto de tipo físico o verbal, agresiones a terceros, embriaguez habitual, etc.

Todas las causales deberán ser evaluadas en su gravedad para comprobar su relevancia suficiente para tomar la decisión de extinción de la relación laboral, como forma de ejercer lo que exige la ley, esto es, que sean de tanta gravedad que hagan imposible la prosecución de la relación laboral (arg.art.242, LCT), como así también que se respeten los derechos de toda persona a no ser discriminada por sus creencias, acciones privadas y/o cualquier otra conducta que sea tolerable a otra persona.

Es decir que no constituirán actos de inconducta por ejemplo, la participación del docente en actividades gremiales, sindicales, políticas o religiosas, mientras las mismas no se realicen dentro del ámbito escolar interviniendo de manera inadecuada con el funcionamiento normal del establecimiento y afectando la relación con los alumnos, los padres o el resto de los docentes.

5.2.2. Mal desempeño en sus funciones

Esta causal se configura cuando hay una conducta objetiva que revele la voluntad del docente de ejercer su tarea de modo negligente o que exprese falta de dedicación.

No basta con que exista discusión sobre la capacidad técnico pedagógica del docente, su información, sus técnicas de enseñanza o su ideología, sino que es importante probar que la conducta reprochable es injuriante, lo que a veces resulta difícil, máxime tomando en cuenta si el trabajador se ha desempeñado en la institución durante mucho tiempo y cuenta con antecedentes académicos que no hayan sido objetados.

Para ello sería conveniente la documentación de las observaciones y recomendaciones que se la hayan hecho y que supuestamente no cumplió y la medida de ese incumplimiento para evaluar su actuación profesional y objetivar el reproche.

Como ya hemos dicho, una de las características del ejercicio de la docencia privada es la falta de carrera docente, no obstante lo cual la constatación evaluativa debe existir y ser constante, sobre bases objetivas que impidan tanto el ejercicio abusivo de la sanción, cuanto la imposibilidad de probar en el supuesto de ser necesario, el deficiente desempeño del docente.

De igual modo, la instancia administrativa es la única que podría evaluar debidamente esta causal, ya que depende de elementos técnico pedagógicos puntuales, dejándose en la instancia judicial la evaluación de si esos reproches, probados en la instancia administrativa, son de suficiente entidad como para no permitir la continuidad laboral.

. Cr tica al sumario previo

La obligatoriedad del sumario previo para el caso de despidos sin causa es una norma que ha quedado derogada por desuetudo en la provincia de Santa Fe.

El desuetudo es, de acuerdo al Diccionario Jurídico, la *"Derogación de la ley por su no uso. Se configura cuando la costumbre o el uso social prescinden totalmente de una ley y actúan como si ella no existiera. Ello se debe, como es obvio, del divorcio existente entre la noma y el medio social para el que ha sido establecido"* (GARRONE, José A., Diccionario Jurídico – Tomo II, Ed. LexisNexis, Buenos Aires, 2005, p. 261).

A diferencia del ámbito nacional, en el cual se implementó un sistema administrativo destinado a la tramitación de estos sumarios, no se ha hecho lo mismo en la provincia de Santa Fe, ya que nunca se instrumentó debidamente su funcionamiento, obligaciones y consecuencias, especialmente la permanencia en la atención de tales situaciones por el Cuerpo Asesor, Tribunal de Disciplina u órgano semejante, lo que vació de contenido la norma.

Resulta a todas luces irrazonable exigir a los establecimientos educativos el sometimiento a este trámite cuando rige la incertidumbre sobre las condiciones de aplicabilidad, al no estar debidamente aclarado el órgano competente para su tramitación, el trámite especial, los plazos de sustanciación y las consecuencias y recursos contra esas decisiones.

Además, en mi opinión, este sistema ha quedado obsoleto con la sanción de la LCT, y la enumeración taxativa de los derechos laborales reconocidos por ella, con la que se abrió y se mantiene la posibilidad de defensa de las partes ante el juez natural de la relación laboral, que es el Juez de Trabajo.

Más allá de la falta de instrumentación del sistema por el Estado provincial, lo que en mi opinión lo ha vaciado de contenido, el mismo cuenta con graves deficiencias jurídicas como las siguientes.

6.1. Legisla sobre materia que ha sido delegada expresamente a la Nación por las provincias

La LCT establece una indemnización única y tarifada como consecuencia del despido sin justa causa, de la que es acreedor el trabajador despedido a partir del quinto día hábil del mismo.

Mucho se ha dicho que la mora en los juicios laborales es un perjuicio para el trabajador que necesita percibir su indemnización en caso de que no se la haya abonado a su despido, pero cabe señalar que en nuestra provincia se ha sancionado recientemente una reforma de la ley 7945, Código Procesal Laboral, introduciendo un Trámite Abreviado para reclamos judiciales por despidos sin justa causa, lo que evita largos procesos como existían antes y le dan al trabajador una vía rápida y específica de cobrar su indemnización.

Este Trámite Abreviado permite que una vez configurado el despido sin justa causa, el trabajador se presente ante el Juez del Trabajo de su competencia y con los recibos de sueldo y el telegrama de despido solicite el pago de la indemnización. El juez en su primera resolución, que tiene el carácter de sentencia de grado, intima a la demandada a abonar en el plazo de 10 días el monto indemnizatorio.

6.2. Aplica una sanción pecuniaria adicional subjetiva

La ley, al determinar una sanción pecuniaria adicional no solamente viola el principio general de la indemnización tarifada, sino que también, la agrava de forma arbitraria, ya que la quita del aporte estatal por un plazo de 18 meses no tiene equivalencia con la indemnización que debería percibir el empleado por tal causa.

6.3. Carencia de procedimientos y recursos específicos

No establece procedimiento alguno para la sanción ni posibilidad de recurrir la misma por parte de los afectados, más allá de la existencia de los recursos administrativos establecidos por el decreto 10204/58. Una sanción de tanta importancia económica para un establecimiento educativo no puede someterse al arbitrio de una sola persona ni contar con alternativas de recurrirla.

Este procedimiento administrativo es más complejo cuanto de mayor importancia es el acto. Por ejemplo, una Disposición del Director del SPEP requiere menos trámite e intervención de otros estamentos administrativos que un decreto del Gobernador.

Reconocerle, por ello, al Director del SPEP la facultad de quitar mediante una simple disposición un derecho individual reconocido por un decreto del Poder Ejecutivo es claramente inconstitucional, ya que un acto administrativo de rango menor decidiría sobre otro de rango mayor, lo que sería la autorización de un acto administrativo dictado en expresa contradicción con todos los principios generales de organización y jerarquía de nuestro sistema normativo.

6.4. Afectación del principio "non bis in ídem"

El principio *"non bis in idem"* se desprende del contenido del artículo 18 CN, en razón de las garantías que indirectamente surgen de este artículo, y en consonancia con el art. 33, siendo el citado principio consecuencia del derecho de defensa, ya que si una persona pudiera ser sometida a juicio en más de una oportunidad por una misma causa, luego de ser absuelta, se estaría despreciando la jerarquía de la cosa juzgada.

Asimismo, encuentra acogimiento en el art. 14, inciso 7 del Pacto Internacional de Derechos Civiles y Políticos *("Nadie podrá ser juzgado ni sancionado por un delito por el cual haya sido ya condenado o absuelto por una sentencia firme de acuerdo con la ley y el procedimiento penal de cada país")*, y en la Convención Americana sobre Derechos Humanos, en el art. 8, inciso 4 *("El inculpado absuelto por una sentencia firme no podrá ser sometido a nuevo juicio por los mismos hechos")*.

El orden normativo general sanciona a las instituciones educativas dos veces por el mismo hecho.

En primer lugar se encuentra obligada a abonar al trabajador la indemnización tarifada de la LCT, de manera voluntaria o a través del Tramite Abreviado establecido por el Código Procesal Laboral de la provincia, y en segundo lugar, deberá soportar la quita del aporte estatal sobre el cargo objeto del despido.

6.5. Afectación del principio de igualdad

También se afecta el principio de igualdad ante la ley, ya que se trata de una exigencia que solamente comprende a los establecimientos educativos incorporados, dejando a los autorizados sin obligación de cumplimentar el sumario previo, ya que no pueden ser sancionados al no gozar del aporte estatal. Las normas deben ser de alcance general y no limitadas a aquellos establecimientos que por razones históricas gozan del beneficio del aporte estatal.

Lo preocupante de este planteo es que basa la sanción en un elemento ajeno al beneficio del aporte estatal, como lo es la extinción de una relación laboral. Para poder aplicar sanciones económicas como la que hace el proyecto, debería producirse un acto en contra del ejercicio de ese derecho (vg. Malversación de fondos enviados por el Estado, falta de pago de sueldos y/o aportes, etc.) pero nunca podría relacionarse el beneficio de la incorporación con una de las consecuencias legales de las relaciones laborales como lo es el despido.

Por todos estos motivos entendemos que la aplicabilidad del sistema de sumario previo del art. 28 de la ley 6.427 en las condiciones actuales carece de sustento normativo, lógico y formal.

. Consecuencias de la falta de sumario previo

7.1. Para la relación laboral

Existen dos posiciones acerca de los efectos del despido sin sumario previo con relación al docente.

Una de ellas postula una especie de estabilidad absoluta y afirma que siempre debe labrarse el sumario, haya o no despido posterior, porque su omisión torna nulo el despido, y le otorga al damnificado el derecho de solicitar la reinstalación en su puesto de trabajo, o en caso de negativa del empleador, a obtener la indemnización por despido sin causa.

La otra, que estimamos la correcta, sostiene que la estabilidad docente es relativa, por lo que la omisión del sumario previo no acarrea la nulidad del despido, sino que lo transforma en un despido válido, pero injustificado, dándole derecho al trabajador a percibir la indemnización por despido sin causa.

Esta última posición es la adoptada por la ley 6.427 en su art. 29, y también ha sido receptada por numerosa jurisprudencia nacional en casos similares diciendo: *"El ordenamiento vigente en el ámbito de la enseñanza privada exige como requisito para el despido con causa que el empleador previamente demuestre los motivos en que se funda para tal decisión"* (C. Nac. Trab., sala 6ª, sent. 49.801 del 21/9/98, "Díaz Moreno, Graciela v. Unidad Educacional Instituto Sarmiento S.A. s/ despido") y que *"si la separación de un profesor de su curso no fue precedida de un sumario (requisito impuesto por el art. 13 er Texto Ley 13.047), tal conducta de la empleadora se tornó ilegal y conculcatoria del derecho a la estabilidad (art. 7 er Texto inc. a Ley 13.047) y de la inviolabilidad de la defensa garantizada en el art. 13 ya cit. Por ello, dicha omisión por sí descalifica la posibilidad de despedir con justa causa"* (C. Nac. Trab., sala 6ª, sent. 38.104, del 19/3/93, "Suárez, José v. Instituto Privado Rawson s/despido", en igual sentido SD 8167, del 30/5/2000, sala 10ª, "Tripodi, Graciela M. v. Instituto Erna y otro s/ despido"; sala 10ª, 31/05/2002, "Trapani, María C. v. Colegio Esclavas del Sagrado Corazón de Jesús", lexisnexis).

También: *"Cualquier despido en establecimientos docentes privados debe ser decidido por el empleador luego de un sumario interno, dirigido por la autoridad oficial estatal, en el que el trabajador pueda ejercer válidamente su derecho de defensa. Si así no se hubiese efectuado, el empleador ha cometido una falta grave contra el régimen laboral y debe ser sancionado por el Consejo Gremial de la Enseñanza Privada (arts. 13, 14, 33 y 34 ley 13.047)"*. (Dr. Capon Filas. C. Nac. Trab., sala 6ª, 18/10/1999. Clemente, Patricia F. v. CEMED S.A., JA 2000-IV-386, lexisnexis).

"La demandada no alegó, ni tampoco probó haber substanciado el mencionado sumario, en cuyo caso esa omisión con vierte en ilícito el despido y genera "per se" el derecho de la actora a las indemnizaciones por despido y sustitutiva del preaviso, impidiendo a la demandada la posibilidad de invocar y acreditar en una causa judicial posterior la justificación de la decisión rescisoria" (conf. C.N.A.T., Sala V, sent. nº 68.916, 6/10/2006, "Bujan, Susana Beatríz y otros c/Brañeiro, María Josefina y otros"; Sala II, sent. nº 95.029, 6/06/2007, "Poggio, Carla y otro c/Instituto Erna S.R.L.", sent. nº 95.178, 23/08/2007, "Bauer, Federico Javier c/Bluebell S.A."; Sala X, sent. nº 8.167.

7.2. Para el establecimiento educativo

La ley 6.427 incluye una sanción adicional a la falta de sumario previo que no se encuentra en la ley 13.047 y que significa, en caso de ser aplicada como ha sido redactada, una grave afectación de los derechos de los establecimientos educativos en lo relativo a la percepción del aporte estatal.

El art. 29 dice que *"El incumplimiento de estas normas por parte de los propietarios del establecimiento de enseñanza privada, acarreará como sanción la pérdida del aporte estatal para el cargo que ocupaba el agente separado y se considerará la medida como sin causa y regirá la norma del actual artículo 29 de la Ley N 6.427, que pasa a ser el artículo 30 "*.

Con posterioridad, el decreto 11/75 limitó la sanción a una quita del aporte estatal por un plazo de 18 meses.

Como puede verse, además de transformar el despido en incausado y darle al trabajador la posibilidad de percibir la indemnización laboral por el mismo, se agrega una sanción gravísima como lo es la pérdida del aporte estatal para el cargo que ocupaba el agente separado por un plazo de 18 meses, sanción que obviamente produce un daño patrimonial de gran importancia al establecimiento.

Luce prima facie exagerada la sanción determinada, ya que, vale recordar, la misma no se encontraba dentro del sistema original de la ley, sino que fue un agregado efectuado en el año 1973.

Es exagerada porque no existe proporción entre motivo y sanción, porque un incumplimiento formal, como lo es la falta de sustanciación de sumario previo tiene su sanción laboral al transformar el despido en incausado y en consecuencia, al empleador en deudor de la indemnización legal.

Pero como el derecho a obtener y mantener el aporte estatal no se relaciona con el cumplimiento de los derechos laborales por parte del empleador, sino de obligaciones administrativas con el Estado Provincial relacionados con el cumplimiento del destino de esos fondos (pago de sueldos al personal) y la rendición de cuentas de las sumas enviadas en tiempo y forma, extender la sanción de la falta de sumario previo laboral a un ámbito administrativo distinto resulta desacertado ya que afecta ilegítimamente los derechos reconocidos por la legislación vigente a los establecimientos educativos de gestión privada que perciben el aporte estatal.

Afortunadamente nunca se ha aplicado esta sanción de la manera prevista por la ley, por las carencias expuestas sobre el sistema de sumarios por parte del Estado Provincial, lo que abona nuestra teoría de que esta parte de la norma ha quedado derogada por desuetudo y no puede ser aplicada sin más por mera voluntad política sin caer en una directa afectación de los derechos constitucionales de los establecimientos educativos perjudicados por la misma.

espido con usta causa por abandono de traba o

8.1. Concepto

De acuerdo al art. 244 LCT, *"El abandono del trabajo, como acto de incumplimiento del trabajador, sólo se configurará previa constitución en mora mediante intimación hecha en forma fehaciente que se reintegre al trabajo, por el plazo que impongan las modalidades que resulten en cada caso".*

El abandono de trabajo se configura cuando el trabajador ha incumplido la obligación contractual más importante, como es la de poner a disposición del empleador su fuerza de trabajo.

La ley exige al empleador la previa constitución en mora del trabajador para hacer efectivos los apercibimientos del despido con causa. El plazo normal para estos casos es de 24 a 48 horas y deberá ser notificada por telegrama o carta documento al domicilio fijado por el trabajador en su legajo personal.

Una vez cumplido el plazo sin concurrencia del trabajador, el empleador queda habilitado para despedirlo con justa causa. Deberá notificarle nuevamente el despido por abandono del trabajo y ponerle a disposición las sumas devengadas por el trabajo: sueldos hasta el último día trabajado, SAC proporcional, vacaciones no gozadas y asignaciones familiares, en su caso.

En este caso no sería necesario el sumario previo ya que la causal no es inconducta ni mal desempeño de sus funciones, sino una causal autónoma que tiene una regulación propia dentro de la ley laboral y que es de aplicación a la totalidad de las relaciones laborales del país.

. espido sin usta causa

9.1. Concepto

Cuando el empleador decide dar por finalizada la relación laboral por su propia voluntad y sin expresión de causa, puede hacerlo sin condicionamientos ya que se puede afirmar que en la práctica existe un régimen de libertad de despido porque se puede despedir sin invocar causa con el pago de una indemnización preestablecida y limitada que cubre parcialmente los daños y perjuicios ocasionados.

Y esto es así ya que el resarcimiento es independiente del perjuicio real del trabajador, pudiendo resultar menor al perjuicio ocasionado en caso de que el trabajador sea un joven que vive con sus padres y consigue un nuevo empleo inmediatamente, o mayor, por ejemplo, si se trata de un jefe de hogar con cargas de familia y permanece largo tiempo desocupado.

La indemnización si bien no tiene un tope global como el que establecían las derogadas leyes de accidentes de trabajo (leyes 9688 y 24.028), está limitada por un tope salarial (la remuneración a tomar en cuenta no puede superar tres veces el salario promedio del convenio colectivo aplicable) y además sólo toma en consideración los conceptos remuneratorios, y, el mejor del último año o tiempo menor trabajado en tanto sea mensual, habitual y normal.

Se trata de una indemnización tarifada que no queda al arbitrio judicial y pretende tener una triple función:

- reparatoria, porque resarce en forma parcial de los daños y perjuicios ocasionados por el comportamiento antijurídico del empleador,

- sancionatoria o punitiva, porque castiga el comportamiento antisocial del empleador y

- disuasiva, porque el costo económico de la indemnización pretende evitar los despidos directos sin causa.

La indemnización comprende la totalidad de los perjuicios materiales y morales que, por el hecho de la denuncia, sufra el trabajador, que no puede invocar ni acreditar daños mayores, ya que la tarifa es abarcativa de los daños y perjuicios ocasionados; tampoco el empleador puede pretender pagar una suma menor, sosteniendo que los daños ocasionados son inferiores a la indemnización legal.

La indemnización del art. 245 LCT no es alta ni baja ni inadecuada, sino que refleja fielmente el nivel de remuneraciones del trabajador y su antigüedad en el empleo. No puede ser elevada ni desproporcionada, ya que es doblemente tarifada no solo por el tope sino por el límite que impone la interpretación de la base salarial que se debe tomar en cuenta: mejor remuneración, mensual, normal y habitual.

Excepcionalmente puede otorgarse otra reparación. Por ejemplo, en los casos de daño moral, discriminación, acoso sexual o mobbing, si la falta de aportes al sistema impidieron al trabajador acceder al subsidio por desempleo, en caso de daño padecido ante una agresión física y verbal que encuadra en el concepto de agravio a la persona que alude el art. 1078 CC, por la imputación de un ilícito penal que configura un hecho doloso del empleador, por denuncia injustificada, que constituye un ilícito extracontractual que debe considerarse una violación del deber general de no dañar (art. 1109 CC).

Es decir, que es necesario que exista una conducta adicional del empleador ajena al contrato, de naturaleza dolosa, o sea, un acto ilícito adicional al despido. La ilicitud se refiere a la antijuridicidad de la conducta que se califica de injuriante, oprobiosa y, por ende, nociva para el trabajador.

De todo lo expuesto podemos afirmar que el despido sin justa causa no es un acto prohibido por la legislación laboral vigente ni tampoco es un delito tipificado por nuestro Código Penal, por lo que cualquier empleador que decida el mismo solamente deberá afrontar las consecuencias establecidas por la LCT, que se encuentra vigente en todo el país.

9.2. Preaviso

La LCT establece en su art. 231 que *"El contrato de trabajo no podrá ser disuelto por voluntad de una de las partes sin previo aviso, o en su defecto, indemnización, además de la que corresponda al trabajador por su antig edad en el empleo, cuando el contrato se disuelva por voluntad del empleador. El preaviso, cuando las partes no lo fijen en un término mayor, deberá darse con la anticipación siguiente:*

a) Por el trabajador, de un mes;

b) Por el empleador, de un mes cuando el trabajador tuviese una antig edad en el empleo que no exceda los cinco años y de dos meses cuando fuese superior".

El deber de preavisar es una carga establecida por la ley al denunciante, que implica el establecimiento de un plazo para la efectiva aplicación de la denuncia. Es un deber de conducta que hace que la extinción del contrato de trabajo sea diferida en el tiempo. La falta de cumplimiento de esta obligación obliga al pago de la consiguiente indemnización compensatoria.

El motivo de esta disposición es evitar los perjuicios que pudieran causar a las partes la denuncia intempestiva del contrato de trabajo. En el caso del trabajador, es un tiempo en el cual puede buscar un nuevo trabajo, y en el caso del empleador, lo utilizará para adecuar al establecimiento educativo a la baja de esa persona.

El preaviso es un deber bilateral, es decir, de cumplimiento por ambas partes, a pesar que las consecuencias sean distintas.

Debe ser notificado de manera fehaciente y, al ser recepticio, la carga de que llegue al conocimiento del destinatario, es del emisor del preaviso.

La ley no exige antigüedad mínima en el empleo para recibirlo, por lo cual es exigible desde el momento en el que se inicia la relación laboral.

Artículo 232 LCT: *La parte que omita el preaviso o lo otorgue de modo insuficiente, deberá abonar a la otra una indemnización sustitutiva equivalente a la remuneración que correspondería al trabajador durante los plazos señalados en el art. 231.*

En el caso del empleador, la falta de cumplimiento del preaviso conlleva la obligación de abonarle al trabajador la suma equivalente al período del preaviso, esto es, un mes de sueldo si el trabajador tiene una antig edad menor a 5 años y dos meses de sueldo si la antig edad supera los 5 años.

Cabe preguntarse si en el caso de renuncia intempestiva por parte del trabajador, éste estaría obligado al pago del preaviso al empleador. De acuerdo a la letra de la ley ello sería así, pero la costumbre general hace que el único obligado al pago sea el empleador.

9.3. Indemnización tarifada y tope indemnizatorio

Artículo 245 LCT: *En los casos de despido dispuesto por el empleador sin justa causa, habiendo o no mediado preaviso, éste deberá abonar al trabajador una indemnización equivalente a un mes de sueldo por cada año de servicio o fracción mayor de tres meses, tomando como base la mejor remuneración mensual normal y habitual percibida durante el último año o durante el plazo de prestación de servicio. Dicha base no podrá exceder del equivalente a tres veces el importe mensual del salario mínimo, vital, vigente al tiempo de la extinción del contrato.*

El importe de esta indemnización en ningún caso podrá ser inferior a dos meses de sueldo, calculados en base al sistema del párrafo anterior.

En este tipo de despido, corrientemente denominado arbitrario por la doctrina, el empleador no invoca ninguna causa legal atendible para justificarlo, lo que conlleva una consecuencia económica para el mismo, que es el pago de la indemnización al trabajador.

La indemnización de la LCT es tarifada y exige una antigüedad mínima en el empleo de tres meses.

El módulo de aplicación de la tarifa es el de un mes de sueldo por cada año de servicios, y generalmente se toma como remuneración, la denominada *"normal y habitual"*, es decir, aquella que es constante a través de los meses (no los premios excepcionales, horas extras si no son habituales, etc.).

Esta interpretación es la que surge de la propia ley 6.427 cuando dice que se aplicarán en los casos de despido sin causa las disposiciones del despido sin justa causa para los empleados de comercio, esto es, la LCT.

La ley además establece un tope indemnizatorio que exige que el salario base para el cálculo no puede ser superior a tres veces el salario que resulte del promedio de todas las remuneraciones previstas en el convenio colectivo de trabajo aplicable al trabajador. En caso de tratarse de un trabajador fuera de convenio se aplica el CCT aplicable al establecimiento o al convenio más favorable en el caso de haber múltiples convenios.

El Ministerio de Trabajo es el encargado de publicar los sueldos promedios de cada convenio colectivo, y así lo hace cada vez que publica una escala salarial.

Este tope ha sido validado para su aplicación a los docentes privados por el Consejo Gremial De Enseñanza Privada, que desde la Resolución 4/98 hasta la actual, la 6/12, en uso de las facultades conferidas por los arts. N° 18, inciso b), y 31, incisos 1 y 2, de la Ley 13.047, determinó el monto del Tope Indemnizatorio a aplicar por cada año de antigüedad o fracción mayor a tres meses, en caso de despido del personal de servicios y maestranza, administrativo y docente a cargo de materias extraprogramáticas de los institutos reconocidos por autoridad administrativa educativa jurisdiccional y de todo el personal de los institutos comprendidos en los incisos b) y c) del art. 2° de la ley 13.047.

De esta manera, el tope indemnizatorio por cada año de antigüedad o fracción mayor a tres meses determinado por el art. 245 de la LCT, modificado por el art. 153 de la Ley 24.013, aplicable en los casos de despido del personal de servicio y maestranza, administrativo y docente a cargo de materias extraprogramáticas de los institutos incorporados a la enseñanza oficial y de todo el personal de los institutos comprendidos en los incisos b) y c) del art. 2 de la Ley 13.047, a partir de octubre de 2012 es de Pesos trece mil doscientos noventa y dos con setenta y siete centavos ($ 13.292,77).

La Corte Suprema de Justicia de la Nación, en el famoso caso Vizzoti ("Vizzoti, Carlos A. C/AMSA S.A. s/despido", declaró la inconstitucionalidad del tope establecido por el art. 245 de la LCT cuando el mismo fuera confiscatorio para los derechos laborales del actor.

Hay que recordar que el actor Vizotti era director médico de AMSA, ganaba $11.000 mensuales, fue despedido y contaba con una antigüedad de 16 años. Al momento de liquidar su indemnización, AMSA aplicó el tope correspondiente al Convenio de Sanidad, lo que determinó que por 16 años de servicio, Vizotti recibiera tan sólo $27.048,06, es decir que la aplicación del tope indemnizatorio implicó que su indemnización se viera reducida en un 90,55%.

La Corte Suprema estableció que el tope es procedente siempre y cuando no implique la quita de más del 33% de la base, es decir, si el tope reduce la base en más del 33%, éste será considerado como inconstitucional.

1 . E tinción del contrato de traba o por cierre de secciones o del establecimiento. plicación del art. 24 de la LC

10.1. Concepto

El art. 30 de la ley 6.427 establece que en los casos de cambio de planes de estudio o supresión de cursos, grados, divisiones o especialidades, previa comunicación al Servicio Provincial de Enseñanza Privada, quedará cesante el personal del establecimiento que tuviera menor concepto profesional.

Este personal será tenido en cuenta para ser designado en la primera vacante que se produjera en el establecimiento y en la misma actividad que cesó.

Se plantean diferentes supuestos en este artículo, con diferentes consecuencias para el contrato de trabajo.

10.2. Supuestos comprendidos

Los supuestos comprendidos por la ley son cambio de planes de estudio o supresión de cursos, grados, divisiones o especialidades.

10.2.1. Cambio de planes de estudio

Es un derecho del establecimiento el de confeccionar su plan de estudios, y, de acuerdo a esa libertad pedagógica, la de modificarlo.

Puede suceder que por causa de esa modificación se supriman materias, con la consiguiente extinción del contrato de trabajo de los docentes afectados.

En este caso, si no hay posibilidad de reubicar a esa gente, el empleador debe abonar la totalidad de la indemnización como si fuera un despido sin causa, ya que el motivo del cese no es ni fuerza mayor ni falta de trabajo, sino decisión propia del empleador de cambiar el plan de estudio.

Distinto se plantea la situación cuando el cambio de los planes de estudio es decidido por la autoridad ministerial como parte de la currícula oficial, como ha ocurrido en los últimos años. En estos casos, si no existe la posibilidad de reubicación del personal por causas de diferencia en su titulación o incumbencias, sería una injusticia obligar a la institución educativa a abonar una indemnización completa como si se tratara de un despido sin causa, por lo que habría que establecer el pago de una indemnización del art. 247 LCT por fuerza mayor, falta o disminución de trabajo.

10.2.2. Supresión de cursos, grados, divisiones o especialidades
Este supuesto aparenta ser distinto, ya que la palabra "supresión" implica una acción obligada, que no depende de la voluntad del establecimiento. Sería el caso de falta de matrícula de alumnos, lo que no permite completar la totalidad de los cursos y obliga al cierre de alguno.

Este caso sí sería de fuerza mayor y falta de trabajo, no imputable al empleador, y resulta de aplicación el art. 247 LCT, es decir que la indemnización legal por antigüedad sería la mitad de la de un despido.

Se debe comenzar con el personal menos antiguo dentro de cada especialidad, y en el caso de aquellos que hubieran ingresado en el mismo semestre, con aquellos que tengan menos cargas de familia.

Recordemos que es necesaria la previa notificación del cierre al Servicio Provincial de Enseñanza Privada.

La ley 6.427 habla de "*cese*" del personal, y de que el personal quedará a disposición del establecimiento para cubrir una vacante, lo que supondría la inexistencia de indemnización, pero ello no es así, ya que el docente tiene derechos irrenunciables al cobro de esa indemnización, y en el caso de no serle abonada, puede reclamarla judicialmente.

No obstante, como las matrículas son variables, un curso que cierra un año puede reabrir en el año siguiente o en el posterior, por lo que una variante permitida por la ley es establecer una reserva de puesto con el personal que cesa, mediante un convenio que puede extenderse durante 5 años, o hasta que las partes decidan ponerle fin, y tiene como objeto mantener la posibilidad laboral abierta entre las partes, y obliga al empleador a darle el mismo puesto a su empleado cuando se produzca una vacante.

10.2.3. Cierre compulsivo decidido por la autoridad de aplicación
Puede ocurrir un último caso de cierre, que es por decisión de la autoridad de aplicación, esto es, el Servicio Provincial de Enseñanza Privada, por motivo de irregularidad en la gestión del establecimiento o por rechazo del pedido de autorización, en el caso de establecimientos nuevos.

En este caso, se aplicará directamente el art. 247 LCT, es decir, el personal deberá ser indemnizado en un 50% por antigüedad.

11. Extinción del contrato de trabajo por muerte del empleador

En este caso, la LCT establece en su art. 249 que el contrato se extingue si la presencia del empleador resulta indispensable y esencial, por sus condiciones legales o personales, actividad profesional u otras circunstancias, para la continuidad de la relación.

El trabajador tiene derecho al pago de la media indemnización del art. 247 LCT (igual a la indemnización por fuerza mayor o falta de trabajo).

12. Extinción del contrato de trabajo por muerte del trabajador

Como consecuencia de la muerte del trabajador, se indemniza a los causahabientes del trabajador fallecido, en el orden establecido por la ley 18.037, con una suma igual a la del punto anterior, es decir, la del art. 247 LCT.

Esta indemnización se debe abonar en caso de existir derechohabientes beneficiarios y no debe adicionarse ni preaviso ni integración del mes, y es acumulable a cualquier otra indemnización que surja por la LCT, convenciones colectivas de trabajo u otro cuerpo legal o convencional.

13. Extinción del contrato de trabajo por quiebra o concurso del empleador

La nueva ley 24.522 de Concursos y Quiebras plantea una serie de efectos sobre la empresa y el empleador, que pueden sintetizarse en lo siguiente:

13.1. Concurso del empleador
Los efectos más importantes son los siguientes:
- Se suspende el curso de los intereses de las deudas impagas y se crea un mecanismo por el cual caducan automáticamente los convenios colectivos por el plazo de tres años, o en su caso, por el tiempo que dure el acuerdo preventivo.
- Se establece el fuero de atracción de las causas laborales al juez del concurso, con excepción de los accidentes de trabajo y las enfermedades profesionales.

- Se mantiene un sistema de privilegios especiales y generales, mediante los cuales el trabajador puede contar con cierta prioridad y ventaja en el orden de cobro de las deudas laborales, en forma similar a lo que tienen los acreedores prendarios e hipotecarios.

- Existe un sistema de pronto pago en virtud del cual, los trabajadores que tengan créditos con privilegio especial o general, cobrarán primero que otros acreedores, en atención al carácter alimentario de estos créditos.

- Otro de los recursos contemplados por la ley es de la continuidad de la explotación, mecanismo que ha generado opiniones dispares y consecuencias no deseadas en el desempeño de las empresas.

En cualquier caso, el juez del concurso puede disponer la continuidad de la explotación si es lo que considera conveniente para proteger la masa de acreedores.

13.2. Quiebra del empleador

Los efectos más importantes son los siguientes:

- Se suspende el curso de los intereses: a fin de no gravar más la deuda impaga frente a la insolvencia del quebrado.

- Se suspende el contrato de trabajo: por sesenta (60) días, reconduciéndose la relación si la empresa continúa, con derecho al cobro de salarios.

- El eventual comprador no es sucesor del fallido: es una norma creada para incentivar la posible venta de la quiebra, y que el comprador no herede los problemas laborales del antecesor.

- Se extinguen los convenios colectivos de trabajo: es otro mecanismo creado para descomprimir la situación de crisis.

- Si se extingue la relación laboral, de acuerdo a la calificación de conducta del empleador que se determine en el proceso concursal, la indemnización será similar a la del despido sin causa art. 245 LCT si la quiebra fue por causas imputables al empleador y la mitad de esa suma, si fuera por causas no imputables al mismo.

14. E tinción del contrato de traba o por causa de embarazo. ndemnización agravada

14.1. Concepto

Existe una presunción "Juris tantum" establecida por el art. 178 LCT de que el despido se produjo por maternidad o embarazo cuando fue decidido dentro de los siete meses y medio anteriores o posteriores a la fecha del parto, siempre que la trabajadora haya notificado fehacientemente su embarazo.

En caso de despido, si el empleador no demuestra que existió una causa justificada, debe pagar, además de las indemnizaciones por despido sin justa causa establecidas por el art. 245 LCT, una indemnización agravada equivalente a un año de remuneración, o sea, 13 salarios mensuales, ya que se adiciona el SAC.

Para su cómputo se debe considerar la remuneración habitual y no el módulo previsto en el art. 245 L.C.T o del art. 7 de la ley 25.013, no resultando de aplicación para este cálculo el tope establecido en los citados arts.

14.2. Requisitos para su aplicación

El segundo párrafo del art. 177 LCT dispone que *"la trabajadora deberá comunicar fehacientemente su embarazo al empleador con presentación del certificado médico en el que conste la fecha probable de parto, o requerir su comprobación por el empleador".*

Sin embargo, jurisprudencialmente se dispuso que si bien el art. 178 LCT exige como requisito para que proceda la indemnización especial allí establecida que exista comunicación fehaciente del embarazo, por parte de la trabajadora, cabe admitir como excepción el caso en que el estado de gravidez es tan notorio que pueda reconocerse a simple vista, en términos de elemental sentido común. (Sala VII, 30/04/1992, Medina de Lafuente, Lorenza v. club San Lorenzo de Almagro s/despido).

Se han planteado dudas sobre la viabilidad de esta protección para el caso de que la empleada notifique su estado de embarazo durante la vigencia del período de prueba, que como se ha explicado, es el plazo de 90 días desde el inicio de la relación laboral en el cual el trabajador carece de derecho a la indemnización por preaviso y antigüedad en el empleo.

Una parte de la doctrina sostiene que las presunciones no son admisibles en este caso, porque la propia ley eximió al empleador de expresar la causa de su voluntad de extinguir la relación. Es decir, que en tal período cualquiera de las partes puede extinguir la relación sin expresar causa al respecto, sin otra consecuencia legal que la cesación del período de prueba en trámite, ya que la conducta del empleador es legítima.

Al contrario otro sector de la doctrina y alguna jurisprudencia admiten que la garantía de estabilidad tiene operatividad también en el período de prueba. El art. 92 bis LCT habla de extinción sin expresión de causa, mientras que el art. 178 LCT prevé una presunción frente a la notificación del embarazo en forma fehaciente, si bien no puede desnaturalizarse por el período de prueba, debe tornar más exigente su disolución, en cuyo caso, habrá de requerirse, aunque la ley no lo exprese, que el empleador determine en forma objetiva en que consistió el incumplimiento en la prueba para que no opere la presunción del art. 178 citado.

El estado de embarazo genera a favor de la trabajadora una presunción, y a fin de evitar que el despido pueda ser considerado discriminatorio, el empleador debe demostrar que los motivos que lo impulsaron a disolver el vínculo son ajenos al embarazo, ya que en esta situación particular, y aunque la ley no lo prevea expresamente, no basta con que el empleador despida sin invocar más que su voluntad, amparándose en el art. 92 bis LCT, porque los valores en juego y los bienes jurídicos tutelados tienen distinta jerarquía.

Sería conveniente si se decide dar por finalizado el período de prueba, justificar la no continuidad laboral en condiciones relacionadas con el desempeño de la postulante y no sólo en el transcurso del plazo legal.

15. E tinción del contrato de traba o por causa de matrimonio. ndemnización agravada

El art. 180 LCT establece la nulidad de los actos o contratos de cualquier naturaleza que se celebren entre las partes o las reglamentaciones internas que se dicten, que establezcan para su personal el despido por causa de matrimonio.

Se considera que el despido responde a la causa mencionada cuando el mismo fuese dispuesto sin invocación de causa por el empleador, o no fuese probada la que se invocare, y el despido se produjere dentro de los tres (3) meses anteriores o seis (6) meses posteriores al matrimonio y siempre que haya mediado notificación fehaciente del mismo a su empleador, no pudiendo esta notificación efectuarse con anterioridad o posterioridad a los plazos señalados.

Se establece una indemnización especial equivalente a un año de remuneraciones, que se acumulará a la establecida en el art. 245 LCT.

Capítulo XIX

La seguridad social del personal de los establecimientos educativos

1. Conceptos generales

La seguridad social es la rama del derecho que se ocupa del hombre en general frente a la posible ocurrencia de contingencias sociales, que comprometan todo o parte de su ingreso, y generen cargas económicas suplementarias y habituales.

El art. 14 bis CN dedica el tercer párrafo, entre otros temas, a la seguridad social. Los temas específicos contenidos en dicho artículo son:

a) seguro social obligatorio: el enunciado tiene mucha relación con los sistemas solidarios, de amplia cobertura, dirigidos a toda la comunidad. En nuestra legislación podemos poner como ejemplo el sistema de salud, o la normativa sobre riesgos del trabajo.

b) jubilaciones y pensiones móviles: el sistema jubilatorio que ha vuelto a ser totalmente estatal luego de haber coexistido un tiempo con un sistema privado.

c) protección integral de la familia: la protección de la familia tiene distintos institutos, como el régimen nacional de salud y las obras sociales, o las asignaciones familiares para atender la cobertura de cargas de familia.

d) la compensación económica familiar: en la actualidad este principio se yuxtapone con el anterior, y puede relacionarse con todos los mecanismos que generan directa o indirectamente ventajas económicas, como es el caso de la maternidad y el nacimiento que brinda cobertura sin cargo (en las obras sociales) no sólo por el embarazo y el parto sino hasta un año de vida del recién nacido.

2. El r gimen ubilatorio docente provincial. Concepto alcances

La contingencia social de vejez, junto a las de invalidez y de muerte, son atendidas por el régimen jubilatorio a través de la jubilación ordinaria, de la jubilación por invalidez y de las pensiones. Todas estas prestaciones han sufrido no pocas vicisitudes en nuestro sistema legal.

2.1. Jubilaciones

2.1.1. El beneficio de la jubilación se encuentra regulado en la provincia por la ley 6915, que en su art. 2 f in fine incluye como afiliados forzosos a *"El personal de los establecimientos privados de enseñanza, autorizados o incorporados según régimen del Decreto Ley 6.427/68".*

Este principio fue ratificado por la ley 9.563 del año 1984, que dispuso que los propietarios de los establecimientos privados de la enseñanza, autorizados e incorporados según el régimen de la ley 6.427, debían remitir a la Caja de Jubilaciones y Pensiones de la Provincia la nómina del personal que prestara servicios en ella, aunque la relación de empleo haya sido transitoria o por contrato, a fin de cumplimentar con la disposición del art. 2, inc. f) de la Ley N° 6915. Asimismo tenían la obligación de cancelar la inscripción existente en la Caja Nacional de Previsión para el personal de la Industria, Comercio y Actividades Civiles, respecto a ese personal, fundamentando la misma en el cumplimiento de esa ley.

A partir del mes siguiente al de la promulgación de esta ley, los propietarios de los establecimientos educativos de gestión privada debían cumplir con los aportes y contribuciones del personal allí señalado y a favor de la Caja de Jubilaciones y Pensiones de la Provincia, con una grave penalidad en caso de incumplimiento, ya que se facultaba al Poder Ejecutivo para suspender el pago de los subsidios que correspondan por aplicación de la ley 6.427 si ello ocurriera.

Es decir que no caben dudas de que todo el personal dependiente de establecimientos educativos de gestión privada, autorizado o incorporado, dentro de planta o fuera de ella, son afiliados forzosos a la Caja de Jubilaciones y Pensiones de la Provincia.

2.1.2. Hecho este breve resumen, quiero referirme a una situación conflictiva que se encuentra produciendo en el último tiempo porque la Caja de Jubilaciones y Pensiones de la Provincia ha hecho saber a algunas instituciones educativas que no afiliará ni recibirá más aportes jubilatorios al personal denominado *"Fuera de planta"* es decir, aquel no reconocido como autorizado por el SPEP.

Esta decisión parte de un dictamen sobre un caso particular, pero a su vez es absolutamente contradictorio con una comunicación también particular efectuada por la misma Caja a un establecimiento privado de la ciudad de Rosario en el año 1986, donde determina la obligatoriedad de los aportes de todo el personal de ese establecimiento educativo de gestión privada, independientemente de que fuera docente o no docente, fuera de planta o incluido en ella, ya que entendía que la norma legal no establecía excepciones de ningún tipo, lo que obviamente es cierto.

Nuestra posición es muy clara. Todo el personal dependiente de establecimientos de gestión privada en la provincia se encuentran comprendidos dentro del ámbito de la afiliación forzosa establecida por el art. 2 Inc f., no existiendo distinción entre autorizados, incorporados o fuera de planta.

Ello es una consecuencia directa de la transferencia de los servicios educativos a las provincias y del mantenimiento de la Caja de Jubilaciones y Pensiones dentro de la órbita provincial, como así también por la expresa letra de la ley 6915 y su ratificación por la ley 9563, por lo cual la coherencia normativa y de hecho nos lleva a tal conclusión.

2.2. Prestaciones de la ley 6915

La ley 6915 establece los beneficios de jubilación ordinaria, jubilación por invalidez, jubilación por edad avanzada y pensiones, con los siguientes requisitos:

2.2.1. Jubilación ordinaria

Se requiere contar con 60 años de edad en mujeres y 65 años de edad en hombres, ambos con 30 años de servicios reconocidos para acceder a este beneficio.

El afiliado podrá compensar el exceso de edad con la falta de servicios mínimos requeridos a razón de 3 años excedentes por uno de servicio faltante y viceversa.

2.2.2. Jubilación ordinaria especial

Se requiere contar con 45 años de edad y 20 años de servicio, y estar afectado por ceguera permanente certificada por autoridad sanitaria oficial, que haya padecido de dicha disminución al momento del ingreso. Debe contar además con 10 años de afiliación a este régimen.

2.2.3. Jubilación por invalidez

No hay requisitos de edad ni de tiempo de servicios. El afiliado deberá estar afectado por incapacidad física o intelectual en forma total para el desempeño de cualquier actividad compatible con sus aptitudes profesionales, siempre que dicha incapacidad se haya producido durante la relación de trabajo. El 66% de incapacidad se considerará total.

No podrá determinarse ningún cese por incapacidad total o jubilación por invalidez sin previo informe de la Junta Médica creada por la ley.

2.2.4. Jubilación por edad avanzada

Se requiere contar con 70 años de edad y 20 años de servicios computables, 8 de ellos durante los 10 inmediatos anteriores al cese.

2.2.5. Pensión

En caso de muerte del jubilado o del afiliado en actividad con derecho a jubilación, gozarán de pensión la viuda, el viudo, la conviviente, el conviviente, los hijos solteros, las hijas solteras y las hijas viudas, siempre que estos últimos no gozaren de jubilación, pensión, retiro o prestación no contributiva, hasta los 18 años de edad.

En caso de concurrencia de beneficiarios, la mitad del monto de la pensión será destinada a la viuda, el viudo, la conviviente o el conviviente, y la otra mitad se repartirá en partes iguales entre los hijos.

2.2.6. Jubilación especial

Tendrán derecho a un cómputo diferenciado en el cálculo de edad y servicios prestados, de acuerdo a lo establecido en el art. 35 de la ley:

- Docentes al frente directo de alumnos que tengan a cargo la estructura del sistema educativo conforme a lo normado en la LEN pudiendo computar cada siete (7) años de servicios, uno (1) más de edad y uno (1) más de servicios.

- El personal que preste servicios en establecimientos de reeducación y los docentes de establecimientos especiales, como así también los que se hayan desempeñado o se desempeñen en zonas calificadas como inhóspitas o desfavorables, pudiendo computar cada cuatro (4) años de servicios, uno (1) más de edad y uno (1) más de servicios

3. ntimaciones a gestionar la ubilación

Cuando el empleado (docente o no) reuniera los requisitos para obtener el beneficio de la jubilación, el empleador podrá intimarlo a que inicie los trámites correspondientes, extendiéndole los certificados de prestación de servicios para permitir al empleado la posibilidad del trámite. (art. 252 LCT)

Concedido el beneficio o vencido el plazo de un año desde la intimación, el contrato de trabajo quedará extinguido sin obligación para el empleador del pago de la indemnización por antigüedad. Recién en ese momento el empleador entregará el certificado de cesación de servicios.

Antes de efectuar esta intimación, deben constarse en forma fehaciente estos tres requisitos:
- Edad del trabajador.
- Años de servicio.
- Años de aporte.

Si faltare alguno de estos elementos, se entenderá que el trabajador no puede cumplir con la intimación, por lo que si el empleador decide la extinción de la relación laboral por tal causa, la misma se transformará en un despido sin causa, con la consiguiente obligación indemnizatoria en los términos del art. 245 LCT.

4. enuncia al fin de acogerse a los beneficios ubilatorios

El art. 75 de la ley 6915 establece la posibilidad de que los trabajadores renuncien a fin de acogerse a los beneficios jubilatorios y mientras dure el trámite de su jubilación.

De esta manera, efectuada esa renuncia condicionada, podrán continuar desempeñando sus tareas con percepción de los haberes correspondientes.

En caso de optar el afiliado por continuar desempeñando sus tareas, deberá manifestarlo expresamente en la nota de renuncia y comunicarlo por escrito al establecimiento educativo dentro de los treinta días corridos a contar desde la fecha de su renuncia.

Una vez presentada la renuncia no podrá ser retractada y el docente deberá encargarse de gestionar su jubilación por el trámite ordinario, pero para recibir efectivamente el beneficio deberá hacerse efectiva la misma.

Los aportes por los servicios que presten con posterioridad a la fecha de presentación de la renuncia y en forma ininterrumpida serán efectivizados en su forma normal, pero no dará derecho a reclamar a la Caja la devolución de suma alguna por los aportes realizados, ni por parte de los afiliados ni de los empleadores.

Esta renuncia condicionada no limita las facultades del empleador de sancionar al empleado por conductas que puedan dar motivo a su cesantía o exoneración, perdiendo el mismo todos los beneficios que se le acuerden por el artículo mencionado.

5. Ca a complementaria para la ctividad ocente

El sistema previsional argentino está compuesto por diferentes Cajas provinciales (como la Caja de Jubilaciones y Pensiones de la Provincia de Santa Fe), la Administración Nacional del Seguro Social (ANSES) a nivel nacional y un sistema complementario para los docentes denominado Caja Complementaria para la Actividad Docente.

Esta Caja nació en 1975 como iniciativa del sindicato UDA y el Ministerio de Educación de la Nación mediante un convenio que creó la Caja Compensadora de Jubilaciones y Pensiones de la Actividad Docente. En 1983 esta institución se transformó en la Caja Complementaria para la Actividad Docente mediante la sanción de la ley 22.804.

La mencionada ley estableció que los empleadores deben retener el 4,5% del sueldo de los docentes nacionales como aporte previsional obligatorio destinado a la Caja Complementaria.

El objetivo de este aporte es otorgar a los docentes un complemento adicional a la jubilación ordinaria hasta el límite del 100% de los haberes de los docentes en actividad en el caso de jubilados, mientras que en el caso de pensión será equivalente al 75% del que se determine para la jubilación.

Este complemento no podrá ser menor al 10% de las jubilaciones y pensiones mínimas.

Esta Caja Complementaria está administrada por un representante de cada uno de los sindicatos docentes SADOP, CTERA, AMET y UDA además de representantes del Ministerio de Educación de la Nación, no existiendo participación en la misma de los empleadores privados.

Existe un conflicto de larga data de la Caja Complementaria y las instituciones educativas de las provincias, que se origina con la sanción de la ley 24.049 que transfirió los servicios educativos de la Nación a las provincias.

A partir de ese momento surgieron diferencias en la interpretación de la ley porque la Caja Complementaria, considera que el Estado provincial y las escuelas de gestión privada tienen obligación de retener y enviar el 4,5% de los haberes docentes de todos los cargos/horas que dependieron alguna vez de la Nación, independientemente que los mismos hayan sido cubiertos con personal docente de origen provincial, y también toda otro cargo u hora cátedra creados con anterioridad o con posterioridad a la transferencia porque dependen del mismo servicio educativo.

Además se da en este caso una particularidad, que es la que la misma Caja, por medio de una Resolución interna propia, establece una reforma de facto de la ley 22.804 al ampliar sus alcances, lo que, lógicamente, es inconstitucional y contrario a derecho.

La resolución 4005/01 de la Caja Complementaria de Previsión para la Actividad Docente, que es utilizada por la misma para reclamar el pago de los aportes a las instituciones educativas provinciales de origen y transferidas, dice que *"...los docentes que prestan servicios en los establecimientos privados de enseñanza comprendidos en la transferencia de los servicios educativos de gestión privada dispuesta por la ley 24.049, cualquiera sea la situación de revista docente, incluyendo las modificaciones posteriores a dicha transferencia que impliquen la continuidad de la carrera docente en los referidos establecimientos educativos, incluyendo los cargos docentes originados por la reforma del servicio educativo como consecuencia de la aplicación de la Ley Federal de Educación. Están comprendidos, asimismo los docentes que ingresen a prestar servicios en los citados establecimientos educativos privados...".*

La particular interpretación que ha efectuado la Caja es que la transferencia de los servicios educativos a las provincias por la ley 24.049 se debe interpretar de manera diferente en cuanto se trate de docentes oficiales o privados.

Así, su opinión sería que en el ámbito oficial se transfirió al personal docente por un cambio de empleador (nacional al provincial), pero en el caso de los servicios privados no se transfirió a los docentes, sino al servicio que prestan los docentes, es decir, a la institución, de lo que, concluye esta particular versión, que el personal que ingrese a pesar de estar dentro de la órbita provincial, sigue teniendo la calidad de docente transferido porque el establecimiento lo es.

Es notable la creatividad desplegada por la Caja para intentar transformar en obligatorio un beneficio que por su propia naturaleza es subsidiario y voluntario de sus afiliados, y por ello el conflicto no ha tenido solución alguna, ya que la Caja pretende cobrar esos aportes indebidos y las instituciones educativas no quieren sumar un descuento de tal magnitud al salario de sus docentes.

Es que si se aplicara de manera obligatoria lo exigido por la Caja en nuestra provincia, se aumentaría la retención previsional del 14,5% vigente, al 19%, lo que sería casi confiscatorio para el personal, máxime teniendo en cuenta el supuesto beneficio ofrecido en una provincia donde la complementariedad no se justifica por la existencia del 82% móvil real para sus jubilados.

No obstante, mi opinión es que los docentes de gestión privada de las provincias no son sujetos obligados para aportar a la Caja Complementaria de la Actividad Docente porque por imperio de la ley 24.049 y los convenios que en su consecuencia se celebraron, en la fecha convenida para la transferencia con cada jurisdicción, los establecimientos de gestión privada dejaron de estar adscriptos o incorporados a la Nación, para pasar a serlo de un régimen provincial o de la ciudad de Buenos Aires. Como resultante de este acto jurídico, esos establecimientos educacionales quedaron sometidos a las legislaciones provinciales, dejaron de estar comprendidos en la ley 13.047, por lo cual todo su personal docente quedó excluido de la ley 14.473 y con ello cesó su obligación de aportar a la Caja Complementaria. (Arts. 2 y 173 ley 14.473; art. 2 inc. a) ley 13.047; art. 2 inc. b) ley 22.804; art. 23 y concordantes ley 24.049).

. istema de bras ociales

6.1. Organización del sistema

Las Obras Sociales son sujetos de derecho que brindan la cobertura médica de la que gozan los trabajadores en relación de dependencia, dentro de los beneficios de la seguridad social que posee el trabajador como derecho constitucional y están regidos por la ley 23.660.

Los trabajadores que quedan incluidos como beneficiarios del sistema de salud, son los públicos, y los privados en relación de dependencia, los jubilados, y los que sean beneficiarios de prestaciones nacionales no contributivas. Cada obra social elabora su estatuto propio, que deberá registrarse ante la Dirección Nacional de Obras Sociales.

6.2. Aportes y prestaciones

En los trabajadores dependientes, el trabajador debe aportar a la obra social, el 3 % de su remuneración en forma obligatoria. El empleador, también obligatoriamente, debe contribuir con el 6 % del sueldo de su empleado. El depósito de los aportes del trabajador y las contribuciones del empleador, son efectuados por éste último, quien deduce los aportes de su empleado, al abonarle el salario.

Como contraprestación, las Obras Sociales deben brindar a los trabajadores un plan de salud para él y su grupo familiar que debe cubrir, al menos, las prestaciones básicas de salud determinadas en el Programa Médico Obligatorio (PMO).

6.3. Beneficiarios

La ley 23.660 establece tres clases de beneficiarios:

- Titulares. Los trabajadores que presten servicios en relación de dependencia en ámbitos privados o públicos.

- No titulares. Grupos familiares primarios del titular. Lo integran el cónyuge del titular, hijos solteros hasta 21 años no emancipados, solteros hasta 25 años que estén a exclusivo cargo del titular y cursen estudios regulares, discapacitados mayores de 21 años y personas que convivan con el titular y reciban ostensible trato familiar.

- Adherentes. Ascendientes o descendientes por consanguinidad con un aporte adicional del 1,5% de la remuneración por cada una de las personas que incluya.

6.4. Plazos de coberturas

El carácter de beneficiario subsiste mientras se mantenga el contrato de trabajo y el trabajador perciba su remuneración.

Cuando el beneficiario queda desempleado y ha trabajado en forma continuada durante más de 3 (tres) meses, mantiene su calidad de beneficiario durante un período de 3 (tres) meses contados desde su distracto laboral, sin obligación de efectuar aportes.

Dicho período de cobertura se extiende siempre y cuando el trabajador haya gestionado y obtenido el seguro de desempleo en la ANSES, lo que sería imposible para los trabajadores docentes por estar expresamente excluidos del derecho a este subsidio por la norma de creación del mismo.

6.5. Obras sociales presentes en la provincia de Santa Fe

En nuestra provincia en la actualidad han quedado claras las Obras Sociales a las que deben aportar los establecimientos educativos de gestión privada después de largos años de coexistencia entre Osplad, por ser la obra social docente a nivel nacional, Osdop, por ser la Obra Social del Sindicato de Docentes Particulares e Iapos, por ser la Obra Social de todos los empleados de la Administración Pública provincial.

De esta manera, OSDOP ha quedado como Obra Social de origen para los docentes y OSTEP para los no docentes. La primera desde el año 1996 luego de que el IAPOS comunicara a las instituciones educativas de gestión privada que no iba a prestar más servicios a sus empleados.

En cuanto a OSTEP, si bien es la Obra Social correspondiente al gremio SOEME que agrupa al personal no docente, administrativo y auxiliar por lo tanto Obra Social de origen, el hecho que durante mucho tiempo no tuviera prestaciones efectivas y completas en la Provincia de Santa Fe hizo que todo ese personal se afiliara a OSDOP.

En la actualidad y luego de numerosos reclamos por supuesta falta de pago de los aportes, todos ellos injustificados dada la inexistencia de servicios de dicha Obra Social, las entidades patronales reunidas en CONSUDEC y FESAIEP suscribieron Actas Acuerdos a los fines de regularizar la situación por lo cual el nuevo personal no docente de los establecimientos educativos de gestión privada que ingrese será obligatoriamente afiliado a dicha Obra Social, aunque pueda en el mismo acto hacer ejercicio de su derecho de opción y afiliarse a otra.

Es necesario recordar que la ley 23.660 no exige a los empleadores adherir a una Obra Social determinada, sino tener al menos una para su personal, por lo que la elección de OSDOP para el personal no docente ha sido correcta, y acorde a derecho.

No le cabe a OSTEP o cualquier otra Obra Social reclamar supuestas obligaciones incumplidas a los establecimientos privados por el hecho de tributar a una Obra Social distinta a la reclamante, porque no hay instrumento legal que avale esa obligación.

6.6. Libre elección de Obras Sociales

Desde el año 1993 por medio del decreto 9/93 del Poder Ejecutivo Nacional, se reconoce el derecho de libre elección de la obra social, para los beneficiarios comprendidos en los arts. 8 y 9 de la ley 23.660, estableciendo que podrán escoger su entidad prestadora dentro del conjunto comprendido por los incisos a, b, c, d y f, del art. 1 de la ley 23.660.

Con posterioridad y mediante el decreto 504/98 se estableció el derecho de opción de cambio de la obra social por parte de los beneficiarios del Sistema Nacional de Seguro de Salud, con las siguientes condiciones:

- La opción de cambio sólo podrá ser ejercida por aquellos afiliados titulares de las Obras Sociales.

- La opción de cambio podrá ejercerse sólo una vez al año durante todo el año calendario y se hará efectiva a partir del primer día del tercer mes posterior a la presentación de la solicitud.

- Los trabajadores podrán ejercer el derecho de opción desde el momento mismo del inicio de la relación laboral.

- La opción de cambio deberá ejercerse en forma personal ante la Obra Social elegida.

- La solicitud de opción de cambio se efectuará mediante formularios numerados cuyo texto será aprobado por la Superintendencia de Servicios de Salud.

- Cuando ambos cónyuges fueran afiliados titulares y no se encuentre alguno de ellos en las inhabilidades previstas en los arts. 10 y 13 del decreto, podrán unificar sus aportes en una misma Obra Social.

- El afiliado que ejerza su derecho de opción deberá hacerlo con todos los beneficiarios comprendidos en el art. 9 de la ley 23.660 y en las condiciones establecidas en el mismo.

- Los jubilados y pensionados sólo podrán elegir entre el Instituto Nacional De Servicios Sociales Para Jubilados Y Pensionados (INSSJP) y las Obras Sociales inscriptas en el Registro creado por el art. 10 del decreto 292/95.

- No podrán ejercer el derecho de opción:

a) Los beneficiarios una vez extinguida su relación laboral quedando su cobertura a cargo de la Obra Social a la que se encontraban afiliados durante los tres (3) meses previstos en la ley 23.660.

b) Los trabajadores cuya retribución mensual sea inferior a los tres (3) MOPRES.

- La obra social receptora no tendrá obligación de dar al afiliado proveniente de otra Obra Social más cobertura que el Programa Médico Obligatorio (PMO), aun cuando la cobertura para sus afiliados originarios fuere mayor. En este último caso los nuevos afiliados podrán optar por pagar un suplemento determinado por la Obra Social elegida para equiparar su plan prestacional con el de los afiliados de origen.

- Teniendo en cuenta que la Obra Social no podrá establecer carencias ni preexistencias ni ningún tipo de examen que condicionen la admisión, la cobertura del afiliado que hubiera hecho uso de la opción de cambio, en caso de estar en tratamiento o padecer afecciones crónicas preexistentes, estará durante nueve (9) meses a cargo de la Obra Social de origen, a la cual la Obra Social receptora le facturará las prestaciones efectuadas. La Superintendencia de Servicios de Salud reglamentará las patologías por las que deberá responder la Obra Social de origen, así como los aranceles que habrán de establecerse y tomará las medidas necesarias para que se provea al pago de las mismas.

- Los afiliados que hubieren cambiado de Obra Social deberán permanecer como mínimo un (1) año en ella y, vencido ese plazo, podrán volver a ejercer esa opción.

6.7. Titular del reclamo ante el incumplimiento de la Obra Social

En caso de incumplimiento por parte de la Obra Social o de corte de servicios, el titular del reclamo es el afiliado, que además de obligado es beneficiario directo, no el establecimiento, que es solamente obligado al pago del aporte patronal y a la retención del aporte del trabajador, pero no es beneficiario de la misma.

6.8. Recursos ante el corte de servicios

Para el caso de que la Obra Social desconozca algún servicio que deba prestar, lo limite o deje sin cobertura de manera injustificada a sus beneficiarios, estaríamos frente a un incumplimiento contractual, que podría extenderse a una situación de abandono de persona dada la especial naturaleza del servicio contratado y de la obligación primaria de las Obras Sociales de preservar la salud de sus afiliados y beneficiarios.

Para hacer frente a ello, existen dos vías recursivas, la administrativa y la judicial. La administrativa se habilita por ante la misma Obra Social a fines de que realice o deje de realizar algún acto que el administrado entiende dañoso para sus intereses particulares.

El rechazo del recurso administrativo por parte de la Obra Social habilita la iniciación del proceso judicial, por medio del recurso contencioso administrativo. Es necesario aclarar que mientras no se agote la vía administrativa, no puede continuarse el reclamo por la vía judicial.

La vía judicial directa se relaciona con la utilización de la vía del recurso de amparo, que es un remedio excepcional que plantea la ley ante la violación clara de alguna obligación por parte del Estado u organismos relacionados. Sería en el caso de algún afiliado que estuviera en una situación límite de salud y no tuviera cobertura de la Obra Social porque la misma tiene sus servicios cortados, a pesar de que el afiliado tiene sus aportes al día.

Otra posibilidad sería la de plantear judicialmente la retención de aportes hasta tanto no se regularice el servicio. Se fundamentaría en la incertidumbre sobre el destino de los fondos que se depositan mensualmente, y aquí sí podría actuarse como establecimiento en nombre de sus afiliados, en base a dichos convenios, porque sería la averiguación del destino de los fondos depositados como empleado de retención.

Si llegara a probarse que esos aportes se han perdido o han tenido un destino distinto al que legalmente correspondía, se podrían girar las actuaciones a la justicia penal a fines de que investigue la presunta comisión de delitos, como ser defraudación y malversación de fondos públicos por parte de los administradores de la Obra Social de que se trate.

www.ingramcontent.com/pod-product-compliance
Lightning Source LLC
Chambersburg PA
CBHW060822220526

45466CB00003B/939